课程思政丛书

新闻传播专业思政的理论与实践

李彦冰　周春霞☆主编

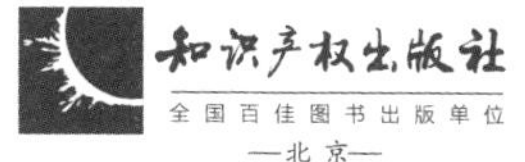
全国百佳图书出版单位
—北京—

图书在版编目（CIP）数据

新闻传播专业思政的理论与实践 / 李彦冰，周春霞主编 . —北京：知识产权出版社，2020.10

ISBN 978-7-5130-7019-5

Ⅰ . ①新… Ⅱ . ①李…②周… Ⅲ . ①高等学校—思想政治教育—教学研究—中国 Ⅳ . ① G641

中国版本图书馆 CIP 数据核字（2020）第 179315 号

责任编辑：王颖超　　**责任校对**：王　岩
文字编辑：赵　昱　　**责任印制**：刘译文

新闻传播专业思政的理论与实践

李彦冰　周春霞　主编

出版发行：知识产权出版社有限责任公司　　**网　　址**：http：//www.ipph.cn
社　　址：北京市海淀区气象路 50 号院　　**邮　　编**：100081
责编电话：010-82000860 转 8655　　**责编邮箱**：wangyingchao@cnipr.com
发行电话：010-82000860 转 8101/8102　　**发行传真**：010-82000893/82005070/82000270
印　　刷：三河市国英印务有限公司　　**经　　销**：各大网上书店、新华书店及相关专业书店
开　　本：720mm × 1000mm　1/16　　**印　　张**：18.75
版　　次：2020 年 10 月第 1 版　　**印　　次**：2020 年 10 月第 1 次印刷
字　　数：275 千字　　**定　　价**：88.00 元

ISBN 978-7-5130-7019-5

《新闻传播专业思政的理论与实践》编委会

顾　问

张宝秀　叶　晓　于　深

主　编

李彦冰　周春霞

副主编

刘文红　莫常红

编　委（按姓氏笔画为序）

马君蕊　冯　霞　刘星辰　刘　丽　刘文红　杜剑峰
李彦冰　李正国　吴惠凡　陈冠兰　陈世红　周春霞
杭孝平　金　韶　罗　茵　钟　静　莫常红　惠东坡
董　城　彭　俐

序
扎根推进新闻传播专业思政 用心把立德树人这篇大文章做好*

李彦冰**

《新闻传播专业思政的理论与实践》就要出版了，受命作序。题目思来想去，最后定为《扎根推进新闻传播专业思政 用心把立德树人这篇大文章做好》，之所以用“扎根”“用心”这两个词，是觉得对待“课程思政”“专业思政”，不能用“走过场”“一阵风”等敷衍的态度来对待，更不能用“投机”捞取资源的心态来行动。专业思政作为落实“立德树人”百年大计的根本性举措、得力抓手，它的价值取向不单单是把一个专业建设好，在根本上是为中国特色的社会主义事业提供合格的建设者和接班人，其最终所指向的是育人、塑造灵魂这样的大是大非的问题，在这样的问题上没有端正的态度，终究会被最后的恶果反噬。所以在本序言中主要针对推进课程思政的依据、北京联合大学应用文理学院新闻与传播系的专业思政成果、本论文集讨论涉及的内容、推进专业思政的基本认识等几个方面

---

* 本文系研究生教育教学研究与改革项目“新闻传播类硕士研究生课程思政建设的理论与实践研究”的阶段性成果。

** 李彦冰，男，北京联合大学应用文理学院新闻与传播系主任，副教授，硕士生导师，传播学博士，主要研究方向为政治传播。

做以说明。

一、新闻传播专业推进专业思政的基本依据

在这一问题上，从党中央、教育部到北京联合大学都有明确具体的论述，这是推进专业思政的基本遵循。党的十八大以来，习近平总书记多次强调高校“立德树人”的重要性。在2016年底召开的全国高校思想政治工作会议上，习总书记明确提出：“高校思想政治工作关系高校培养什么样的人、如何培养人以及为谁培养人这个根本问题。要坚持把立德树人作为中心环节，把思想政治工作贯穿教育教学全过程，实现全程育人、全方位育人，努力开创我国高等教育事业发展新局面。”[1]2018年5月2日习总书记视察北京大学，在谈到“高水平人才培养体系”时明确提出：“人才培养体系涉及学科体系、教学体系、教材体系、管理体系等，而贯通其中的是思想政治工作体系。加强党的领导和党的建设，加强思想政治工作体系建设，是形成高水平人才培养体系的重要内容。要坚持党对高校的领导，坚持社会主义办学方向，把我们的特色和优势有效转化为培养社会主义建设者和接班人的能力。”[2]2018年的全国教育大会上，习总书记在谈到教育体系时指出：“要努力构建德智体美劳全面培养的教育体系，形成更高水平的人才培养体系。要把立德树人融入思想道德教育、文化知识教育、社会实践教育各环节，贯穿基础教育、职业教育、高等教育各领域，学科体系、教学体系、教材体系、管理体系要围绕这个目标来设计，教师要围绕这个目标来教，学生要围绕这个目标来学。凡是不利于实现这个目

---

[1] 习近平．把思想政治工作贯穿教育教学全过程 开创我国高等教育事业发展新局面［N］．人民日报，2016-12-09.

[2] 习近平．在北京大学师生座谈会上的讲话［N］．人民日报，2018-05-03.

标的做法都要坚决改过来。”❶这些论述把思想政治教育提高到“贯通”高等教育全过程的高度来认识。这说明，专业教育不仅要传授知识、能力和方法，更要强调育人的思想性和导向性，这正是思想政治工作贯通到专业的体现，其实这本身就是专业思政。因此，所有这些论述是高校开展课程思政、专业思政的理论依据。

不仅如此，习近平总书记还反复强调要“坚持社会主义的办学方向”，为此高等教育要“把培养德智体美劳全面发展的社会主义建设者和接班人作为根本培养任务”，要把“为人民服务、为中国共产党治国理政服务、为巩固和发展中国特色社会主义制度服务，为改革开放和社会主义现代化建设服务”作为根本要求，把“坚持社会主义意识形态作为根本特征”，把教师队伍建设作为根本依靠。所有这些论述落实到专业建设上就是推进专业思政，很显然这也是专业思政落地生根的指导思想和理论依据。

新闻传播类专业是与意识形态结合非常紧密的专业之一。习近平总书记关于新闻传播事业、舆论导向等问题也有一系列的重要论述，这是新闻传播类专业推进专业思政的基本遵循，也是新闻传播教育落实专业思政的特殊性。2016 年习总书记在党的新闻舆论工作座谈会上指出：“党的新闻舆论工作坚持党性原则，最根本的是坚持党对新闻舆论工作的领导。党和政府主办的媒体是党和政府的宣传阵地，必须姓党。党的新闻舆论媒体的所有工作，都要体现党的意志、反映党的主张，维护党中央权威、维护党的团结，做到爱党、护党、为党；都要增强看齐意识，在思想上政治上行动上同党中央保持高度一致；都要坚持党性和人民性相统一，把党的理论和路线方针政策变成人民群众的自觉行动，及时把人民群众创造的经验和面临的实际情况反映出来，丰富人民精神世界，增强人民精神力量。”❷这

❶ 习近平．坚持中国特色社会主义教育发展道路 培养德智体美劳全面发展的社会主义建设者和接班人［EB/OL］．(2018-09-10)［2018-10-10］.http：//www.xinhuanet.com/politics/2018-09/10/c_1123408400.htm.

❷ 习近平在党的新闻舆论工作座谈会上强调：坚持正确方向创新方法手段 提高新闻舆论传播引导力［N］. 人民日报，2016-02-20.

一讲话的核心和精髓可以概括为“党媒姓党”。在2016年2月19日召开的新闻舆论工作座谈会上，习近平总书记在谈到“舆论导向”这一问题时说：“新闻舆论工作各个方面、各个环节都要坚持正确舆论导向。各级党报党刊、电台电视台要讲导向，都市类报刊、新媒体也要讲导向；新闻报道要讲导向，副刊、专题节目、广告宣传也要讲导向；时政新闻要讲导向，娱乐类、社会类新闻也要讲导向；国内新闻报道要讲导向，国际新闻报道也要讲导向。”❶很显然，这些思想要不折不扣地落实到新闻传播教育的全过程，以便对新闻传播的高等教育进行指导。

教育部作为国家教育的最高主管部门，在全力推动专业思政的落地实践。2018年在成都召开了新时代本科教育工作会议，教育部党组书记、部长陈宝生明确提出：“要坚持正确政治方向，促进专业知识教育与思想政治教育相结合，用知识体系教、价值体系育、创新体系做，倾心培养建设者和接班人。”❷在2019年召开的教育部高等学校教学指导委员员换届大会上，教育部高教司司长吴岩也重申了“专业思政”的概念。2019年10月，教育部印发《关于深化本科教育教学改革　全面提高人才培养质量的意见》，共包含22条措施，第1条就是“把思想政治教育贯穿人才培养全过程”，在这里已经把落实课程思政和专业思政进一步具体化了。

北京联合大学是落实课程思政和专业思政最早的高校之一，也是推进课程思政和专业思政最深入的高校之一。北京联合大学在这方面不仅有校党委和行政的统揽举措，又有丰富多元的实践探索，更有前瞻精练的理论总结。自2017年以来，北京联合大学根据课程思政的推进情况，出台专门的文件加快课程思政的落实，各个学院依照文件进行丰富多彩的课程思政实现路径的探索；在前期进行专业思政试点的基础上，2020年学校

❶ 习近平在党的新闻舆论工作座谈会上强调：坚持正确方向创新方法手段 提高新闻舆论传播力引导力［N］. 人民日报，2016-02-20.

❷ 陈宝生. 坚持“以本为本”推进“四个回归”建设中国特色、世界水平的一流本科教育［J］. 时事报告（党委中心组学习），2018（5）.

又要求各个专业制定专业思政实施规划；北京联合大学校党委书记韩宪洲研究员针对课程思政、专业思政等问题发表系列文章，对“课程思政是什么”“课程思政建设需要把握的关键问题”进行了精练的回答，他认为“‘课程思政’是新时代高校对学生成长规律的深刻把握和运用；是立德树人的根本举措；是落实立德树人的重要举措”[1]。在推进课程思政的过程中需要解决“提升认识的高度、深度和广度的问题”，即“‘课程思政’是解决教育‘培养什么样的人’这一首要问题的根本举措，是构建高校教育体系和人才培养体系的有效切入，是完善‘三全育人’的重要方面”。在深化实践中需要把握“课程思政”与“思政课程”的问题、“课程思政”与“专业思政”的问题、“课程思政”工作评价与效果评价的问题、“课程思政”建设中的专业负责人与教师党支部的作用问题等关键问题。[2]这些论述既是高校贯彻习近平总书记关于教育的重要论述的理论探索，又是北京联合大学率先落实“课程思政”实践的自然结果。2019年北京联合大学推出了“立德树人成果展”，这一展览是其对上述思想落地成果的生动展示。

二、北京联合大学应用文理学院新闻与传播系推进专业思政的成果

新闻与传播系作为北京联合大学的一个基层教学单位，一直在扎实推进“课程思政”“专业思政”的落地工作，也一直努力将上述党和国家、教育部、北京联合大学的主要思想贯通到具体的教学实践中，力图使“课程思政”“专业思政”在新闻与传播系扎根并开花结果。经过三年的艰苦努

---

[1] 韩宪洲．以“课程思政”推进中国特色社会主义一流大学建设［J］．中国高等教育，2018（23）．

[2] 韩宪洲．深化“课程思政”建设需要着力把握的几个关键问题［J］．北京联合大学学报（人文社会科学版），2019（2）．

力，这方面的工作取得了一定的进展。

第一，新闻与传播系教工党支部因强力推进“课程思政”获得系列荣誉。新闻与传播系党支部 2018 年、2019 年、2020 年连续三年获得校级“‘课程思政’先进党支部”荣誉称号，2019 年还获得北京联合大学“红旗党组织”荣誉称号。新闻与传播系党支部获批成立校级“支部书记工作室”，全校只有三个这样的工作室。

第二，“专业思政”建设取得初步成果。新闻学专业作为全校三个试点专业之一率先探索“专业思政”，接受校教务处的委托，获得五个“专业思政”的重点委托课题，以中国新闻事业史、传播学原理、新闻学原理、摄影与摄像四门专业核心课为抓手，深入探索专业思政的落地实践问题，在结项验收中有一项被认定为优秀。全系教师全部倾情投入落实“课程思政”和“专业思政”，并将自身的体会进行理论总结，撰写出教研论文，共有 31 篇，被结集为《新闻传播课程思政论文集》，2018 年由知识产权出版社出版，该论文集在市场上反响良好。系里教师先后在《今传媒》《北京教育》《文化与传播》等刊物上发表探索“课程思政”和“专业思政”的文章，受到广泛关注。

第三，涌现出一批优秀课程和先进教师。“政治与传播”课程被学校评定为“北京联合大学课程思政精品课程”，该课程在参加 2017 年北京联合大学课程思政设计大赛中荣获一等奖；“新闻学原理”课程参加北京联合大学第二届“课程思政”教学设计大赛获得二等奖。两人次获得校级课程思政大赛奖项是进行专业思政认证的必要条件。2018 年有一人获得“北京市师德先锋”荣誉称号，两人获得北京联合大学青年基本功大赛二等奖。

第四，学生的获得感和思想觉悟明显增强。新闻与传播系的学风和课堂效果明显改善，2018 年、2019 年连续两年的期中教学检查表明，学生对老师课堂授课的满意度明显提升。学生围绕北京全国文化中心建设所拍摄的北京红色遗址系列实践作品、北京文物博物馆纪录片陆续发布在北京“宣讲家网”；新闻系教师带领学生创作的“两会青年说”实践作品发布在“学习强国”学习平台，获上亿次点击，受到中宣部领导的口头表扬。

第五，交流和传播了“专业思政”的北京联合大学经验。新闻与传播系教师先后受教育部全国高校教师网络培训中心、北京师范大学、西北师范大学、吉林师范大学、北京石油化工学院、黄淮学院、郑州科技学院、国家开放大学等单位的邀请，交流课程思政和专业思政的经验，辐射全国200多所高校，有效提升了北京联合大学的声誉。本系教师还先后多次在校内做专业思政实践的分享交流。

第六，形成了行之有效的推进专业思政的做法。北京联合大学应用文理学院新闻与传播系在推进专业思政的过程中逐步探索出高校党支部建设的“双轮驱动”模式、党政一体联动推进专业思政、科研项目带动专业思政、学科竞赛与文化融入相结合的育人途径、支部研讨与教研室研讨相结合的长效保障机制等基本的做法。这些做法对同类高校、同类专业具有指导和借鉴意义。

三、本论文集讨论的基本内容

本论文集是新闻与传播系教师针对自己所在的专业、所担负的课程、所从事的工作如何推进专业思政的思考。这些思考涉及党建工作与专业思政的推进模式、新闻传播专业思政的理论依据、专业人才培养与文化的关系、影视专业人才培养的经验与反思、广告学专业思政的重点等理论问题，同时也有对新闻传播专业思政多元实践的总结，这些文章对新闻学、影视传播、网络与新媒体等专业运用实践课程、文化渗入、美育等方式推进专业思政的做法进行了总结。

课程思政与专业思政要一体化设计、一体化实施。专业思政的推进最终要通过课程思政来实现，落实到课程上是其中最重要的一环。因此，综观各位任课教师所撰写的论文，不难发现，涉及课程思政的论文比较多，这些课程涵盖了培养方案中的核心课程、限选课程、任选课程等。李瑞华的文章对疫情背景下短视频教学中如何贯彻课程思政的问题进行了讨论，从内容和价值传递的角度对短视频在抗疫过程中如何落实家国情怀、正能量、职业精神等做了讨论；冯春海从课程思政角度切入，运用系统的方法从专业教学内容、思政资源、教学模式与方法以及考核方式四个方面分析了“传播学概论”课程教学中存在的问题，并提出了新的设计构想与可能的实施路径；马君蕊依托自编教材讨论了“品牌与策划”课程的思政融入问题；徐晓斌在讨论“视听语言”课程的思政融入时，提出了“显性思政”与“隐性思政”的概念；王春美以“音频广告”课程为例，讨论了“广告宣传也要讲导向”思想的贯彻问题；崔娜在讨论“跨文化交际”课程的思政融入时，提出了人文教育与思政教育的融入问题；翟杉从人文类课程的思政融入入手，讨论了网络与新媒体专业思政的落实问题；闫琰讨论了“消费者行为学”课程的思政融入问题；纪凌云讨论了“中国传统语言文字概论”课程教学新模式问题。

课程思政的落实必然绕不开课堂的教学改革，没有课堂改革的课程思政是无法落到实处的。因为在落实课程思政这一实践时，挖掘好的课程思政元素，必然要通过课堂改革落到学生身上。因此，新闻与传播系也有教师从教学改革的实践出发讨论价值观的塑造问题。李彦东结合文学史的教学问题，提出随着学科建制、专业功能和知识获取渠道的变化，文学史教育的方法和定位也成为一个值得深思的问题。回到阅读本身，是解惑的关键。细读的实践可以结合个体定制等方式将学生的阅读热情调动起来，并由此发掘文学的价值和意义。刘丽结合广告的专业教学讨论了马克思全球化思想对专业教学的影响和启发；张春华则讨论了当前智能媒体环境下新闻史教学的改革问题。所有这些讨论都是从自己的课堂出发进行的，都是对一线教学所存在问题的思考，都是教师各自探索课程思政、落实课程思政的有益尝试。由此不难发现，课程思政、专业思政实现的路径因教师、课程、语境等因素的作用会呈现出多元化的特征。

课程思政、专业思政是“三全育人”的重要抓手。应用文理学院又是北京联合大学确定的“三全育人”试点学院之一。在此理论与现实的背景下，有部分老师对这一问题也进行了讨论。李彦冰解析了“三全育人”工作中的两种误区，即将“三全育人”窄化为单纯的思想政治工作和将“三全育人”做部门本位主义的理解。陈冠兰提出，在专业思政过程中可以将培养方案贯彻OBE理念的同时和“三全育人”结合，还提出专业负责人的设计思维、教师的全员参与等也是“三全育人”工作得以开展的重要条件；吴惠凡重点关注了育人工作中的网络意识形态的引导工作；王永峰认为“三全育人”的重点在于教师综合素质的提升。

四、推进专业思政的几点基本认识

综观以上这些初步的成果，新闻与传播系目前基本已经形成“门门有思政，人人讲育人”的“课程思政”和“专业思政”的氛围。总结起来，有以下几点粗浅的认识和理解。

第一，吃透理论是落实课程思政和专业思政的前提和基础。要落实课程思政和专业思政，不把中国特色社会主义理论体系、习近平总书记关于教育和新闻传播事业的重要论述、教育部关于“课程思政”和“专业思政”的论述以及“三全育人”工作的各种工作部署吃透，这一工作很难落实下去。新闻与传播系作为北京联合大学的一个基层教学单位，如果不把学校领导关于这些问题的论述和工作部署理解到位，这一工作也很难落实到具体的教师身上。理论是实践的先导，有关于课程思政、专业思政的正确理论做指导，这一实践才能在正确的方向上行稳致远。

第二，专业思政推进的蓝本是专业培养方案。专业思政的推进不是另搞一套，也不是单纯的思政政治工作，它是思想政治工作与专业育人的无缝衔接，是充分挖掘专业知识体系里的思政元素以育人。在这里需要清楚，既没有抽空价值的专业育人，也没有抽空专业知识的思政工作，两者是有机融合在一起的。

第三，专业思政的推进需要各方面的统筹推进。除了国家和学校的大环境营造和政策的配套等宏观因素，作为基层教学单位还需要党支部的政治引领，专业内部需要充分的研讨，此外，课程体系的知识协同、实践课程的配合、成果的固化、专业负责人的统筹驾驭等因素都会对专业思政的效果产生重要影响。

第四，专业思政的推进需要教师发乎真心。“真信、真教、真做”应该成为每一位专业教师的座右铭。在推进的过程中需要每一位教师反思自己的职业生涯，需要对教师这个职业重新做认真的思考，真心把职业当作事业，而不是仅仅用来谋生的饭碗。

我一直认为，教师这个职业、教书这项活动是触及灵魂的事情，而有关灵魂的事情不发乎真心则很难奏效。这需要教师时刻检视自己来时的路。中央电视台新闻评论部原副主任陈虻先生多次引用的卡里·纪伯伦那句名言：“不要因为走得太远，而忘记了为什么出发”，应该成为我们推进课程思政、专业思政的基本遵循。这句话与我们当前正在开展的“不忘初心，牢记使命”的主题教育恰切地吻合在一起。习近平总书记在同北师大师生代表座谈时指出：“教师重要，就在于教师的工作是塑造灵魂、塑造生命、塑造人的工作。”[1]这一工作最终指向的是为中华民族复兴培养合格的建设者和接班人。让我们大家一起努力，在自己力所能及的范围内把立德树人这篇大文章用心做好。

[1] 习近平 . 做党和人民满意的好老师——同北京师范大学师生代表座谈时讲话［N］. 人民日报，2014-09-10.

目　录

CONTENTS

专业思政的理论讨论

专业思政的多元实践

课程思政的理论与经验

课程教学改革与思政落实

“三全育人”的理论探索与反思

专业思政的理论讨论

专业思政视域下高校教师党支部党建“双轮驱动”模式研究*

周春霞**

摘　要　在推进专业思政的过程中，高校教师党支部作为基层党组织，要发挥好战斗堡垒作用。从推进专业思政建设的视角，提出高校教师党支部建设的“双轮驱动”模式，并从目标层面、关系层面、实施层面等多个角度进行分析，厘清在推进专业思政过程中围绕高校教师党支部建设的若干问题。

关键词　专业思政　高校教师党支部　党建　双轮驱动

在2016年12月7日全国高校思想政治工作会议上，习近平总书记除了对专业教师提出“守好一段渠，种好责任田”的要求之外，还指出，要加强高校党的基层组织建设，创新体制机制，改进工作方式，提高党的基层组织做思想政治工作能力。[1]2018年7月3日，习总书记在全国组织工作会议上指出，党的基层组织是党的肌体的“神经末梢”，要发挥好战斗

---

*　本文系北京联合大学研究生教育改革项目“新闻传播类硕士研究生课程思政建设的理论与实践研究”（项目号JY2020Z002）的阶段性成果。

**　周春霞，女，北京联合大学应用文理学院新闻与传播系党支部书记，副教授，硕士生导师，文学博士，主要研究方向为文化研究、影视传播。

[1] 习近平．把思想政治工作贯穿教育教学全过程 开创我国高等教育事业发展新局面［N］．人民日报，2016-12-09.

堡垒作用。落地才能生根，根深才能叶茂。可见，在探索专业思政的过程中，高校教师党支部作为高校基层党组织，理应在推进专业思政的过程中，探索出一条守正创新的党建模式。本文从推进专业思政建设的视角，提出高校教师党支部建设的“双轮驱动”模式，从该模式所涉及的目标层面、关系层面、实施层面进行分析，力图厘清在推进专业思政过程中围绕高校教师党支部建设的若干问题。所谓“双轮驱动”，是指将专业建设与党建作为推进专业思政的两种重要力量，两者相互配合，共同推动专业思政建设。

一、目标层面：合理构建多重层次目标

作为推动专业思政的两种重要力量，专业建设与党建需要形成共同的目标，在共同目标的指引下，才能更加明确方向，形成持续不断的合力。同时，也需要将目标进行多层次分解，形成宏观层次、中观层次和微观层次的目标，在宏观目标的指引下，通过各个层次目标的达成最终实现宏观目标。

1. 宏观层次：树立立德树人的教育理念

“大学之道，在明明德。”高校承担着立德树人，为社会主义事业培养建设者和接班人的重要任务。高校教师党支部应将树立立德树人的教育理念，作为党建的宏观层次的目标，各项工作的开展都要紧紧围绕这一目标。在 2016 年全国高校思想政治工作会议上的讲话中，习近平总书记指出：“要坚持把立德树人作为中心环节，把思想政治工作贯穿教育教学全过程，实现全程育人、全方位育人，努力开创我国高等教育事业发展新局面。”[1] 因为这是关系到“高校培养什么样的人、如何培养人以及为谁培养人这个根本问题”。这种思想在 2018 年 5 月 2 日北京大学师生座谈会上的讲话中再一次得到强调，习总书记开宗明义指出：“大学是立德树人、培养人才的地方，是青年人学习知识、增长才干、放飞梦想的地方。”之后，

---

[1] 习近平 . 把思想政治工作贯穿教育教学全过程 开创我国高等教育事业发展新局面［N］. 人民日报，2016-12-09.

就“学校培养什么样的人、怎样培养人”这个问题直接给出了答案：“我先给一个明确答案，就是我们的教育要培养德智体美全面发展的社会主义建设者和接班人。”❶2019年3月18日，习总书记在主持召开学校思想政治理论课教师座谈会时再次强调：“我们党立志于中华民族千秋伟业，必须培养一代又一代拥护中国共产党领导和我国社会主义制度、立志为中国特色社会主义奋斗终身的有用人才。”❷这一目标又与习总书记提出的关于党的目标密切相关，高度一致。因而，高校基层党支部首先应该从宏观上树立立德树人的建设目标。

2. 中观层次：实行“三全育人”的实践模式

所谓“三全育人”，是指全程、全员、全方位育人。“三全育人”的思想是习总书记在全国高校思想政治工作会议上的讲话中提出的，体现着他对教书育人规律、学生成长规律、思想政治工作规律的深刻把握，体现着他全面系统动态的哲学观。“三全育人”不是某一个机构、某一个人所从事的某一件任务，而是多个组织、机构、所有高校教职工共同协作的一系列任务的综合体现。因而，专业思政是“三全育人”的重要环节与体现。要想专业思政取得更好的效果，高校教师党支部需要充分发挥其价值引领与组织协调作用，充分发挥党员的模范带头作用，通过各种形式的理论学习、主题党日等活动将专业思政、课程思政、“三全育人”的教育理念在广大党员与普通教师中进行传播，首先在思想观念上对专业思政产生认同感，进而在实践中落实与实施。因而，在中观层面上，高校教师党支部承担着重要的组织协调与价值引领作用。

3. 微观层次：挖掘铸魂育人的思政元素

高校教师党支部除了在宏观层次上树立立德树人的教育理念，在中观层

---

❶ 习近平．在北京大学师生座谈会上的讲话［N］．人民日报，2018-05-03.

❷ 新华社评论员．抓好立德树人的根本任务——论学习贯彻习近平总书记在学校思政课教师座谈会重要讲话精神［EB/OL］．(2019-03-19)［2020-04-18］．http：//www.xinhuanet.com/2019-03/19/c_1124250597.htm.

次上实行“三全育人”的实践模式之外，还需要注意在微观层次上将挖掘铸魂育人的思政元素作为目标。思政课教师“理直气壮开好思政课”，专业课教师也必须将思政元素融入课堂教学中，才能做到“守好一段渠，种好责任田”，与思政课形成同向同行的协同效应。为此，专业课教师需要充分挖掘所教课程的思政元素，将中华优秀传统文化、革命历史文化、社会主义先进文化与自己的课程相结合，实现立德树人的根本任务。高校教师党支部在推进专业思政的过程中，需要首先对专业思政有个全面的认知。从根本上来说，课程思政、专业思政并不是简单的“课程 + 思政”或“专业 + 思政”，也不是在专业知识之外生硬地加入思政元素，而是需要深入研究课程的知识点和专业的根本特征，培养学生掌握专业知识的同时，树立为社会主义服务的远大理想，树立正确的世界观、人生观、价值观，树立文化自信，树立正确的历史观，杜绝历史虚无主义倾向，让学生了解历史，方能走向未来。

二、关系层面：妥善处理多种关系

在解决了目标问题之后，高校教师党支部在推进专业思政的过程中，还需要妥善处理各种关系。如：从组织角度而言，存在专业建设与基层党建的关系；从主体角度而言，存在骨干党员与普通群众的关系；从动力角度而言，存在内部驱动力与外部驱动力的关系；等等。这些关系处理不好，会直接影响到专业思政的落实程度与实施效果。

1. 专业建设与基层党建的关系

专业思政是从专业的角度对课程思政进行全面部署与安排。“专业思政”的目标要与专业的培养目标和特点相适应，营造“课程思政”的整体氛围。在这个过程中，需要处理好高校教师党支部的基层党建与专业建设的关系。高校教师党支部在推进专业思政的过程中，需要防止两种不良关系的出现。一方面，要防止党支部越俎代庖，以党建影响专业思政的落实。需要充分保障专业负责人在专业思政推进中的业务核心作用的发挥。

另一方面，要防止基层党建与专业思政互不相干，各自为政。高校的教师党支部除了传达党中央和上级组织的路线、方针、政策，组织党员进行学习活动之外，还要时刻注意将这些与高校立德树人的根本任务保持一致，将党的路线、方针、政策与专业建设的具体任务结合起来，牢牢把握专业建设的政治方向，使专业建设与基层党建成为落实高校立德树人根本任务的两个重要力量。

2. 骨干党员与普通群众的关系

高校教师党支部作为党在社会基层组织中的战斗堡垒，是党的全部工作和战斗力的基础。其中，骨干党员发挥着先锋模范作用。在推进专业思政的过程中，党支部需要妥善处理好骨干党员与普通群众的关系，避免将普通群众与骨干党员同等对待，搞“一刀切”，要充分发挥骨干党员的模范带头作用。在《中国共产党章程》中明确规定，党的基层组织“对党员进行教育、管理、监督和服务，提高党员素质，坚定理想理念，增强党性，严格党的组织生活，开展批评与自我批评，维护和执行党的纪律，监督党员切实履行义务，保障党员的权利不受侵犯”，同时还规定，“密切联系联众，经常了解群众对党员、党的工作的批评和意见，维护群众的正当权利和利益，做好群众的思想政治工作”。[1]在推进专业思政的过程中，对专业思政的认识存在偏差的现象在所难免，骨干党员是其中的中坚力量，而对普通群众，需要多加关注，密切联系，适当引导，主动沟通，不能生硬地加以要求。

3. 内部驱动力与外部驱动力的关系

外因是变化的条件，内因是变化的根据，外因通过内因起作用。在落实高校立德树人的根本任务、实施“三全育人”、专业思政、课程思政等教育理念的过程中，高校教师党支部不仅要强化组织力、感召力、引领力和执行力，还要将这些理念内化于心，再外化于行，强化外部动力，形成

[1] 中国共产党章程［M］. 北京：人民出版社，2012：44-45.

内在驱动力，才能起到事半功倍的作用。如果简单地将专业思政作为一项任务来完成，实施“三全育人”就成为一句空话，因而，高校教师党支部需要探索强化外部驱动力的活动形式，还需要将这些教育理念内化于心，使这些教育理念入脑入心，最终从根本上形成内驱力。

三、实施层面：积极探索多条路径

高校教师党支部推进专业思政的“双轮驱动”模式，需要多种机制作为实现的路径与保障。所谓机制，是指各要素之间的结构关系和运行方式。

1. 建立学习实践机制

学习实践机制是保证学习与实践活动的整套运转体系。专业思政需要用习近平新时代中国特色社会主义思想武装头脑，需要了解党在教育方面的路线、方针、政策，需要不断提高理论水平与专业素养，因而，高校教师党支部必须将自己打造成学习型党支部。在此过程中，需要建立完善的学习实践机制。学习实践机制包括学习机制和实践机制。学习机制主要包括学习制度的建立与完善、学习内容的把握与确定、学习方式的完善与创新、学习活动的组织与实施。实践机制主要包括专业思政在具体专业的特色提炼与形成，在专业目标方面的总结与归纳，在实施方面的组织与安排。方方面面的工作需要完善的组织机制作为保障。高校教师党支部在这个过程中，需要不断探索，深入总结，建立“双轮驱动”模式的学习实践机制，为专业思政工作的顺利进行保驾护航。

2. 建立反馈交流机制

立德树人、“三全育人”的主体是教师。专业思政的实施离不开专业负责人的业务核心作用以及党支部书记的政治核心作用，同样离不开每位教师的努力。支部书记应该及时掌握每位教师的思想动态，帮助解决专业思政过程中教师所面临的困难与问题，让教师感受到组织的力量与温暖。

因而在推进专业思政的过程中，教师党支部需要建立反馈交流机制。这就需要打破原来的高校教师党支部在工作中僵硬的工作方式，注意采用灵活的工作方法。第一，注意反馈交流机制的及时性。及时有效地为教师们提供组织协调与服务功能，形成整体作战机制。第二，注意反馈交流机制的灵活性。通过恳谈会、交流会、谈话谈心等多种方式，“立德树人有道，春雨润物无声”，教师的工作同样需要“有道”及“无声”。第三，注意反馈交流机制的有效性。遇到问题，及时解决与处理。

3. 建立激励创新机制

激励创新机制的对象仍然是作为专业思政、课程思政的主体——教师。在 2019 年 3 月 18 日学校思想政治理论课教师座谈会上，习总书记强调，办好思想政治理论课关键在教师，关键在发挥教师的积极性、主动性、创造性。思政课教师，要给学生心灵埋下真善美的种子，引导学生扣好人生第一粒扣子。第一，政治要强。让有信仰的人讲信仰，善于从政治上看问题，在大是大非面前保持政治清醒。支部可以充分发挥党员的先锋模范作用，带动普通教师提高政治素养。第二，情怀要深。保持家国情怀，心里装着国家和民族，在党和人民的伟大实践中关注时代、关注社会，汲取养分、丰富思想。第三，思维要新。学会正确合理运用马克思主义的辩证唯物主义和历史唯物主义，创新课堂教学，给学生深刻的学习体验，引导学生树立正确的理想信念、学会正确的思维方法。第四，视野要广。有知识视野、国际视野、历史视野，通过生动、深入、具体的纵横比较，把一些道理讲明白、讲清楚。第五，自律要严。做到课上课下一致、网上网下一致，自觉弘扬主旋律，积极传递正能量。第六，人格要正。有人格，才有吸引力。亲其师，才能信其道。要有堂堂正正的人格，用高尚的人格感染学生，用真理的力量感召学生，以深厚的理论功底赢得学生，自觉做为学为人的表率，做让学生喜爱的老师。习总书记对思政课教师的要求同样适用于专业课教师。专业课教师要做一个擅讲政治、富有情怀、创新思维、开阔视野、严格自律、涵养人格的专业课教师，做一个“立德树人有道，春雨润物无声”的专业课教师，做一个“四有”好教师，要给学生心灵埋下真善美的种子，引导学生扣好人生第一粒扣子。“乘风好去，长空万里，直下看山河”，这不仅是习总书记对青年一代学子们寄予的殷切希望，同样也是希望青年教师们为中华民族伟大复兴奉献自己的力量。

总　结

概而言之，在从“课程思政”到“专业思政”的过程中，高校教师党支部可以充分发挥组织协调、价值引领、社会服务等作用，以“双轮驱动”模式，与专业负责人在推进专业思政的过程中形成合力，既可以避免“为党建而党建”的工作模式，又可以同时完成专业思政工作，可谓是一举两得的事情。“双轮驱动”模式要求从目标层面建立从宏观到微观的多层级目标；从关系层面妥善处理多种关系，尤其是党建与专业建设的关系；从实施层面建立多种工作机制，比如学习实践机制、反馈交流机制、激励创新机制，这些机制的建立可以更有效地保证高校教师党支部发挥其战斗堡垒作用，也是“双轮驱动”促进党建与专业思政的重要途径。

新闻传播教育实施“专业思政”的三个基本问题*

李彦冰**

摘　要　2016 年全国高校思政会后，课程思政和专业思政成为高校教研的一个热点。课程思政和专业思政都以立德树人为旨归。专业思政是课程思政的升级和系统化。习近平总书记关于教育和新闻传播事业的讲话是开展专业思政的基本遵循和行动指南；教育部落实立德树人的教育方针的部署将课程思政和专业思政具体化了。专业思政通过课程思政实现了育人主体性更高程度的回归；专业思政是课程思政的体系化运作；专业思政不是课程思政元素的强制灌输。专业思政的推进可以考虑如下三个途径：用马克思主义新闻观和新时代中国特色社会主义理论武装教师；以新闻传播类专业的核心课程为抓手、以课程体系为蓝本构建专业思政体系；将专业思政的教育理念贯穿到实践教学中。

关键词　新闻传播教育　课程思政　专业思政　立德树人

2016 年全国高校思想政治工作会议和 2018 年全国教育大会后，多数

---

*　本文系 2018 年北京联合大学教育教学研究与改革委托项目“‘中国新闻事业史’课程思政建设研究与实践”（项目号 JJ2018Z020）的阶段性成果。本文曾发表于《今传媒》2018 年第 11 期，发表时有删节。

**　李彦冰，男，北京联合大学应用文理学院新闻与传播系主任，副教授，传播学博士，主要研究方向为政治传播。

高校高度重视人才培养，都在按照“立德树人”的总原则和“为社会主义培养合格的建设者和接班人”这一总目标重新规划自己的人才培养路径。在有些高校“课程思政”已经开展得很深入了，甚至有的高校正在尝试探索“专业思政”“学科思政”的实践。任何学科专业的实践首先在理论上必须是清晰的，否则这种实践难免会走弯路。基于此，在理论上对课程思政的问题进行讨论是很有必要的。新闻传播教育因自身具有明确的意识形态性、强烈的政治性和鲜明的实践性，使得它的课程思政育人理念的实践带有不同于其他专业学科教育的特殊性，更有研究的紧迫性和必要性。所谓课程思政，是立德树人理念的具体化，是育人理念在课堂教学中的贯彻与体现，是对只重视专业知识传授而忽视育人做法的一种反驳，是教师育人主体性的重新回归。而专业思政是课程思政的进一步升级，是在专业建设所能涉及的各个环节全面融入立德树人的理念，是育人主体性在专业上的落实和体现。

一、新闻传播教育实施专业思政的理论依据

专业思政是由课程思政发展而来，是课程思政理念的升级和系统化，因此，开展专业思政的理论依据实际上就隐含在课程思政之中，两者是一脉相承的关系。

1. 习近平总书记关于教育的重要讲话是新闻传播教育实施课程思政的基本遵循

习总书记在 2016 年 12 月召开的全国高校思想政治工作会议上明确提出：“高校思想政治工作关系高校培养什么样的人、如何培养人以及为谁培养人这个根本问题。要坚持把立德树人作为中心环节，把思想政治工作贯穿教育教学全过程，实现全程育人、全方位育人，努力开创我国高等教育事业发展新局面。”在谈到课堂教学时，提出“要用好课堂教学这个主渠道，思想政治理论课要坚持在改进中加强，提升思想政治教育亲和力和

针对性，满足学生成长发展需求和期待，其他各门课都要守好一段渠、种好责任田，使各类课程与思想政治理论课同向同行，形成协同效应”。[1] 从习总书记的讲话中不难看出，思想政治理论课是实施思想政治教育的主要渠道，承担着主要的任务，其他各类课程起到的是协同作用，同向同行合力育人。这是实施“课程思政”育人理念的最初理论源头，尽管本次讲话并没有明确提出这一概念，整篇都是在强调“思想政治教育工作”，但这一讲话抓住高校人才培养的根本性问题，同时把立德树人当作开展思想政治工作的中心环节来对待，把思想政治教育工作提高到了前所未有的高度。中国南方部分高校在这一讲话精神的指导下开始探索课程思政的实践。

2018 年 5 月 2 日习总书记在视察北京大学时指出，要办成世界一流大学，必须做好三项基础性工作：坚持办学正确政治方向；建设高素质教师队伍；形成高水平人才培养体系。其中在谈到“高水平人才培养体系”时明确提出：“人才培养体系涉及学科体系、教学体系、教材体系、管理体系等，而贯通其中的是思想政治工作体系。加强党的领导和党的建设，加强思想政治工作体系建设，是形成高水平人才培养体系的重要内容。要坚持党对高校的领导，坚持社会主义办学方向，把我们的特色和优势有效转化为培养社会主义建设者和接班人的能力。”[2] 这一讲话，明确提出把“思想政治工作体系”贯通于人才培养体系各个环节，“贯通”的含义在于要由思想政治工作体系统领育人工作所涉及的学科体系、教学体系、教材体系、管理体系等环节，把思想政治工作的功能和路径交代得更为具体。思想政治工作贯通到教学体系中，必然绕不开专业的教学，此时“课程思政”已经内含于这一讲话之中了。

在 2018 年的全国教育大会上，习总书记在谈到教育体系时指出：“要

---

[1] 习近平 . 把思想政治工作贯穿教育教学全过程 开创我国高等教育事业发展新局面［N］. 人民日报，2016-12-09.

[2] 习近平 . 在北京大学师生座谈会上的讲话［N］. 人民日报，2018-05-03.

努力构建德智体美劳全面培养的教育体系，形成更高水平的人才培养体系。要把立德树人融入思想道德教育、文化知识教育、社会实践教育各环节，贯穿基础教育、职业教育、高等教育各领域，学科体系、教学体系、教材体系、管理体系要围绕这个目标来设计，教师要围绕这个目标来教，学生要围绕这个目标来学。凡是不利于实现这个目标的做法都要坚决改过来。”[1]这一讲话又进一步细化了“立德树人”的理念，不难发现“立德树人”理念的贯彻涉及教育的各个环节、各个阶段、各个方面，全员、全方位和全过程育人的策略已经十分具体和详细了。

2. 习近平总书记关于新闻传播事业的重要讲话是实施课程思政的行动指南

2015 年 12 月 25 日，习总书记在视察解放军报社时指出：“要坚持党管媒体原则，严格落实政治家办报要求，确保新闻宣传工作的领导权始终掌握在对党忠诚可靠的人手中。”[2]2016 年习总书记在党的新闻舆论工作座谈会上又进一步指出：“党的新闻舆论工作坚持党性原则，最根本的是坚持党对新闻舆论工作的领导。党和政府主办的媒体是党和政府的宣传阵地，必须姓党。党的新闻舆论媒体的所有工作，都要体现党的意志、反映党的主张，维护党中央权威、维护党的团结，做到爱党、护党、为党；都要增强看齐意识，在思想上政治上行动上同党中央保持高度一致；都要坚持党性和人民性相统一，把党的理论和路线方针政策变成人民群众的自觉行动，及时把人民群众创造的经验和面临的实际情况反映出来，丰富人民精神世界，增强人民精神力量。”[3]这一讲话的核心和精髓可以概括为“党媒姓党”。这一观点重申了我国媒体的基本属性——党性原则，这是 1942

---

[1] 习近平 . 坚持中国特色社会主义教育发展道路 培养德智体美劳全面发展的社会主义建设者和接班人［EB/OL］.（2018-09-10）［2018-10-10］.http：//www.xinhuanet.com/politics/2018-09/10/c_1123408400.htm.

[2] 习近平视察解放军报社［EB/OL］.（2015-12-26）［2018-10-10］.http：//www.xinhuanet.com//politics/2015-12/26/c_1117588434.htm.

[3] 习近平在党的新闻舆论工作座谈会上强调：坚持正确方向创新方法手段 提高新闻舆论传播力引导力［N］. 人民日报，2016-02-20.

年《解放日报》改版后，明确固定下来的重要遗产，也是对近些年来在媒体发展过程中过分强调媒体的商业属性及其所出现的各种问题的一种反拨。

在2016年2月19日召开的新闻舆论工作座谈会上，习总书记在谈到“舆论导向”这一问题时说：“新闻舆论工作各个方面、各个环节都要坚持正确舆论导向。各级党报党刊、电台电视台要讲导向，都市类报刊、新媒体也要讲导向；新闻报道要讲导向，副刊、专题节目、广告宣传也要讲导向；时政新闻要讲导向，娱乐类、社会类新闻也要讲导向；国内新闻报道要讲导向，国际新闻报道也要讲导向。”[1]这一讲话不仅强调了作为整体的新闻工作的舆论导向，而且将舆论导向的基本要求深入新闻传播的各个环节，即便在以往看来是娱乐的综艺节目也被包含其中，这显然是对新闻工作舆论导向问题论述的深化。习总书记的系列讲话为新闻传播教育发展的蓝图规定了底色。新闻传播教育必须全面贯彻上述这些重要论断，这就是新闻传播教育发展的顶层设计。

3. 教育部落实党的立德树人教育方针的部署将课程思政具体化

2018年6月21日教育部在成都召开新时代本科教育工作会议，教育部党组书记、部长陈宝生在总结近些年本科教育的成绩时提出：“要坚持正确政治方向，促进专业知识教育与思想政治教育相结合，用知识体系教、价值体系育、创新体系做，倾心培养建设者和接班人。”[2]这一讲话从本科教育的角度，将立德树人的理念做了进一步系统阐发，而专业思政是这一理念在课程改革实施中的一种具体表现。在2019年召开的教育部高等学校教学指导委员换届大会上，教育部高教司司长吴岩也重申了“专业思政”的概念。

---

[1] 习近平在党的新闻舆论工作座谈会上强调：坚持正确方向创新方法手段 提高新闻舆论传播力引导力［N］. 人民日报，2016-02-20.

[2] 陈宝生 . 坚持“以本为本”推进“四个回归”建设中国特色、世界水平的一流本科教育［J］. 时事报告（党委中心组学习），2018（5）.

二、新闻传播教育中课程思政与专业思政的关系

1. 专业思政通过课程思政实现了育人主体性更高程度的回归

课程思政作为一种育人理念，要落实到课程中，此时工作的对象是单个教师所担任的单门课程；它要求每一位教师能充分挖掘自己所担任课程的思政元素，并在课程授课的过程中加以体现。其所针对的问题是以往教师在授课的过程中只强调专业技能或专业知识，而忽视育人这一根本目的。因此，课程思政是教师将育人理念加诸课程后实现的育人过程，是教师育人主体性的重新觉醒。专业思政是专业建设所涉及的教师队伍、实践教学、课程体系、教材建设等各环节共同回归这种育人的主体性，是专业建设全员、全过程、全方位的育人行动，专业思政是育人主体性的更高程度的回归。

2. 专业思政是课程思政的体系化运作

专业思政作为课程思政育人理念的升级版，同样要落实到课程中，但不仅仅是课堂教学，它还包括师资队伍建设、课程教学、实践教学平台建设、教材建设等各个环节中。此时专业思政所针对的对象已经不是单纯课程的课堂教学了，已经转变为专业建设所能涉及的各个环节，共同贯彻思政理念、育人理念的问题。它带有一定的体系性质，是专业建设所涉及的各个环节协同推进思政育人理念的一种尝试。因此，专业思政所要求的是专业负责人能做好专业的顶层设计，将育人的理念贯彻到专业建设的各个环节，而不仅仅是课堂教学中。专业思政是整个专业建设各环节由思政理念统筹起来、贯通起来，参与专业建设的所有教师的统一行动、整体推进，它是专业共同体集体协同推进“课程思政”的尝试。专业思政意味着思政理念的统筹性运作和整体性行动，意味着尝试构建体系性的目标，意味着操作的复杂性和艰巨性。

3. 专业思政不是课程思政元素的强制灌输

当然，一定要明白从课程思政到专业思政，只是育人理念的加强和更

大力度的回归，而不是一系列形式上的规定性和思政元素的系统性强制灌输。传播学的研究表明，以强制为后盾的政治思想传播往往很难取得良好的传播效果。如果从课程思政到专业思政变成了思政元素的强力灌输和机械照搬，这仍然背离了育人过程的“润物细无声”的原则，背离了专业思政只是育人理念的加强回归，而不是思政元素的统一灌输。因此，专业思政需要专业建设涉及的各环节能将思政元素做软性化的处理，正如党要求宣传部门的对外传播做到“讲好中国故事，传播好中国声音”一样，专业思政的实施也需要将思政元素的故事给讲好，将育人的道理做形象化的处理。“实现抽象的政治理念的形象化传播是必由之路。政治理念的突出特征是政治性和意识形态性。将高度政治性和意识形态性的理念转化为形象可感的具象化事物是政治理念实现有效传播的重要途径。”[1]政治传播是这样，同样地，专业思政实施中育人理念的实现也是同一个道理。

三、新闻传播教育开展专业思政的实施路径

既然专业建设涉及师资队伍建设、课程体系搭建、实践平台建设、教材体系建设等环节，显然专业思政无法脱离这几个环节而存在，而必须从这几个环节入手来进行统筹规划。

1. 用马克思主义新闻观和习近平新时代中国特色社会主义思想武装教师

推进专业思政，教师是关键。育人者必先受教育才能更好地实现育人效果。专业思政要整体推进，专业共同体内的教师具备统一的思想共识是第一位的。只有统一的思想基础，才会有统一的行动。对于新闻传播专业的教师来说，坚持马克思主义新闻观是基本的底线；熟悉习近平总书记关于新闻舆论工作的系列讲话和习近平新时代中国特色社会主义思想关于新

---

[1] 李彦冰．中国共产党国际形象塑造的政治维度［J］．对外传播，2016（6）．

闻工作的论述是基本常识；因为新闻的传递本身就是文化传播的一部分，所以理解当前中国特色社会主义文化的内涵是新闻专业教师必须具备的素养。马克思主义新闻观及其在中国的最新发展是新闻传播教育应该长期坚持的基本理论和指南。

新闻传播类专业的应用型特征必须考虑自身专业建设或人才培养所服务的对象。换句话说，对北京市的高校的新闻传播教育来说，北京市功能定位调整以及所确定的“全国文化中心建设”的基本战略，也应该纳入专业建设考虑的视野。至少北京市属高校新闻传播教育应该服务于这样的战略，专业教师更要身体力行地将这一战略与专业思政的建设紧密结合起来。基于此，新闻学专业的教师要从政治的高度做到懂基本理论、懂新时代理论、懂新时代的文化内涵，加强培训、集中学习、个人提高。系统传播并内化这些理论和战略是做好新闻学专业思政的前提和基础。

2. 以新闻传播类专业的核心课程为抓手、以课程体系为蓝本构建专业思政体系

新闻学专业的核心课程有中国新闻事业史、新闻学原理、传播学原理、新闻伦理与法规、新闻采访与写作等课程。这些核心专业课程散布在一、二、三年级，正好呈现出阶梯状递进的态势。当然这需要有侧重地挖掘不同课程的思政元素。“新闻学原理”在一年级开设，主要是打牢马克思主义的新闻观，重点讲解马克思主义的真实观，及马克思主义关于新闻与事实、真实的关系；马克思主义对新闻事业、新闻活动的基本认识；马克思主义对新闻价值、新闻职业等的认识。“传播学原理”课程也是在大一开设，由于传播学本身是兴起于美国的一个学科，受美国实证主义传播学的影响较深，因此在传播学的教学过程中要加强批判传播的内容，以平衡美国实证传播的比重。因为批判传播的哲学基础是马克思主义，而这与我国的主流意识形态在气质上是吻合的。“中国新闻事业史”在大二开设，要注重挖掘中国报刊与中国革命的关系、中国共产党办报的经验与教训、

中国新式报刊反抗压迫争取民主的斗争、进步报刊所反映出的家国情怀和斗争精神等。“新闻伦理与法规”侧重挖掘新闻传播中的法治意识、职业道德意识；能用法治思维处理新闻与行政管理、司法、社会秩序、人身权利、国家安全等的关系；并能用马克思主义的伦理观、职业道德观来约束自己的职业行为。“外国新闻事业史”重点对国外的新闻事业发展脉络进行梳理，对这些发展过程的梳理和讲解需要用马克思主义的新闻观进行统摄，进行批判思考，尤其对资本主义报业兴起及其对世界新闻业的影响、各个主要资本主义国家新闻传播事业的发展过程做批判性的挖掘和分析，以世界体系理论对发展中国家的新闻事业做宏观分析。

除了这些核心专业课以外，各高校新闻传播专业还会开设具有强烈意识形态倾向的各类选修课程，比如有的高校开设“传播与政治”“传播与社会”“广告文化”“影视文化”等课程。这些课程需要教师站稳基本的意识形态立场，做到与党的主流意识形态相一致。

3. 将专业思政的教育理念贯穿到实践教学中

实践教学是开展专业思政必不可少的环节。实践教学过程要开展专业思政，需要思考实践教学实施的途径中如何挖掘思政元素、如何贯彻立德树人的理念等问题。依托新闻传播各专业的各级各类行业竞赛贯彻立德树人理念是开展专业思政的理念之一。新闻传播各专业几乎都有丰富的行业竞赛，如人文知识竞赛、全国大广赛、影像大赛、微电影大赛等。教师在辅导学生进行竞赛的过程中可以渗透育人的理念，巧妙设置实践教学主题，用文化主题统摄实践教学，做到以文化人。以北京市属高校为例，运用文化主题统摄实践教学可以契合当前国家形势、北京市战略和北京市属高校服务地方的功能定位。只有文化这一主题能够最大限度地迎合国家和地方的文化建设的战略需求，又能通过学生的文化实践活动，使学生在发掘文化、整理文化的实践中认识文化的魅力，真正做到以文化人。

总　结

专业思政是一个系统工程，它需要用立德树人的理念统摄专业建设的各个环节，把人才培养的目标和专业能力的培养结合起来，在专业建设各环节把育人的理念贯彻进去，从而能在专业建设上体现鲜明的育人特征，从而达到为中国特色社会主义培养合格的建设者和接班人的目的。

再论专业思政建设中的基本问题*

李彦冰**

摘　要　专业思政是课程思政的拓展和深化，是育人主体性更高程度的回归和实现。而要做好专业思政必须处理好专业思政中的专业负责人问题、党支部的作用与功能问题、与大学目标定位的关系问题等三个基本问题。这三个问题分别涉及推进专业思政的微观、中观和宏观层面。具体说，推动专业思政工作专业负责人发挥着“业务核心作用”；基层党支部发挥着“政治核心作用”；专业思政有效支撑着大学的目标定位，两者统一于育人的价值性这一点，其目的是能做到培养出堪当民族复兴大任的合格的社会主义建设者和接班人。

关键词　专业思政　专业负责人　党支部　大学目标

进入新时代以来，习近平总书记在谈到高校育人工作时，反复强调“立德树人”理念的重要性。从习总书记在2016年全国高校思想政治工作

*　本文系2018年北京联合大学教育教学研究与改革委托项目“‘中国新闻事业史’课程思政建设研究与实践”（项目号JJ2018Z020）的阶段性成果，同为北京市教委、北京市教工委双百调研项目“西山红色文化资源及其传播状况调研”的阶段性成果。本文曾发表于《北京教育》2019年第5期，发表时有删节。

**　李彦冰，男，北京联合大学应用文理学院新闻与传播系主任，副教授，传播学博士，硕士生导师，主要研究方向为政治传播。

会议、2018 年 5 月 2 日视察北京大学、2018 年全国教育大会等不同场合所发表的系列讲话中，可以看出“立德树人”理念是一以贯之的，对于落实“立德树人”理念的具体路径、方法和措施的论述呈现出越来越深化、细化的趋势，所有这些讲话是开展专业思政的理论依据。2018 年 6 月 21 日教育部在成都召开了新时代本科教育工作会议，教育部党组书记、部长陈宝生在总结近些年本科教育的成绩时提出：“要坚持正确政治方向，促进专业知识教育与思想政治教育相结合，用知识体系教、价值体系育、创新体系做，倾心培养建设者和接班人。”[1]这一讲话从本科教育的角度，将立德树人的理念做了进一步系统阐发，而专业思政是立德树人理念在专业改革实施中的一种具体表现。所谓专业思政，是在课程思政挖掘思政元素进行立德树人的基础上，由课程落实育人目标扩展为在专业内和专业建设所涉及的各个环节落实育人目标，它是课程思政的深化和拓展，是育人主体性更高程度的回归和实现。

由此观之，我国最高教育主管部门已经做出了“专业思政体系正在形成”的基本判断。但对于专业思政实施所涉及的各个环节中的基本问题仍然有做理论探讨的必要。笔者曾在的《新闻传播教育实施专业思政的三个基本问题》[2]一文中对专业思政的基本理论依据、课程思政与专业思政的关系、实施路径等理论问题做了讨论，但对专业思政实施过程中专业负责人的角色问题、党支部的作用与功能问题、与大学目标定位的关系这三个问题仍有再讨论的必要，这三个问题分别涵盖了专业思政建设的微观、中观和宏观三个层面，从理论上说清这三个问题对具体落实专业思政具有指导意义。

---

[1] 陈宝生 . 坚持“以本为本”推进“四个回归”建设中国特色、世界水平的一流本科教育［J］. 时事报告（党委中心组学习），2018（5）.

[2] 李彦冰 . 新闻传播教育实施专业思政的三个基本问题［J］. 今传媒，2018（12）.

一、专业思政建设中的专业负责人的角色

某一专业建设的任务是由该专业共同体的所有教师共同完成的，按照角色和职位的不同，在专业建设中每一位教师所扮演和承担的专业建设任务是不同的。一般的专业设置中按角色和职位来划分，可以将专业共同体的教师划分为教研室主任、专业负责人和普通教师。主管教学的系主任的职责主要是维持日常的教学运转工作，根据学校部署传达学校行政部门对专业建设的要求；协调系内各专业之间的关系，与系领导班子一起统筹系内各专业协调发展，甚至处置日常教学中的突发状况。专业负责人与主管教学的系主任在这些工作职责上有交叉和重叠，但又具有很大不同。教研室主任的任务是辅助系主任和专业负责人做好上述工作。概括来说，系主任和教研室主任的工作重点是在教学的日常运转和系内教学的行政管理。专业内普通教师是根据专业负责人的部署，服从系主任、教研室主任的行政管理，共担专业建设的责任，完成建设任务。

专业负责人在专业建设中居于核心地位，是专业内涵建设和专业思政建设的谋划者、执行人和操盘手。这与系主任和教研室主任在专业建设中所扮演的角色完全不同。从各个学校所颁布的关于专业负责人的认定和管理办法中可以印证上述说法。一般来说，专业负责人承担着如下专业建设职责：根据学校和学院的总体规划，主持专业建设。具体包括：把握专业建设方向；主持制订专业建设规划；主持制（修）订专业培养方案和教学大纲；主持推进专业教学改革；组织专业教研课题申报；带领教学团队形成稳定的专业方向；负责搭建合理的师资队伍并做好队伍建设规划；负责实践教学计划制订、实施和质量监控；负责专业实习、实践、实训基地建设；有些高校还给予专业负责人一定的资金使用权力，让其负责规划和合理使用专业建设经费。

从三者工作职责的对比中不难发现，专业负责人是全面进行专业建设

的把控者，是专业建设蓝图的勾画者，又是将这种蓝图变成现实的操盘手。在赋予专业负责人资金使用权力的高校，因其掌握有专业建设的经费，这又为其能实现这种蓝图提供了坚实的物质保障。

基于此，专业思政的推进必须准确把握专业负责人的角色定位和职责，围绕其自身的职责来推进专业思政。专业负责人需要在专业建设方向的设定、培养方案的制（修）订、教学大纲的制定、教学改革方向谋划、教研课题的申报、师资队伍建设与搭建、实践教学的安排、实训基地的建设、专业建设经费的使用等各个环节来贯彻立德树人的理念。如果在上述环节中都能准确和恰当地落实专业育人的目标和理念，专业思政就能得到扎实的推进和实施。

当然，这里强调专业负责人推进专业思政的业务核心地位，并不意味着专业思政的推进是由专业负责人一人来完成；更不意味着专业负责人可以“一言堂”，完全按照自身的喜好来推进专业思政，而不考虑专业建设的规律和高校思想政治工作的规律。专业负责人推进专业思政的核心地位，意味着专业负责人在推进专业思政中发挥宏观把控的作用，充分协调和调动专业共同体的成员朝着在专业内实现全程、全员和全方位育人的目标前进，从而实现立德树人的根本任务；意味着专业负责人切实担负起有机融合专业建设规律和育人规律的责任，并把这种理念落实到专业建设各环节，将专业建设任务和育人任务合理分配至专业共同体成员身上，为提升专业享誉度和提高立德树人效果服务；意味着专业负责人在专业建设各环节能落实“以学生为中心”理念，促使学生全面成才，成为堪当民族复兴大任的合格的建设者和接班人。

专业负责人推进专业思政的核心地位需要其做到精湛的业务技能和先进的育人理念的有机融合，恰当处理两者的关系。专业负责人是专业建设的灵魂人物，必须具备做好本专业的人格魅力和业务能力，只有这样才能获得专业共同体内成员的认可。但这种精湛的业务能力需要由先进的育人理念来统摄，归根结底，精湛的业务必须服务于人才培养的目标。在现有的条件下，则必须将党对教育的基本理论和人才培养的基本要求贯穿于专业建设的各环节，将党的主流意识形态落实到专业建设中。实质上，对于专业负责人而言，要认识到没有脱离专业建设只讲政治的抽象的专业思政，也没有脱离政治只讲专业建设的等而下之的专业思政。实际上，认识到这一点也就是做到习近平总书记所讲的“人才培养体系涉及学科体系、教学体系、教材体系、管理体系等，而贯通其中的是思想政治工作体系。加强党的领导和党的建设，加强思想政治工作体系建设，是形成高水平人才培养体系的重要内容。要坚持党对高校的领导，坚持社会主义办学方向，把我们的特色和优势有效转化为培养社会主义建设者和接班人的能力”。[1]习总书记的这一论述厘清了思政工作体系与教学、科研、管理等体系的关系，这是指导专业思政开展的重要理论依据。

在专业建设的各个环节，专业负责人又该如何落实立德树人的专业思政理念呢？在专业方向的设定上，要综合考虑党和国家对专业人才的培养规格、社会对专业人才数量的需求，以及单位对人才的能力要求等因素；在人才方案的制（修）订上除了体现国家和社会的主流价值外，还要满足教育部最新颁布的专业建设标准；教学改革的方向要有利于学生成才；实践教学要充分践行“以学生为中心”的理念、通过“走万里路”重塑学生核心价值观的育人的理念；教材的编写要以马克思主义理论为指导、体现辩证唯物主义和历史唯物主义的思想方法，坚定地反对历史虚无主义等。

二、专业思政建设中党支部的作用和功能

尽管我们强调了专业负责人推进专业思政的业务核心地位，但是专业思政的推进不是专业负责人的个人行为，也不是个人能力能够完成得了的。党支部如何在专业思政推进中发挥作用是值得研究的另一问题。

---

[1] 习近平．在北京大学师生座谈会上的讲话［N］．人民日报，2018-05-03.

习近平总书记在党的十九大报告中提出："党政军民学，东西南北中，党是领导一切的。"❶高校的专业建设如何贯彻这一论断，是从事专业建设的人必须思考的一个问题。很显然，把改善和加强党的领导落实到高校的各种工作中是必由之路，高校的专业建设自然不能例外。由此，党支部在专业建设上如何发挥作用，并承担什么样的功能就应该纳入高校决策层的视野。

党支部是专业思政方向的把控者、推动者和政治核心。高校党支部要成为研究专业建设业务的基层组织，在日常的支部活动中不能仅仅停留于对党中央和上级组织的路线、方针、政策的简单传达，组织党员学习党的指导思想，对党员进行教育、管理、监督和服务等基本职能层面；党支部还应该熟悉专业建设的业务工作，创造性地将党的路线、方针、政策与专业建设的具体任务结合起来，将这些精神贯穿于专业建设的各个环节，从而牢牢把握专业建设的政治方向。实际上，只要基层党支部做到了这一点，便是在推动专业思政工作。

《中国共产党章程》中关于党的基层组织的任务的论述是开展专业思政建设的基本依据。在《中国共产党章程》第四章《党的基层组织》第三十二条中，明确指出："实行行政领导人负责制的事业单位中党的基层组织，发挥政治核心作用。实行党委领导下的行政领导人负责制的事业单位中党的基层组织，对重大问题进行讨论和作出决定，同时保证行政领导人充分行使自己的职权。"❷当前我国高校基本实行的是党委领导下的校长负责制，这一制度在高校内部各二级组织和基层组织被复制使用。这就意味着，高校的基层党组织必须发挥政治核心作用，必须对涉及基层组织的重大事项进行讨论并作出决定。专业思政这一事关专业建设政治方向的问题

❶ 习近平．决胜全面建成小康社会 夺取新时代中国特色社会主义伟大胜利［EB/OL］．(2017-10-18)［2018-12-10］．http：//cpc.people.com.cn/19th/n1/2017/1027/c414395-29613458.html？from=groupmessage&isappinstalled=0.

❷ 中国共产党章程［M］．北京：人民出版社，2012：47-48.

必须纳入党支部的讨论和研究中，以便党支部能对专业思政的方向进行把控。

当然，党支部推动专业思政建设必须恰当处理党支部的“政治核心作用”和专业负责人的“业务核心作用”的关系问题。党支部的“政治核心作用”的真实意涵是：党支部是专业建设政治方向的把控者，要从政治的高度和业务的深度视界融合的层面讨论、研究并推动专业建设。专业负责人的“业务核心作用”的真实意涵是：专业负责人是专业内涵建设的执行者和操盘手，要保证专业思政的推进符合专业建设的基本规律。这里必须克服两个极端：一是用党支部的“政治核心作用”完全取代专业负责人的“业务核心作用”，党支部越俎代庖，这样不仅不具有较强的可操作性，而且专业负责人也失去了对专业建设业务的具体领导，成为可有可无的摆设，其业务专长便很难发挥了。二是过分强调专业负责人的“业务核心作用”，这样实际上是只讲业务的片面的专业建设，完全背离了推进专业思政的初衷。党支部和专业负责人通力合作，共同推进专业思政建设，效果会更好。如果专业负责人本身就是支部委员或者成员，这一问题推进起来比较简单；如果专业负责人是非中共党员，则应该让专业负责人列席党支部推进专业思政的会议，以便更好地执行支部决议。

党支部的活动要有意识地与专业建设的业务相结合。比如，党支部的活动要主动地与教研活动实现有机融合，党支部党员大会或者支委会要研究培养方案的制（修）订、教学大纲的制定、教研课题的申报研讨、师资队伍的搭建等问题，保证这些专业建设问题的政治方向，在这些环节有意识地渗透党的主流意识形态、党关于教育的基本方针、立德树人的目标等理念。

三、专业思政建设与大学目标定位的关系

大学目标定位是大学根据党和国家、区域的战略要求，适应社会需

求，充分利用地区或当地物质条件和政策支持，依据包括校园、校舍、各种设备和设施、图书资料以及师资力量在内的硬条件，学术水平、科研成果、学科建设和优势、专业实力在内的软条件以及学校的经济状况，综合考虑国内外教育发展的趋势所提出的一种发展愿景和理想状态。具体包括办学水平目标、人才培养目标、办学层次目标、发展规模目标和办学特色目标等。“从内容上看，‘定位’是系统的概念，其各项目标是相互关联的；从时间上看，‘定位’是连续的概念，不仅指当前，又指可预见的未来若干年的发展状况。”[1]

专业思政的推进与大学目标定位之间是什么关系呢？概言之，两者之间是支撑与被支撑的关系，即专业思政的建设是支撑大学实现自身所设定的目标的有力举措。如上所述，大学的总体目标是由诸多分目标集合而成的一个综合性的理想图景，而其中专业发展目标是其中最重要的一个分目标，上述各目标中办学水平目标、人才培养目标和办学特色目标都与专业发展目标有紧密的关联，专业发展目标实现程度是衡量一所高校办学水平高低、人才培养质量好坏和办学特色鲜明与否的一个重要依据。在当前教育部大力推进高校分层发展、提倡特色发展、试图改变办学同质化的大环境下，高校的专业声誉对社会大众的影响将越来越明显。

专业思政对大学目标定位的支撑关系，还体现在它对当前本科教育的有力支撑上。之所以提出“专业思政”，实际上是对当前大学专业建设、人才培养所存在问题的一种纠偏，是加强本科教育的重要一环。2018 年 6 月 21 日在成都召开的新时代全国高等学校本科教育工作会议上，教育部党组书记、部长陈宝生发表题为《坚持“以本为本”“推进四个回归”建设中国特色、世界水平的一流本科教育》的讲话，明确提出了本科教育要回归常识、回归初心、回归本分、回归梦想，这四个回归极具针对性地直奔当前本科人才培养中的问题而去，所针对的问题包括学生学习不刻苦、教

[1] 陈国顺，李英明．“定位”：大学发展目标的理性思考［J］．高等农业教育，2003（4）．

师“上水课”、专业建设忽视育人方向、高校重学科建设忽视专业建设等。在讲话中，陈宝生部长明确提出了专业思政问题。专业思政在这里已经成为新时代做好本科教育的一个重要抓手，亦是新时代做好人才培养必须要加强的一个方面。

专业思政和大学的目标定位统一于育人的价值性这一点。专业思政是育人主体性在专业范围内的重新回归与加强，是对专业建设和人才培养单纯强调专业技能培养的一种反拨。专业思政其实让专业建设回归初心——专业建设的目的是为党和国家培养堪当大任的民族复兴的建设者和接班人。从政治学的角度看，它是要通过教育这一手段为政治体系培养合格的政治社会化的人。由此来看，专业思政这一概念是对专业建设在符合教育的业务发展规律的前提下，对专业建设和人才培养的政治方向的一种突出强调。正如教育部党组书记、部长陈宝生所强调的那样，“要坚持正确政治方向，促进专业知识教育与思想政治教育相结合，用知识体系教、价值体系育、创新体系做，倾心培养建设者和接班人”。[1] 从中国特色高等教育制度层面来认识专业思政，意味着要从这一制度的价值属性角度去理解这一问题，即要从中国高等教育制度的社会主义属性这一角度去认识专业建设和人才培养的问题。同样地，综观中国各个大学对自己目标定位的描述，毫无例外都有对人才培养目标的表述，尽管这种表述会因学校办学层次、办学特色、所在区域等的差异而呈现出诸多的不同，但这些表述都不会忽略对自己所培养人才的政治要求，更不可能违反党和国家的教育方针。而大学目标定位中的政治要求和其着眼长远发展的本质属性，正是育人价值性的一个体现。由此看来，两者在这一点上不谋而合了。实质上，大学的目标定位是大学使命的具体化呈现，而大学使命正是大学所承担的责任，是社会对大学应有价值的一种判断和要求。有学者研究指出，中国

[1] 陈宝生 . 坚持“以本为本”推进“四个回归”建设中国特色、世界水平的一流本科教育［J］. 时事报告（党委中心组学习），2018（5）.

大学应该牢记的使命是“对国家负责”。[1]这是对大学目标和定位在价值层面的更高要求，也是对中国的大学活动合目的性的一种规范。

总　结

专业思政的推动应该是一所高校实现育人目的的一种整体性行动和系统化运作，而专业共同体内每一位成员的协同性的育人行动，最终体现为高校立德树人的成效。要达到这一成效必须统筹考虑微观、中观和宏观三个层面的关系，这需要充分发挥专业负责人的“业务核心作用”和基层党支部的“政治核心作用”，并注重发挥专业思政对大学目标定位的支撑关系，从育人价值性的高度统筹协调两者的关系，以便能做到培养出堪当民族复兴大任的合格的社会主义建设者和接班人。

---

[1] 眭依凡．对国家负责：大学必须牢记的使命［J］．高等教育研究，2006（4）．

从文化育人视角探究广告学专业人才培养与文化的关系

钟　静*

摘　要　广告传播与各种文化要素天然存在着密切关系，在广告学专业教学实践和人才培养过程中，需要从文化育人角度对广告专业人才培养和文化之间的关系进行更加深入和系统全面的思考。本文从广告及广告行业的文化属性、广告学专业人才培养中容易出现的文化问题等方面进行分析和阐述，提出广告专业人才培养中应特别注重全球文化视野的培育，才能最终达成全方位育人的人才培养效果。

关键词　文化　广告　全过程　全方位

广告行业是一个伴随着中国改革开放和市场经济发展起来的专业，迄今已经存续了40余年。由于广告学的理论体系和实践均来自西方，不可避免地带有很强的西方自由经济和文化传统的基因。广告传播与各种文化要素天然存在着密切关系，而且由于借助媒介进行大众传播，对社会的影响也更为深远。在中国进行广告传播实践、人才培养和教育教学的时候，必须考虑的一个问题就是，如何在借鉴西方广告传播理论的基础上注意传

*　钟静，女，北京联合大学应用文理学院副教授，主要研究方向为广告传播、媒介研究。

承中国文化的优点，逐步将广告学领域内的主要思想和观点改造成为适合中国本土的历史、传统、市场以及消费者特点的理论。因此，在广告学专业教学实践和人才培养过程中，需要从文化育人角度对广告专业人才培养和文化之间的关系进行更加深入和系统全面的思考。

一、广告具有与生俱来的文化属性

1871 年英国人类学家爱德华·泰勒的《原始文化》一书第一次把“文化”作为一个中心概念提出来——文化是“一个复合的整体，其中包括知识、信仰、艺术、法律、道德、风俗以及人作为社会成员而获得的任何其他的能力和习惯”[1]。后来，美国一些社会学家、文化人类学家，如奥格本、亨斯及维莱等人，给泰勒的定义里增加了“实物”的文化现象。而民族文化，则是通过某个民族的活动而表现出来的一种思维和行动方式。不同文化因素对消费者作出的购买决策会产生巨大的潜在影响。因此很多广告都是以文化为切入点来打动消费者的。例如，可口可乐、麦当劳这样的国际化品牌，在进入中国市场前，都要潜心研究中国的饮食文化、传统习俗和人情世故，并在此基础上制定广告创意传播策略，才能够达到良好的传播效果。否则，就会事倍功半，甚至带来不必要的损失。

当然，广告一方面受文化制约，另一方面也可以传播和推广文化。广告具有天然的文化属性。也正因如此，美国广告界的知名人士迪诺·贝蒂·范德努特说过：“我们应当承认我们确实影响了世界的文化，因为广告工作是当代文化整体中的一部分，是文化的传播者和创造者。”[2]

广告除了有明显的经济属性之外，还有不可忽视的文化属性，主要表现在：广告引导并改变着人们的观念，尤其是消费观念，改造着原有的文

---

❶ ［英］爱德华·泰勒 . 原始文化［M］. 连树声，译 . 桂林：广西师范大学出版社，2005：55.

❷ 邹威华 . 文化视野中的汉英“广告语”解读［J］. 西南民族大学学报（人文社科版），2004（2）.

化氛围，创造公众新的生活需求。广告为社会文化发展起着催化剂和加速器的作用。[1]

广告具有与生俱来的文化属性，这一点无论在西方还是东方国家都是一样的。文化，是一定社会和社会群体的共同意识和共同规范。广告是一种文化形态，一种文化传播载体。广告的传播特性和社会影响力使之在文化传播中充当了重要的角色。[2]而广告作品创意制作的来源产生于实际生活又不完全等同于生活，有时还指导或者改造生活中的文化习俗。这就导致广告和文化之间存在着一种相辅相成的关系。广告所传播的信息业具有文化属性，成功的广告往往具有深厚的文化底蕴和精髓。因此，广告从本质上说是文化。从形式上说，广告运用的大众媒体等媒介形式，是随着现代社会的发展而兴起的一种文化形式。

二、广告行业属于文化创意产业的一部分

经济全球化是文化创意产业（Cultural and Creative Industries）产生的背景，它是一种以创造力为核心的强调主体文化或文化因素的新兴产业，主要依靠个人（团队）通过技术、创意和产业化的方式开发和营销知识产权。根据《北京市文化创意产业分类标准》[3]，文化创意产业主要包括：①文化艺术；②新闻出版；③广播、电视、电影；④软件、网络及计算机服务；⑤广告会展；⑥艺术品交易；⑦设计服务；⑧旅游、休闲娱乐；⑨其他辅助服务。通过上述分类可以看出，广告隶属于文化创意产业，是众多组成行业中不可或缺的一部分。虽然中国有悠久的历史、丰富的文化资源，但是在以产业形式进行文化推广方面做得很不够。因此广告行业在中国有着巨大

---

[1] 朱志成．略述广告的文化属性［J］．北京市财贸管理干部学院学报，1997（4）．

[2] 宋玉书．广告的文化属性与文化传播意义［J］．辽宁大学学报（哲学社会科学版），2005（1）．

[3] 北京市文化创意产业分类标准［EB/OL］．（2006-12-13）［2020-05-20］.http：//tjj.beijing.gov.cn/zwgkai/gzdt/202002/t20200216_1635652.html.

的成长空间。

如今，文化创意产业已成为北京市的重要经济支柱，在这一前提下，紧扣北京市未来经济转型的发展需求，将广告学专业的行业定位在以广告产业为代表的相关文化创意产业，树立大广告行业概念，以广告行业为龙头，强调与诸如媒介、公关、营销、数字新媒体传播、创意产业等相关行业的链接就非常重要。

无论是广告活动还是广告作品，都具有文化内涵，呈现出文化特质，同时又传递着生活观念、价值取向、审美规范等文化观念、文化信息，并以此影响着受众。因此，广告不仅是一种信息传播形式和商品促销工具，还是一种文化形态、文化传播载体，具有鲜明的文化属性和文化传播意义，是社会文化的构成部分。

正是由于广告学行业和文化创意产业直接关联，在人才培养过程中就尤其需要注意和文化产业相关的各种问题、机遇和形势。理解了这一重要前提，就能够在人才目标设定、培养方案制订、教学计划执行、实践环节设置等诸多方面，做到符合社会发展需求，满足人才市场需要，与社会发展和谐共进。

三、广告学专业人才培养中容易出现的文化问题

广告学专业人才培养中很容易出现各种各样与文化有关的问题，其中主要问题集中在过于推崇“消费文化”和“大众文化”两个方面。

广告学专业人才培养过程中，贯穿了各种理论和实践。其中，绝大部分都强调广告的营销属性。过分强调消费文化的推行，是中西方广告共同的问题，也是在广告人才培养过程中特别需要加以注意的。否则，很容易因为广告是推行消费文化的有效途径，就使得广告专业人才的培养沦为产品“推销员”的培养。消费主义文化兴起于20世纪二三十年代，“二战”以后在西方资本主义国家得以迅速蔓延，是当今西方资产阶级道德的重要

组成部分。消费主义文化是指以对物品的绝对占有和追求享乐主义为特征，它是一种有关消费的价值观念和生活方式，把消费当作唯一目的，为消费而消费。这种理解背离了消费是满足人需要、促进人发展的手段这一初衷，是一种极端的文化形态，但也是资本主义从生产型社会向消费型社会转型时期的一种影响深远的经济与社会文化现象。广告的跨文化传播有助于推动消费文化目的的实现，因此在人才培养过程中有必要对消费主义文化进行辩证地学习，不能盲目加以推崇。

另外，由于大众文化与中西方广告互相渗透，也使得在广告学人才培养过程中倾向于对大众文化过于推崇。大众文化的概念最早出现在西班牙哲学家奥德嘉《群众的反叛》一书中，主要指的是一个地区、一个社团、一个国家中新近涌现的，被大众所信奉、接受的文化。[1]现在则专指以大众传播媒介为手段，按商品市场规律去运作的、旨在使大量普通市民获得感性愉悦的日常文化形态。从这个意义上讲，广告无疑属于大众文化。大众文化的不足之处是单调、平淡、庸俗，以及容易将在富裕生活中产生的诱惑和孤独感，通过大众媒体传播和表现，尽管大众文化能够暂时克服人们在现实中的茫然孤独感以及生存危机感，但同时也可能大大降低人类文化的真正标准，从而在长远的历史中加深人们的异化。广告是大众文化的重要组成部分，大众文化则是广告的重要表现元素。因此，在广告学专业人才的培养过程中，就需要对大众文化的应用适当有度，不能放任自流，让广告传播成为大众文化毫无障碍的推行器。

除此以外，随着全球一体化的发展，越来越多的专家学者开始致力于中西方文化价值观对比方面的研究，以期解决跨文化交流中由于价值观的差异而引发的种种问题，集体主义和个人主义作为中西方的核心价值观，引起了研究学者们的极大关注。许多学者经过大量的研究认为，集体主义与个人主义的区别是理解不同文化差异的关键所在。了解了这个区别，就

---

[1] ［西］奥德嘉．群众的反叛［M］．蔡英文，译．台北：远流出版事业股份有限公司，1989：244.

很容易理解当今广告中存在的各种文化问题，并知道这种问题无时无刻不存在着，并影响着社会文化的发展和走向。

广告作为一种近现代的文化，在不同语境的传播中，文化冲突是难免的，但是文化融合是趋势。中国是一个有着几千年深厚文化底蕴的大国，经过多年市场经济的洗礼，也逐渐摸索出比较成熟的理论和方法。在广告学的理论及实践中，完全可以摒弃盲目学习国外而忘记根本的做法，只有扬弃后的西方理论再加上自己本身的特点，才能够成为行之有效适合中国模式的优质教学内容。

四、广告专业人才培养中注重全球文化视野的培育

广告作为一种大众化的传媒文化形式，能够充分体现它所依附的文化背景及人们的思维方式。各国广告在创意、风格、语言应用方面都存在显著差异，归根结底是中西方文化差异在广告上的表现。中西方文化在某种程度上已经潜移默化地交融，这一点在中西方广告上已有越来越多的反映。许多西方广告中所包含的文化和价值观已被越来越多的中国人，尤其是年轻一代所接受。因此，在广告专业人才培养中，注重全球文化视野的培育也显得日益重要。

特别是“十三五”时期，我国广告业面临创新发展的重大战略机遇，我国推动实施一系列重大发展战略，为广告业发展提供更广阔的空间。新技术革命推动新媒体和新的信息传播渠道的快速发展，极大地开拓了广告服务领域，满足了对广告服务的多种需求。经济全球化和国家实施“一带一路”建设，使得广告业的国际化发展机遇越来越多。

全球化和国际化，首先对中国广告产业提出了问题，继而对中国广告专业教育提出了问题。由于全球广告产业的飞速发展，广告活动伴随着跨国公司的发展而发生空前的变化。本土广告产业在对其他文化体系、国家组织和地区的广告活动中，需要解决管理、文化、法律、经济等多方面的

问题。而这个问题的解决需要一批具有全球化视野的广告专业人员。因此，培养一批具有国际化视野的广告人才就成为当前中国广告专业教育首要的挑战和任务。也正因如此，在广告学专业人才培养过程中，就更加有必要注重全球文化视野的培育，比较各国广告中的思维方式，清醒认识自己的优势与劣势，尝试多方位训练扩展思维，培养出符合全球社会发展需求的专业人才。

这个时候，跨越文化的广告传播教育就显得特别重要。每个国家或地区都有自身不同的文化色彩，而文化是一个复杂的概念。全球化背景下的广告产业实践活动就是在两个不同文化背景的群体之间的广告信息传播与交流活动。随着广告传播的全球化趋势日益明显，广告专业教育的目标之一就是培养了解目标市场国和地区的文化特质及文化需求的广告人才，致力于培养他们创造符合当地文化特色、接受心理、文化心理、传播习俗和文化民俗的广告产品的能力。现在，多元文化教学成为形势所需，从广告用语、符号意义、文化象征、诉求主题、形象组合到广告经营策略、人才组合与培训、管理模式、公共关系建构都是全球化背景下广告专业教育要考虑的问题。要实现跨文化广告传播，首先需要掌握本土文化以及目标市场的文化特点，需要有跨文化的知识积累意识，并且需要逐渐培养自己在本土文化与其他文化之间自由穿梭的能力，研究跨文化广告传播应当成为将来广告专业教育的一个路径。

在上述基础上，可以探索多种教育教学方法并行的模式，例如学生参与的研讨式教学、课内的模拟实践教学和课外的真实实践教学、将学生分成若干个小组进行实战模拟的项目式教学、通过国内外案例研讨开展的案例式教学、以比赛作为特殊学习训练的平台式教学、将业界精英引入课堂的精英式教学，等等，全方位地培养学生的全球化国际视野和沟通能力、设计能力，直接感受社会的需求并发现个人特长，进一步明晰自身努力方向。

结　语

在明确了广告的文化属性和行业属性的前提下，广告学专业的人才培养，就不仅仅只是局限在与广告直接相关的一些具体技能的培养上，例如策划、设计、创意、文案、客户服务等，还可以在此基础上，继续延伸至公关、市场、品牌、传播、媒体、消费、新媒体传播等各方面，在传统广告强调策划、创意、媒体三大板块基础上，更加强调综合性、具有文化素养以及应用性能力培养的人才模式。众所周知，专业教育是高等院校人才培养的主要载体，如何通过专业教育与文化育人相结合，把专业的历史、文化、精神等隐形教育内容与思政有机结合，并渗透到专业课堂教学中，是本文希望进行深入探讨的问题。希望能够在专业教学中强化对学生的思想政治教育，让学生在专业学习过程中润物细无声地感受到思政教育的熏陶和感染，有效拓展专业文化育人的新渠道。

高校影视专业人才培养的经验、反思和启示*

金　韶**

摘　要　国家对产教融合的推进，为高校影视专业建设提供机遇；影视产业的快速发展，又使得影视人才的缺口不断扩大。各高校不断创新人才培养理念和方式，通过校企战略合作、实习基地建设、应用型课程开发、学生作品孵化和产学研课题研究等方式，大力推进校企合作。在影视人才培养实践中，存在校企双方的认知和态度差异、高校坚持的“专业教育”和企业推崇的“职业教育”的矛盾、学校教学安排和企业工作强度的冲突等问题，需要切实有效的解决方案。未来，高校可以在激发师生创造力、孵化优质项目、打造产学研创新平台等方面持续努力，支持影视产业做大做强。

关键词　产教融合　校企合作　人才培养　产学研创新

一、高校影视专业人才培养的现状

近几年，国家推动产教融合、鼓励校企合作，为高校影视专业的人才

*　本文系教育部人文社会科学研究青年基金项目“互联网＋背景下影视产业IP运营机制研究——基于价值链创新的视角”（项目号17YJC860006）的阶段性成果。

**　金韶，女，北京联合大学应用文理学院副教授，传播学博士，主要研究方向为影视传播、文化产业。

培养提供了机遇。影视产业的快速发展带动影视人才的缺口不断加大，加上高校的人才培养方式和行业企业的需求不协调，影视专业人才培养的现状不容乐观。

1. 积极响应国家政策和推进校企合作

2017 年底，国务院办公厅印发《关于深化产教融合的若干意见》指出：深化产教融合，促进教育链、人才链与产业链、创新链有机衔接，促进人才培养供给侧和产业需求侧的融合；促进高等教育融入国家创新体系，培养高素质创新人才和技术技能人才；鼓励和支持校企合作开展实习实训，加快产学研协同创新和技术成果转化。[1]政策扶持为高校影视专业的人才培养提供了重要机遇。影视专业具有较强的综合型、应用型特色，在加强校企合作、推进实践教学、鼓励校外实习实训、支持学生创新创业等方面走在各学科专业的前列。

2. 影视产业的快速发展和影视人才的缺口加大

自 2012 年开始，国内影视产业进入发展的快车道。电影年产量从 2012 年的 893 部发展到 2018 年的 1082 部；2012—2015 年，电视剧平均年产量在 440 部左右，2016—2018 年有所回落，稳定在年均 320 部左右，而网络剧的产量迅速增长，2018 年比 2017 年增长了 23%，全网剧集流量超过 6400 亿。[2]影视产业的快速发展，推动影视人才的需求量激增，影视行业人才的缺口迅速加大，高校培养和输送人才的速度已经跟不上影视市场的扩容。而且，现有高校影视专业多以培养演员、导演、编剧等主创人才的专业教育为主，而影视行业实践中比如剧组最需要的灯光、道具、轨道、化妆等基础岗位人才非常紧缺。目前影视行业这些基础岗位的从业者大多是从农村临时招募人员，经常由“全村包场”，甚至出现“有人做、

[1] 国务院办公厅 . 关于深化产教融合的若干意见［EB/OL］.（2017-12-19）［2019-12-15］.http：//www.gov.cn/zhengce/content/2017-12/19/content_5248564.htm.

[2] 清华大学影视传播研究院 . 中国电视剧产业发展报告 2019［EB/OL］.（2019-04-02）［2019-12-15］.http：//ent.sina.com.cn/v/m/2019-04-02/doc-ihtxyzsm2511029.shtml.

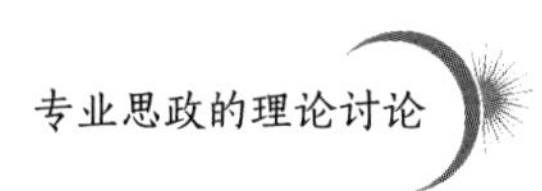

无人教”“现做现学”“流水席”等用工乱象。

3. 高校人才培养方式和行业企业需求不协调

为了满足影视行业的人才需求，各大高校不断加强影视专业的建设。目前，全国范围内直接开设广播电视学、戏剧与影视学专业的高校有近300所。近几年部分高校新增开设制片管理、影视金融、动漫游戏等专业，再加上综合类高校的新闻传播、文化产业等专业也开设影视传播、影视文化等相关专业方向，全国范围内开设影视传媒相关专业的高校接近1000所。但是，规模不等于质量，高校的影视专业教学侧重专业理论和学科基础，缺乏应用性和实践性；部分高校的影视专业是匆忙上马，缺乏师资力量和教学积累；大多数高校的影视专业实践教学尚未形成规模化和体系化，校外实践实习也比较分散和缺乏持续性。高校的影视专业人才培养，“重理论、轻实践”“重数量、轻质量”“重专业教育、轻技能教育”等问题突出，导致学生毕业后并不能直接适配行业和企业的人才需求。

二、以校企合作模式培养影视专业人才的实践经验

在产教融合的背景下，很多高校在校企合作上积极探索实践。笔者所在单位是一所应用型高校，在新闻传播院系内开设影视传播专业方向，通过与重点企业战略合作、校外实践实训基地建设、创新课程研发、学生作品孵化和产学研合作课题等方式，大力推进校企合作，积累了比较丰富的经验。

1. 依托品牌企业，开展战略合作

本影视传播专业，首先，依托新闻传播学的专业基础，与人民网、千龙网、中青在线等国家级媒体网站签订了战略合作，师生深度参与到这些媒体机构的视频内容的策划、生产和传播实践中；其次，积极拓展影视行业企业资源，与业界知名的慈文传媒、光线传媒、新丽传媒等影视制片公司签订战略合作协议，邀请影视导演、制片人、编剧等专业人士进课堂举

办专题沙龙和培训讲座，让学生和专家面对面互动，学习和了解业界动态和实战经验；最后，定期、批量输出学生到这些影视传媒机构进行长短期实习，深度参与企业正在进行的影视项目，在实战中提升实践能力。知名影视传媒企业具有较强的品牌影响力，能够为高校教学提供优势资源平台和优质影视项目实践机会，提升校企合作的效率和效益，是校企合作的重点。

2. 校外实践实训基地的拓展和建设

本影视传播专业广泛联系校外企业，建立了大量校外实践实训基地。据统计，2014—2018 年，本专业共签订校外实践实训基地近 100 家，其中影视制作公司占 1/3 以上；其他企业机构主要包括：广电媒体，如央视电影频道、北京电视台、北京广播电台等；网络媒体，如凤凰网、爱奇艺等；影视营销和宣发公司，如百思传媒、蓝色光标等。2018 年，本专业还增加了影视数据调研和咨询机构，如骨朵传媒、艺恩网、韦德斯福营销公司等校外实践实训基地。这些校外实践实习的企业，其核心业务各有专长，分别服务影视产业链的不同环节，一方面顺应了影视产业链条上各环节的发展需求，另一方面为学生提供了更丰富、更多元的实习机构和实践平台，可以针对不同学生的专长匹配不同的企业岗位。校外实践实训基地，已经成为本专业实践教学体系的重要组成部分。

3. 应用型课程的创新研发

鉴于高校的影视专业的师资配置和教学体系侧重专业理论和学科基础，比较缺乏应用性和实践性，本专业开设了丰富的实践课程，如摄影摄像、音视频制作、数字媒体制作、新闻传播实务、舆情调查等课程。此外，为了加强应用型课程的创新研发，在专业内设置应用型课程研发的专项资金，鼓励教师进行课程创新和研发。比如笔者主讲的“文化产业概论”课程，就申请到了该专项资金，增加了特色文化产业的校企合作专题研讨模块，其操作模式是：首先，由教师指导学生分组分批地走进不同领域和类型的文化企业，进行实地调研；其次，通过深度访谈、问卷调查、短期实践等方式进行典型案例研究；再次，将研究成果形成案例报告，在课堂上集中展示和讨论分享，并邀请文化企业的负责人参与研讨，让案例研究成果具有实践指导性；最后，将部分优秀的案例成果，形成学术论文投稿并发表在学术期刊上。由此，形成了师生协作和校企合作相互带动、教学和科研相互促进的应用型课程体系，收到了良好的教学和科研效果。

三、影视专业人才培养过程中的问题和反思

产教融合和校企合作，需要高校和企业机构这两种不同性质的组织建立协作关系，其实践运作过程是复杂的、多变的，因而也存在问题、冲突和不足。通过本专业的专业建设实践工作，结合其他专业和其他高校的调研交流，将影视专业人才培养过程中的问题和反思进行总结。

1. 从“校冷企热”到“校热企冷”

高校培养人才的根本目标是向社会、企业或机构输出人才，企业是受益者，所以企业从源头上是热衷校企合作的。但事实上，较多高校只是被动应对政府部门的要求，推进校企合作多为“面子工程”和表面文章，与企业的实质合作和深度互动不够，缺乏校企合作实效。[1]另外，高校人才培养的机制僵化、质量不高和创新不足，最终导致企业对校企合作失去热情，变成了“校热企冷”。

这就需要我们首先要从高校自身做起，重视对学生实践能力和应用技能的提升，拿出诚意和企业合作，充分激发企业的积极性，协助企业建设好实践实训平台，不断引导学生参与企业项目；要加强对学生实习实践的进度管理和效果评价，避免让学生实习流于形式，通过对学生实习效果的准确评价，对实习企业和实习基地进行选择、管理和改进；要建立长效的校企合作机制，给企业、学生和教师团队以多种形式的激励，不要让校企合作变得“虎头蛇尾”，而应努力将其短期效果变为长期效果。

---

[1] 季诚钧，樊丰富. 改变合作培养人才中的“校热企冷”问题［J］. 中国高等教育，2011（12）.

2.“专业教育”VS“职业教育”

综合性高校和职业院校的区别，在于人才培养目标的不一致，以及由此带来的教师和企业在人才观念上的差异。综合性高校是专业教育，注重学科理论的继承和教学内容的体系化，以提升人的综合能力为目标导向，培养人的理论修养和综合素质；[1]而职业院校是职业教育，注重教学内容的灵活性和实用性，以提升人的实践技能为目标导向，培养人的特定行业的实践技能。对于综合性高校来说，要明确自己的育人目标、办学定位和资源优势；明确专业教育和职业教育的本质区别，不要把“办教育”变成“办培训”；也要适当借鉴职业教育的经验，培养和提升学生的实践能力，加强实践教学体系的建设和创新。

这就需要明确校内老师和企业导师的协作和分工。一方面，加强校内老师和企业导师的紧密协作，将校内老师的理论讲授和企业导师的实践指导无缝衔接和有效融合，促进学生的“一专多能”；另一方面，明确校内老师和企业导师的分工，校内老师可侧重学生价值观的塑造，而企业导师可专注学生职业观的养成，让二者形成协同效应。

3.学校教学安排和企业工作强度的冲突

高校的教学体系比较规范严谨，有严格的课程考核、学分核算、毕业资格审核等机制，学生在大学四年要完成通识教育、专业必修、跨专业辅修等大量课程的学习，即便是大三、大四的学生，也要花很多精力做毕业设计、毕业论文等，加上近几年考研的学生越来越多，这些因素都导致高校学生的学习节奏比较紧张。在这样的情况下，学生的校外实践实训和企业对于实习生的工作安排，会产生一定冲突。特别是影视企业，根据一个影视剧目的拍摄制作进度，需要周期性的连轴转，实习生要跟完一个剧组的工作，往往需要缺课甚至旷课。学校教学安排和企业工作强度的冲突是影响校企合作顺利推进的一个重要因素。

[1] 鲁昱晖.中国高校影视专业教育现状与人才培养策略研究［J］.东南传播，2016（7）.

对此相应的解决方案是：一方面，学校和企业要加强沟通和衔接，优化学校教学课程和校外实践项目的编排，高校在编排教学内容时要兼顾学生的实践实训时间，并根据每届学生的实践效果，及时调整教学安排；另一方面，需要不断创新和优化培养方案，从根本上解决理论教学和实践教学的协调问题，实现人才培养方式的链条化和模块化，为具有就业、考研、出国等不同需求的学生提供不同培养模式，实现课程体系和教学内容的选择和定制，让学生能够结合学习目标和自身条件，选择不同的教学模块。

四、高校影视专业人才培养的启示和努力方向

1. 激发学生创造，孵化优质作品和项目

本影视传播专业的摄影摄像、视听艺术、音视频制作、数字媒体制作等实践课程，由指导老师带领学生拍摄制作影视作品，加上学生的平时练习、期末作品及毕业设计作品等，形成了大量的学生影视作品库、素材库、资料库，其中不乏高品质的、富有创意的、具有改进空间的优秀作品。这些学生自主创作的影视作品，可以通过外请专家指导、师生协作、同行交流等方式，打磨和孵化其中的优质作品，推荐到国内大学生微电影节、短视频节、广告和影像比赛等专业评选和赛事活动中，本专业已经有多个学生影视作品，走出学校，参与社会评选，获得了多个有影响力的奖项，比如大学生微电影节金奖、大学生广告比赛一等奖等重要奖项。

孵化和培育优质学生作品，推荐参与各种比赛或社会评奖活动，能够激发师生的创作热情和创造活力，提升师生协作效率，促进从实践训练到作品成果的转化，非常值得在高校推广。对优质师生影视作品和文化项目的孵化，也顺应了国家的“双创”教育理念，相当于在高校内鼓励和扶持学生进行影视内容创制相关的创业项目，培养学生的创新精神、创造能力和创意水平。

2. 依托校企合作，打造产学研创新平台

目前高校大多只关注到校企合作对于学生的价值，而忽略校企合作对于教师的价值。实际上，校企合作也为教师提供了一个把握行业实践热点、和业界深度互动、提升教师实践能力、带动教师科研能力的平台。[1]教师的职责和工作目标是教学和科研一体化，以科研带动教学，而科研不是脱离实践，而是基于实践观察的理论总结和提升。在产教融合的大背景下，教育部和各省区市的教委部门都非常重视产学研协同创新课题的扶持和资助。通过校企合作，可以将教师的科研发现和企业的实践问题结合，教师和企业从业人员共建研究团队，合作申报和开展科研课题，直接促进科研成果的转化和应用。

影视文化作为国家形象和对外文化传播的重要载体，对于提升国家软实力发挥重要作用。如何将我国影视产业做大做强，是政府和教育部门的管理职责，是影视企业生存和发展之本，也是高校影视专业教师的重要研究命题。为此，政府和教育部门应对校企合作的科研工作提供有力的政策和资金扶持，高校应对校企合作科研课题团队予以实质性的激励和奖励，而企业也需发挥人才、技术和资本优势，积极参与到产学研创新课题的研发中。教育部门、高校和企业多方合作、发挥合力，加强产学研创新平台的建设，对于影视专业人才培养具有深远的意义。

---

[1] 周光礼．高校人才培养模式创新的深层次探索［J］．中国高等教育，2012（10）．

广告伦理视域下广告专业思政教育的重点

张立梅*

摘　要　本文从广告伦理的角度分析了我国高校广告专业思政教育的重点问题。首先，分析了广告的伦理属性，认为经济属性之外，广告还具有鲜明的伦理导向。广告伦理的本质就是广告道德问题，它要求广告不仅要追求经济效益，还要承担起社会责任。其次，对我国当前广告伦理失范问题进行了归纳，认为当前我国广告伦理失范问题突出表现在新时代带来的价值导向偏差问题、新技术带来的受众权利侵犯问题、新媒体带来的商业属性隐藏问题和新概念下业界的无底线操作问题四个方面。最后，认为解决我国广告伦理失范问题需要从广告专业思政教育开始，重点从广告导向教育、广告法规教育、广告伦理教育和文化自信教育四个方面入手。

关键词　广告伦理　广告专业　思政教育

2019年2月11日晚，新浪微博认证为“微博知名搞笑博主、美食家、知名娱乐博主”的江上渡发布了三张照片，展示内容为椰树牌椰汁2019年最新包装及平面广告。在这三张照片中，不管是产品包装，还是平面广告，画面中最引人关注的部分都是被刻意凸显的女性胸部，并配有“用椰

*　张立梅，女，北京联合大学应用文理学院新闻与传播系讲师，主要研究方向为广告实务。

汁擦乳，每日多饮椰汁能使乳房饱满”“我从小喝到大”等文字。江上渡为这三张照片配发的文字内容是：“椰树牌椰汁的平面广告文案，真是一个奇迹般的存在……粗暴到能让我一个血气方刚的直男‘晕奶’。”❶

作为一个有着308万粉丝的新浪微博博主，江上渡发布的这条微博被迅速转发，并先后引来1500余条评论。有人直言椰树牌椰汁广告宣传的椰汁丰胸功能虚假，有人批判椰树牌椰汁的包装和广告低俗，有人对椰树集团的这一做法表示痛心疾首、难以理解。丁香园旗下健康科普平台丁香医生网站官方微博也于2月13日发布评论，直截了当地说明“喝椰汁不丰胸”，同时表示“啥时候他家才能意识到自己是靠好喝出圈的啊……”❷百度搜索指数显示，2月13日，椰树牌椰汁广告的搜索量直线上升，整体同比增长了3倍多。

2月13日，“海口工商”在其微信公众号发布消息，称“近日，海南椰树集团2019年椰汁广告涉嫌内容低俗、虚假等问题引发社会广泛关注。海口市龙华区工商局已对海南椰树集团涉嫌发布违法广告的行为进行立案调查”❸。

面对滔滔舆论，2月14日，椰树集团发布了新的视频广告，虽然广告语没有变化，广告代言人也仍然是女性，但从“大胸美女”变为了清纯的女学生，从小学生到大学生，让大家看到了通过年龄显示的“我从小喝到大”。2月16日，海南椰树集团更通过新浪微博发布回应，称“‘我从小喝到大’广告词不违反广告法，得到中国广告协会批准，工商部门也认可。这句广告词不是指喝椰汁丰胸，而是宣传消费者对椰树牌椰汁信得过，以

❶ 江上渡. 新浪微博［EB/OL］.（2019-02-11）［2019-02-20］. https://weibo.com/2645996150/HgcLToylu？type=comment#_rnd1550997221939.

❷ 丁香医生. 新浪微博［EB/OL］.（2019-02-13）［2019-02-20］. https://weibo.com/dxydoctor？topnav=1&wvr= 6&topsug=1&is_hot=1#1551056005573.

❸ 椰树椰汁广告涉低俗虚假问题 海口工商：已立案调查［EB/OL］.（2019-02-14）［2019-02-20］. http://news.163.com/19/0213/19/E7TTT7TD00018990.html.

预防我们产品被省内外 80 多种伪劣椰汁冲击，有利于消费者辨别真伪”[1]。

对于这一热点事件，多家新闻媒体都进行了报道，新浪新闻更是围绕这一事件制作了新闻专题进行集中报道，并设置“舆论热议”板块，让公众可以发表个人意见。有人认为该广告违法，如“已经违反《中华人民共和国广告法》”；有人认为该广告不违法，如“不高雅，但合法”。有人认为该广告低俗，如“椰树牌的包装从小就欣赏不了，怎么还越来越俗了？这样的包装太羞耻了！”；有人认为该广告无伤大雅，如“能指出哪里违法吗？宽容一点就好”；有人认为低俗与否取决于人，如“仁者见仁，智者见智，淫者见淫”。有人认为“从小喝到大，中国文字，博大精深”；有人认为“丑出天际。但就是这种丑反而给人留下印象，你在销售柜里一眼就能看到椰树椰汁。成功个例”。有人认为工商部门未尽到监管责任，如“如此恶俗的广告，是怎么通过审核的?”；有人认为工商部门的查处是受舆论胁迫、于法无据，如“同意该企业广告恶俗，赞成大家骂他，但不同意政府机关（当地工商局）以强加罪名查处，毕竟人家没违法”。有人认为该事件是椰树集团的营销手段，如“怎么看都像事件营销，对椰树集团平添好处，原本没人关注，这下火了”；有人认为这是“自媒体又开始敲诈勒索企业了”，更有阴谋论者认为“人家椰树每年给国家纳多少税，解决多少就业……就一个解释，椰树得罪人了”。[2]

面对这些论调各异的评论，旁观者或许可以简单地将其当作一个闲聊的谈资，一笑置之；但作为广告专业从教人员，我们却应该由此意识到当前我国民众，包括广告行业本身对广告伦理问题认知上的混乱、操作上的随意以及广告从业者思想政治教育的迫切性。

---

[1] 海南椰树集团 . 新浪微博［EB/OL］.（2019-02-16）［2019-02-20］. https：//weibo.com/u/5512968756？topnav=1&wvr=6&topsug=1&is_hot=1.

[2] 椰树椰汁被质疑低俗［EB/OL］.（2019-02-13）［2019-02-20］. http：//news.sina.cn/zt_d/yeshuyezhi0213.

一、广告伦理问题的提出

广告是随着人类社会商业活动的发展而出现并不断演进的一种经济活动，工作原理就是通过特定的方式向消费者进行商品信息的传播，劝服消费者接受特定的商品，促进商品交易的完成。因此，经济属性是广告的根本，经济效应也是衡量广告效果的核心指标，广告也逐步发展成为“经济发展的晴雨表”。但是，随着人类社会和广告运作的发展，人们发现广告劝服消费者的方式并非整齐划一，而是存在着是非善恶的区别；而且，除了能够影响人们的经济行为，广告还能够深刻地影响和塑造人们的思想认识、道德观念及行为方式。也就是说，在经济属性之外，广告还具有鲜明的伦理属性。

1. 广告伦理的内涵

汉语中，“伦理”一词最早出现在《礼记·乐记》中：“乐者，通伦理者也。”东汉儒学大家郑玄对此解释为：“伦，犹类也；理，犹分也。”也就是说，伦理指事物的分类、条理。而在我国第一部系统地分析汉字字形和考究字源的字书《说文解字》中，东汉学者许慎则认为：“伦，辈也，从人，仑声”；“理，治玉也，从玉，里声”。后人一般多采用许慎的观点，认为“伦”指的就是“人伦”，本义是“辈”“类”，引申为“人与人之间的关系”；而“理”的本义是“玉石内部的纹路”，引申为“顺着事物的内部道理做事”，再引申为“人与人之间的行为规则”。现代语境中“伦理”的含义即由此而来。

西汉初期以后，“伦理”一词的使用开始变得比较广泛，但我国古代对“伦理”的理解，“综合多位儒学大家的所言，所谓‘人伦’或‘伦理’，就是指君臣、父子、兄弟、夫妻、朋友的关系及其秩序，有着比较特殊的内容和结构”，[1] 与当前的理解存在较大的差异。一般认为，现代意

[1] 朱贻庭．“伦理”与“道德”之辨——关于“再写中国伦理学”的一点思考［J］．华东师范大学学报（哲学社会科学版），2018（1）．

义上的“伦理”概念，是在晚清“道德革命”过程中经由康有为、梁启超、严复等人的译介活动传入我国的。当前关于“伦理”的含义，多理解为“‘伦’即人伦，指人与人之间的关系；‘理’指道德律令和原则；‘伦理’就是人与人相处应遵循的道德和行为准则，是共同认可的社会行为规范”❶。正因如此，“伦理和道德，不论是学术研究，还是生活观念当中，这两个概念通常在一个意义上使用”❷。

作为协调人与人之间关系并获得人们共同认可的活动规范和准则，伦理普遍存在于人类社会的各种活动当中，它以善恶作为评价标准，提醒人们在各种社会活动中应当遵循怎样的行为规范、履行怎样的义务，并依靠社会舆论、内心信念和传统习惯得以维持和发展完善，通过历史的考验和积淀而成为一个民族特有的社会道德体系。因此，伦理具有一定的时代性和民族性，并会在不同的领域中因具体调整对象的不同而表现为不同的内容。

作为人类社会经济活动的一个组成部分，广告是促进买卖双方交易行为完成的一项特殊活动。在这项活动中，广告主体（包括广告主、广告公司和广告媒体）是具有特定伦理观念的人群，他们的伦理观念会影响他们对广告信息具体内容和传达方式的选择；作为广告信息的接收者，消费者同样是具有特定伦理观念的人群，他们的伦理观念会让他们对接收到的广告信息的具体内容和传达方式做出特定的理解和判断。可以说，广告活动从头到尾都处在特定的伦理环境当中，根本无法摆脱社会伦理环境的影响。考虑到这一特点，张金花、王新明在《广告道德研究》一书中指出：“有了广告，就有了广告道德问题。因为任何一种交易行为从产生到完成的全过程，始终都包含着一个伦理问题。”❸由此可以发现，“广告的伦理问题并不是在广告发展到一定阶段之后才产生的，而是存在于广告活动的始

❶ 孙骁群．中国传统伦理精神浅析［J］．苏州教育学院学报（社会科学版），1994（4）．

❷ 陈正辉．广告伦理学［M］．上海：复旦大学出版社，2008：3.

❸ 张金花，王新明．广告道德研究［M］．北京：中国物价出版社，2003：9.

终”[1]。随着人类社会的不断发展，广告行业不断成熟，也逐渐形成了自身特有的“内在的道德性、外在的道德考量和道德规范”[2]。作为从事广告相关活动中必须遵守的原则与规范，“广告伦理是研究广告活动中以善恶为标准、依靠广告行为主体的内在道德修养和外在道德规范维系的、协调广告活动涉及的个人、组织及社会等各利益主体之间的关系以及对广告活动本身进行评判的原则规范、道德意识和行为活动的总称”[3]。可以说，广告伦理的本质就是广告道德问题[4]，它要求“广告不仅要追求经济效益，还要负起社会责任。它应该不断地鼓励和激发广大受众朝着‘善’的方向去发展，而不应把广大受众往‘恶’的方面去引导”[5]。

2. 广告伦理的价值

作为一种商业活动，经济属性是广告活动的首要属性，对商业利益的追求是广告的终极目标。众所周知，很多时候，商业利益的实现和履行道德义务之间存在着巨大的矛盾，而广告伦理的存在就是为了在二者之间求得一个平衡点，从而维护广告主的长远利益、维护全社会伦理环境的健康发展，并最终维护广告行业自身存在的合理性。

首先，广告伦理能够维护广告主的长远利益。广告主之所以会进行广告活动，就是因为可以通过广告活动更广泛、更有效地传达商品信息、更有效地劝服消费者接受商品，从而推动经济利益的实现。但这种劝服活动的完成极其复杂而微妙，是一个相当艰难的过程。为了提高劝服的效果，很多广告主都会多方尝试，其中不乏一些非道德的手法，比如虚假、欺诈、误导等。但是，事实证明，这些不符合道德规范的方式虽然可能短时间内让广告主获利，但不具有可持续性，最终的结果是遭到消费者的厌弃，甚至是法律的制裁，广告主利益因此受到的只能是伤害。长期来看，

[1] 胡璐．广告的第三种导向——伦理导向研究［D］．杭州：浙江财经大学，2017：19.
[2] 崔书颖．技术与市场：塑造现代广告的知识权力结构［J］．当代传播，2013（1）.
[3] 苏士梅，崔书颖．广告伦理学［M］．开封：河南大学出版社，2010：43.
[4] 杨媛．广告伦理问题研究［D］．开封：河南大学，2010：6.
[5] 崔长青．必须重视广告的思想性［J］．中国广播电视学刊，1998（1）.

只有那些坚守广告伦理，正正当当、规规矩矩进行广告活动，在眼前的经济利益和无形的道德规范之间能够做出正确取舍的企业，才能实现可持续的长远发展。例如椰树牌椰汁这一事件，不但工商部门介入调查，更有调查显示有五成受访者表示将因此不再购买该产品，“31 年坚守在海南岛”的新鲜椰汁的品牌形象也受到了巨大的冲击，其造成的商誉损失恐怕难以用金钱来衡量。

其次，广告伦理能够维护社会整体伦理环境的健康发展。广告伦理是在社会整体伦理环境的影响下发展起来的，但作为一种开放的、普遍存在的信息传播活动，广告活动尤其是广告作品的伦理选择同时也会对整个社会的伦理环境产生影响。因为作为一种劝服性的传播活动，广告的作用路径是通过自身的具体内容以及传达形式打动消费者的内心，获得其思想上的认可和行动上的响应，因此即使是商业广告活动或广告作品也会以具有特定伦理导向的内容和方式来诱导人们去思考、去评判、去效仿，从而潜移默化地影响社会整体的伦理导向和认识。正因如此，早在 100 年之前，英国小说家诺曼·杜格拉斯就表示“透过广告，你可以看到一个国家的理想”；我国学者陶东风更是直言，“广告已经成为塑造大众信仰、世界观、价值观的最重要媒介之一。我甚至于觉得，今日的人类灵魂工程师，不是作家，也不是教师，而是广告”[1]。我国改革开放 40 多年来，虽然经济在飞速发展，但社会整体的诚信体系却在不断消解，已有多位学者明确表示广告行业要对此负责。这个观点绝对需要广告人认真思考并积极应对，争取通过自身的行动扭转这一局面，让广告对我国社会主义伦理环境的健康发展发挥积极作用，而不是相反。

最后，广告伦理能够维护广告行业自身存在的合法性。任何一个行业的存在和发展都是因为它能满足社会的需求，能够帮助社会解决一定的问题。如果一个行业对社会的发展无益，甚至制造社会问题，为社会的发展

[1] 陶东风．广告的文化解读［J］．首都师范大学学报，2001（6）．

制造障碍，这样的行业便失去了存在的价值，迟早会被社会所淘汰。广告行业也是如此。研究广告发展史可以发现，广告在历史上从来都是毁誉参半的。经济学者承认并表彰广告对经济的推动作用，社会学者却在不遗余力地批判广告对人们生活方式的误导、价值观念的扭曲、道德体系的蚕食，可以说反广告的呼声其实一直都没有停息。之所以出现这些反对的声音，根本原因就在于广告行业本身的操作丧失了基本的道德操守。美国《广告时代》杂志曾经直接批评说，作为“广告业百老汇”的麦迪逊大街，是一切行业中道德水平最低的。改变这种状况的做法只能是改变自身的运作方式，守住本行业应有的伦理底线。20 世纪 70 年代末，《文汇报》上一篇《为广告正名》的文章推动了我国当代广告行业的恢复，当前广告行业只有用广告伦理为自身正名才能谋求本行业更光辉的发展前景。

二、当前我国广告伦理失范的典型表现

广告活动本质上的逐利性天生排斥其道德性，因此，广告活动中的伦理失范问题由来已久，从我国先秦诸子寓言中“悬牛首于门，而卖马肉于内”及“自相矛盾”的故事中就已经可以看到对广告欺诈、夸大行为的讽刺。随着人类社会的发展和现代广告行业的繁荣，广告伦理失范问题愈加严重：欺诈、虚假性的广告屡禁不止；恶劣品位的广告大行其道；广告对女性、儿童等特殊群体的伤害肆无忌惮；广告对物质主义、享乐主义的宣扬毫无顾忌……这些都是与广告行业的发展相伴，至今仍然不能彻底解决的伦理失范问题。非但如此，在当前的新媒体环境中，随着新时代的到来、新技术新媒体的使用和营销新概念的出现，广告伦理失范的问题又演变出了新的表现。具体可以从以下几个方面进行观察。

1. 新时代带来的价值导向偏差问题

随着现代广告行业的繁荣和发展，人们对于广告性质的认识也日趋成熟和理性。人们逐渐认识到除经济作用之外，广告对人们思想、行为更深

层次的控制问题，人们意识到广告“也是一种宣传手段。它对公众的思想和生活方式有着潜移默化的作用……其内容及其表现形式直接影响到一个国家和社会的思想道德风尚和社会风气”❶，“广告的这种意识形态功能主要表现为向公众传播有关价值观念、生活理念等，倡导一定的行为准则和行为规范，影响和改变社会生活方式，并不断地向受众传递有关新的生活方式的信息，从而形成有别于传统文化的广告文化，并进而取代前者，成为社会文化系统中的主导文化”❷。

我国当代广告市场恢复于1979年，与我国改革开放的国策基本同步。在这个新时代中，我国广告行业大量地借鉴西方广告行业的操作模式、创作理念和研究成果，对我国广告业的飞速发展起到了巨大的推动作用。但就在我们欣喜地借鉴、学习这些经验和成果的过程中，西方的价值观念也被无知无觉地引入了我们的社会主义广告领域，影响了我国的广告创作。2008年，暨南大学的刘俊对1987—2007年《南方周末》上的697份广告作品的价值观念进行研究，发现西方文化价值观在其中占据着主导地位，由此认为“中国大陆的广告有从东西方文化价值观的‘熔炉’转变为西方文化价值观的‘痰盂’的趋势”❸，借助广告活动，消费主义、享乐主义等不良的价值观念甚至以先进观念的名义与社会主义核心价值观进行着对抗。

2017年9月，蚂蚁财富曾经发布过一组主题为“年纪越大，越没有人会原谅你的穷”的海报，其本意是提醒年轻人关注理财的问题，但其中表露出来的“贫穷是一种罪”的价值观念却引起了全社会的激烈反应，受到了广泛的批判，不到24小时就被迫撤回。这一案例充分说明我国广告行业对自身价值观念导向问题的无知和无视。

---

❶ 王瑞龙，彭建安 . 广告的思想性原则［J］. 中南民族学院学报（哲学社会科学版），1997（4）.

❷ 花家明 . 当代中国广告的意识形态［J］. 经济研究导刊，2008（19）.

❸ 刘俊 . 以《南方周末》为例看报纸广告中文化价值观的变迁（1987—2007）［D］. 广州：暨南大学，2008：42.

2. 新技术带来的受众权利侵犯问题

研究中外广告史，我们可以发现技术手段的使用对广告行业的发展具有重要影响：印刷技术的普及和发展带来了平面广告的繁荣，无线电技术的出现推动了广播广告和电视广告的诞生和发展，各种电脑技术软件的使用对于当代广告作品的创作和效果的提升更是居功至伟。但是同时，技术的使用也会为广告伦理领域带来新的问题：印刷技术的普及使得非法小广告铺天盖地；电视媒体的普及和电视广告的泛滥，加剧了广告对儿童的不良影响；影视媒体视听结合的特点扩大了广告中的刻板印象问题；网络技术和电脑软件的使用极大地方便了广告作品的仿制和抄袭。当前广告领域中新技术带来的比较突出的伦理问题，就是大数据技术、手机定位等新技术对广告受众权利的侵犯问题。

以大数据技术为例。曾经很长一段时间，人们认为广告应该是“广而告之”，应该尽量让更多的人接触到广告信息。广告实践却证明，广告并不是做给所有人看的，广告只是做给目标受众看的：它针对目标受众各方面的需求进行分析，找到商品与目标受众需求相对应的卖点；让这一卖点以目标受众更为认可的方式表现出来；借助目标受众最常接触的媒体传达给目标受众。相比于泛泛的“广而告之”，这种有针对性的广告传播活动才能起到事半功倍的效果。但在过去的漫长历史中，在难以胜数的芸芸众生中准确找到自己的目标消费者，洞察他们可能自己都不甚清楚的需求并为他们提供这一需求的满足方案，几乎是无法完成的任务。然而，当前的大数据技术却能够通过大量数据的后台分析轻而易举地解决这个问题，于是广告行业中开始提出精准营销、精准投放的问题。但仔细思考一下其操作原理，我们就会发现这种大数据分析所分析的消费者资料，往往都是在未获得消费者同意的前提下获取的，这实际上就是对消费者隐私权的侵犯。

3. 新媒体带来的商业属性隐藏问题

随着广告活动的发展，人们对广告商业属性的认识越来越清晰，对其功利性目的的认知让人们对广告产生了戒备之心，对其传递信息可信性的判断也有所保留。一般情况下，广告信息与其他形式信息在受众的心目的分量是不同的，人们对非广告信息的接受度明显高于广告。正因如此，为了提高广告效果，广告主和广告从业者经常会刻意弱化广告信息的广告特征，诱导受众做出更符合广告主利益的判断。因此，广告要明示自己的广告属性成为很多国家广告法律法规的一项内容。《中华人民共和国广告法》第 14 条明确规定："广告应当具有可识别性，能够使消费者辨明其为广告。"

然而，在当前网络媒体、社交媒体盛行的环境中，广告行业却利用这些媒体提供的便利性刻意混淆广告与其他信息的界限，从而隐藏广告信息的商业属性，达到提升广告效果的目的，百度关键词搜索、百度贴吧、知乎等的商业模式基本都是如此的操作思路，甚至有很多公司和学者专门研究原生广告的运作技巧和模式。所谓原生广告，其实是"一种内容驱动下的具有全媒体适配性的隐性广告模式"[1]，其发挥作用的优势就是让受众无法明确判断其为广告，从而更为顺利地接受其所传递的商业信息。2016 年的"魏则西事件"就是借助新媒体刻意隐藏广告商业属性导致的后果。正因如此，2016 年 9 月 1 日起正式生效的《互联网广告管理暂行办法》再次明确要求互联网广告应当具有可识别性，必须在显著位置标明"广告"二字。同时，工商总局强调这一规定还适用于网红、明星的微博、微信等自媒体发布的商业广告。

4. 新概念下业界的无底线操作问题

广告行业属于创意产业，在创意的名义下，广告行业中各种新的概念不断涌现，尤其是在当前的新媒体、新技术环境下，内容营销、短视频营销、粉丝营销、娱乐营销、事件营销、体验营销等纷至沓来。但是，在各种各样新概念的遮掩之下，我们会发现目前广告行业存在着各种各样的无

[1] 闫济民 . 大数据时代原生广告伦理困境及发展出路［J］. 新闻世界，2015（12）.

底线操作。杜蕾斯官方微博每天翻着花样地更新各种形式的性暗示，甚至公然组织 50 对情侣集体试戴杜蕾斯空气套，并进行网络直播；手机 App 陌陌上线之初给自己的定位竟然是“约炮神器”；滴滴顺风车在广告中不是宣传自己的便捷，而在强调自己是“两性交往”平台、搭讪利器……

如果说上面这些只是广告从业者道德底线低导致的广告格调问题的话，那么当前社交媒体营销中 KPI 造假、无效广告等行为就真正属于对广告主的欺诈问题了。某企业官方微博或者公众号的粉丝中，可能绝大多数都是僵尸粉，他们根本不会为企业带来任何价值；某篇阅读量 10 万 + 的公众号推文，可能只是创作者自己在营销行业朋友圈里的自嗨，与真正的消费者之间没有任何交集。这些无底线操作行为不但浪费了广告主的经费，更可能造成广告主对自身的营销环境形成误判，导致更为严重的后果。

分析以上这些广告伦理失范问题的表现可以发现，当前我国广告行业对于广告伦理问题基本处于“集体无意识”状态，而这已经严重影响了广告行业的社会认知，动摇了广告行业的存在根本，改变这种状态的任务迫在眉睫。

三、当前广告专业思政教育的重点

关于我国广告行业伦理失范的原因，很多学者进行过研究，一般可以归纳为我国社会环境转型、广告自律体系缺失、广告法规体系不健全、广告监管不力、广告受众伦理意识淡化等几个方面。[1] 但是，笔者认为与社会环境、法规、监管、受众等外部问题相比，广告从业者伦理意识的淡漠才是最根本的原因，因为我国广告从业者对广告伦理问题无感，所以自律基本无从谈起，操作起来也就无所顾忌。因此，要想解决我国广告行业的伦理失范问题，必须从对广告从业者的思想政治教育开始，而培养未来广

[1] 谢加封．广告的德性——当前广告伦理失范的思考［J］．内蒙古农业大学学报（社会科学版），2007（3）．

告人的高校广告专业在人才培养方案设计、课程体系建设、课程内容教学中落实思想政治教育是解决这一问题的起点。笔者认为，高校广告专业的思想政治教育重点体现在以下几个方面。

1. 广告导向教育

“现代社会的实践表明，人们消费某种产品，并不仅仅满足于对它的物质特性和实用功能的需要，还会因该广告所张扬的抽象的、非实用的精神因素能够使人们产生兴趣和认同”[1]，因此除了具有经济导向之外，广告活动还具有鲜明的政治导向，“大众媒体的受众正前所未有地暴露在一个由广告编织的意识形态的世界里”[2]。正因如此，2016年2月19日，在党的新闻舆论工作座谈会上，习近平总书记强调“新闻舆论工作各个方面、各个环节都要坚持正确舆论导向”，并特别提出“广告宣传也要讲导向”。[3]

广告导向教育，就是要求高校广告专业在进行专业课程教学的过程中贯彻这两个导向，让学生清楚了解这两个导向的内涵和要求。首先，要让学生正确地理解广告的经济导向，正确评判广告对现代社会经济活动的价值和作用，形成理性的职业认知，明确广告工作对广告主的责任，增强学生的职业自豪感，以便就业后能够真正地为广告主提供有价值的广告服务。其次，要在课程教育过程中严格地落实政治导向，让学生清醒认识到广告的意识形态属性，意识到广告政治导向对国家、社会和民族未来的重要性，让学生建立起广告要“毫不动摇地坚持社会主义政治制度、维护国家主权与利益”[4]的认识，为其现在和将来都能够坚持在广告作品中倡导社会主义核心价值观、宣传社会主义的政治信仰奠定坚实的思想基础。

2. 广告法规教育

作为一种强制性的规定，法律法规是对人们行为的一种最低层级的约

---

[1] 杨婧岚．当代广告传播中的意识形态［J］．当代传播，2002（1）.

[2] 杨婧岚．当代广告传播中的意识形态［J］．当代传播，2002（1）.

[3] 习近平．坚持正确方向创新方法手段 提高新闻舆论传播力引导力［EB/OL］.（2016-02-19）［2019-02-20］. http：//www.xinhuanet.com/politics/2016-02/19/c_1118102868.htm.

[4] 丁俊杰，刘祥．广告宣传也要讲导向［J］．中国广播，2017（4）.

束措施，它为人们设置了行为边界，而“依法治国”是党领导人民治理国家的基本方略。目前，我国广告领域已经建立起了以《中华人民共和国广告法》为核心、以多个专项广告法规为补充的广告监督管理法律法规体系，这些法律法规条款为广告从业人员的专业活动提供了最基础的参照，广告行业要以广告监督管理法律法规为依据，真正做到有法必依。

目前，我国高校广告学专业的课程体系中基本都设置了“广告法规”课程，为了进一步加强学生对广告法律法规的学习，笔者建议将其列入广告学专业的核心必修课程。首先，设置专业教师单独讲授这门课程，对法律法规条款逐条详细讲解，使学生对各项规定的理解清晰准确。其次，在其他专业课程的学习过程中，各位任课教师都要有意识地培养学生的法律法规意识，在案例分析、实践作业过程中督促学生进一步深入理解和运用法律法规内容，强化法律意识。

3. 广告伦理教育

研究欧洲及美国、日本等国家和地区的广告管理体制可以发现，与我国以广告法律法规为核心、以广告行业自律为补充的监管自制不同，这些国家和地区基本都秉承“广告自律监管比法律监管更为有效”的理念，均采用“行业自律为主，相关法律法规为辅”的广告监管模式，第三方的广告自律审查机构发挥着法律监管和行政监管无法替代的重要作用。[1]之所以出现这样的差别，就在于国外广告专业对于广告伦理教育的重视。从20世纪30年代开始，美国广告专业就已经开设了专门的广告伦理课程。目前，广告伦理课程在美国广告专业课程中占到了将近一半的比例。大量的广告伦理教育内容，强化了学生对广告伦理问题的认识，有效防范了广告行业伦理失范问题的出现。

相比而言，我国广告专业的伦理教育基本处于缺失状态。“全国各高等院校广告人才的培养，从一开始就重‘器’轻‘道’，着重广告的

[1] 范志国，殷国华. 日本广告自律机制给我们的启示［J］. 中国广告，2010（5）.

技法与职业培训，轻视作为一名广告人应具备的最基本的伦理道德素养教育”[1]，“在这样的教育理念下培养出的广告专业的学生，往往在职业道德、职业理想、职业信念等方面营养不良，甚至是携带‘病毒’的，成为广告道德失范的重要原因之一”[2]。解决我国广告伦理失范问题，加强广告专业的伦理教育刻不容缓。笔者建议我国广告专业应尽快开设专门的广告伦理课程，针对广告伦理问题、广告从业人员的职业道德问题进行系统教育。

4. 文化自信教育

广告活动作为一种经济活动的同时，也是一种社会文化现象，其中必然体现着广告创作者的文化理念和文化精神。这就要求广告从业人员自身具有深厚的文化素养，在面对不良文化和低俗审美倾向的时候，能够凭借自身强烈的文化自信做出符合伦理规范的判断，坚持健康、向上的广告文化理念。

然而，多项研究成果显示，当前我国大学生在文化自信方面存在着明显的不足，主要表现为对我国优秀的传统文化“高认同，低认知”、对革命文化和社会主义先进文化持“文化冷漠”态度、对西方文化的好感比较明显，文化安全意识较为模糊等方面。对于广告专业学生而言，这也是导致其就业后广告价值导向混乱、文化内涵不尽如人意的重要原因。因此，转变我国广告伦理失范问题，还需要加强广告专业学生的文化自信教育，在课上课下、理论实践当中督促其对我国优秀传统文化、革命文化和社会主义先进文化以及世界多元进步文化的学习和掌握，为其把握好正确的文化价值导向，在广告作品中呈现先进文化，避免低俗化倾向奠定基础。

---

[1] 郎劲松，初广志．传媒伦理学导论［M］．杭州：浙江大学出版社，2007：199.

[2] 樊智勇．广告伦理问题研究［J］．商业现代化，2008（8）．

结　语

我国学者王丽指出，广告的德性体现着广告人的德性[1]，解决当前我国广告伦理失范问题的根本措施在于建设广告人完善的伦理体系。而在搭建我国广告人伦理体系的工程中，广告专业学生的思想政治教育问题是起点，我国高校广告专业应该站在重建我国广告伦理的高度上看待和加强学生的思想政治教育。

---

[1] 王丽.广告的德性——伦理学视阈中的广告传播［J］.新闻界，2011（3）.

专业思政的多元实践

新闻学专业思政建设内容及实施路径[*]

杜剑峰[**]

摘　要　以习近平同志为核心的党中央高度重视教育，把教育作为关乎国家长治久安的国计民生，关乎群众福祉的奠基工程，关乎可持续发展的圆梦工程。习总书记多次在讲话、视察、座谈中指出“百年大计，教育为本；强国富民，育人为先”。在明确教育的逻辑起点的同时，形成了中国梦的执政理念与教育战略。目前，我校新闻学专业围绕着“立德树人”这一时代主题，以习近平同志的教育思想为引领，在课程思政建设的基础上，进一步探索专业思政建设的内容与实施路径，为贯彻“三全育人”理念和十大育人体系的建立提供前提和奠定基础。

关键词　立德树人　专业思政　课程思政　建设内容　实施路径

以习近平同志为核心的党中央高度重视教育，把教育作为关乎国家长治久安的国计民生，关乎群众福祉的奠基工程，关乎可持续发展的圆梦工程。习总书记多次在讲话、视察、座谈中指出“百年大计，教育为本；

---

*　本文系北京联合大学 2020 年专业思政教育教学研究与改革专项“后疫情时代新闻传播学科大类专业思政体系研究”（重点项目）（项目号 JJ2020Z009）的阶段性成果。

*　杜剑峰，女，北京联合大学应用文理学院新闻与传播系教授，硕士生导师，主要研究方向为北京城市影像及文化传播。

强国富民，育人为先”。教育的本质是培养人的社会活动，教育的逻辑起点是为谁培养（目的）、谁来培养（主体）、怎样培养（手段）、如何保障（制度），习总书记在讲话、谈话、演讲、答问、批示、贺信中发表了系列关于教育的意见，形成了中国梦的执政理念与教育战略。在此引领下，高校在课程思政、专业思政、“三全育人”整体育人格局的构建等方面，都有了明确的理论依托与主要依据。

一、新闻传播教育实施专业思政的理论依据

立德树人是一个永恒的命题，也是一个时代的主题。习总书记关于教育的重要讲话（系列讲话）是新闻传播教育实施专业思政的理论依据。在2016年12月召开的全国高校思想政治工作会议上，习总书记发表重要讲话，围绕“立德树人”这一根本任务，明确提出为谁培养人、培养什么人、怎样培养人这些宏观层面首先要思考并且要解决的问题。“我国高等教育肩负着培养德智体美全面发展的社会主义事业建设者和接班人的重大任务，必须坚持正确政治方向。……我们的高校是党领导下的高校，是中国特色社会主义高校。”[1]要坚持把立德树人作为中心环节，把思想政治工作贯穿教育教学全过程，实现全员育人、全过程育人、全方位育人，努力开创我国高等教育事业发展新局面。

在2018年5月2日召开的北京大学师生座谈会上，习总书记发表讲话强调：“‘国势之强由于人，人材之成出于学。’培养社会主义建设者和接班人，是我们党的教育方针，是我国各级各类学校的共同使命。大学对青年成长成才发挥着重要作用。高校只有抓住培养社会主义建设者和接班人这个根本才能办好，才能办出中国特色世界一流大学。为此，有三项基

[1] 习近平.把思想政治工作贯穿教育教学全过程［EB/OL］.（2016-12-08）［2019-12-12］. http://www.xinhuanet.com//politics/2016-12/08/c_1120082577.htm.

础性工作要抓好。”❶一是坚持办学正确政治方向。坚持高起点高标准的政治站位，明确马克思主义是我们立党立国的根本指导思想，也是我国大学最鲜亮的底色。要把立德树人内化到大学建设和管理各领域、各方面、各环节，做到以树人为核心，以立德为根本。二是建设高素质教师队伍。“建设政治素质过硬、业务能力精湛、育人水平高超的高素质教师队伍是大学建设的基础性工作。要从培养社会主义建设者和接班人的高度，考虑大学师资队伍的素质要求、人员构成、培训体系等。”❷教师需要“以德立身、以德立学、以德施教”，不仅是“教书匠”，也不仅是知识分子，还要努力成为一名准教育家。三是形成高水平人才培养体系。社会主义建设者和接班人，既要有高尚品德，又要有真才实学。人才培养体系涉及学科体系、教学体系、教材体系、管理体系等，而贯通其中的是思想政治工作体系。加强党的领导和党的建设，加强思想政治工作体系建设，是形成高水平人才培养体系的重要内容。

在 2018 年 9 月 10 日教师节之际召开的全国教育大会上，习总书记强调：坚持中国特色社会主义教育发展道路，培养德智体美劳全面发展的社会主义建设者和接班人。习近平指出，要努力构建德智体美劳全面培养的教育体系，形成更高水平的人才培养体系。要把立德树人融入思想道德教育、文化知识教育、社会实践教育各环节，贯穿基础教育、职业教育、高等教育各领域，学科体系、教学体系、教材体系、管理体系要围绕这个目标来设计，教师要围绕这个目标来教，学生要围绕这个目标来学。❸

2019 年 3 月 18 日，习近平主持召开学校思想政治理论课教师座谈会，强调用新时代中国特色社会主义思想铸魂育人，贯彻党的教育方针落实立德树人根本任务。“加快推进教育现代化、建设教育强国、办好人民满意

❶ 习近平 . 在北京大学师生座谈会上的讲话［N］. 人民日报，2018-05-02.

❷ 习近平 . 在北京大学师生座谈会上的讲话［N］. 人民日报，2018-05-02.

❸ 习近平 . 坚持中国特色社会主义教育发展道路 培养德智体美劳全面发展的社会主义建设者和接班人［EB/OL］.（2018-09-10）［2019-12-12］. http：//www.xinhuanet.com/politics/2018-09/10/c_1123408400.htm.

的教育，努力培养担当民族复兴大任的时代新人，培养德智体美劳全面发展的社会主义建设者和接班人。”[1] 在新时代，如何牢牢掌握高校思政工作领导权，落实立德树人的根本任务，将思政工作贯穿教育教学全过程，实现“三全育人”，是高校目前亟待思考并解决的重大课题。从课程思政到专业思政再到“三全育人”，从微观到中观再到宏观，随着育人理念的逐渐清晰，育人格局则逐步建立。要从新时代中国特色社会主义建设的新实践去定位教育工作；从实现中华民族伟大复兴中国梦的新高度去理解教育工作；明确颠扑不破的马克思主义是社会主义大学最鲜亮的底色。

二、新闻传播专业教师对专业思政的理性思考

如果说课程思政还偏重将思想政治教育贯彻到单一的课程之中，那高校专业思政则是一个系统工程，它以课程思政为抓手，但又打破课程的藩篱与界限，从整个专业与学科着手，共同构建覆盖全课程、协调各个环节的育人格局。对于新闻传播专业的教师来说，坚持马克思主义新闻观是基本底线，熟悉习近平关于新闻舆论工作的系列讲话和习近平新时代中国特色社会主义思想关于新闻工作的论述是基本常识，而新闻传播是文化传播的一部分，因此，理解和熟知中国特色社会主义文化内涵是基本前提。新闻传播具有很强的意识形态属性，要坚持以社会主义核心价值观为引领，弘扬中华优秀传统文化，继承革命文化，发展社会主义先进文化，使学生自觉增强文化主体意识，强化文化担当。

新闻学专业在落实课程思政工作的过程中，首先开展的是对其深入的思考与研究，形成理性的认识与判断，达成共识。出版《全媒体新闻传播

[1] 努力培养担当民族复兴大任的时代新人——学校思想政治理论课教师座谈会与会代表热议习近平总书记重要讲话［N］. 人民日报，2019-03-19.

应用人才培养论文集》[1]《新闻传播课程思政论文集》[2]，在理论与实践两个方面同步推进。在学科方向的凝练、研究积累、课程实验、专业实践以及学科竞赛中，聚焦城市文化传播，围绕新时代中国特色社会主义文化、北京文化等，形成一批科研和教学成果，包括学生的实践成果，凸显办学实绩。出版《城市文化传播策论》[3]《城市文化传播新论》[4]等。此外，李彦冰发表《新闻传播实施专业思政的三个基本问题》[5]《再论专业思政的基本问题》[6]《三全育人的两个认知误区析论》[7]，使专业思政的建设成果固化。

三、深化课程思政建设探索专业思政路径

课程思政是育人主体性的觉醒与回归。2017 年 10 月，北京联合大学在北京市属高校率先制定了《关于推进“课程思政”建设的实施意见（2017—2018）》，其中要求各门课程都能“守好一段渠，种好责任田”。《意见》中设定了“课程思政”的建设目标和主要内容：学校要有氛围、学院要有特色、专业要有特点、教师要有风格、课程要有品牌、成果要可固化、教师要有榜样等。

1. 学校要有氛围

学校积极推进课程思政建设，开展相关研究并形成生动实践，营造浓郁的氛围，课程思政建设在学校有思考、有设计、有文件、有文章、有声音、有行动、有传播、有影响，受到人民网、新华社、光明网、《光明日报》、《中国教育报》、中国教育电视台等中央媒体的关注和报道，中青在线发表《北京联合大学专业课上飘出“思政味儿”》、《中国教育报》发表

---

❶ 杜剑峰，李彦冰．全媒体新闻传播应用人才培养论文集［C］．北京：中国电影出版社，2016.

❷ 刘文红．新闻传播课程思政论文集［C］．北京：知识产权出版社，2018.

❸ 杜剑峰．城市文化传播策论［M］．北京：中国电影出版社，2017.

❹ 杜剑峰，李彦冰．城市文化传播新论［M］．北京：中国电影出版社，2019.

❺ 李彦冰．新闻传播实施专业思政的三个基本问题［J］．今传媒，2018（11）.

❻ 李彦冰．再论专业思政的基本问题［J］．北京教育，2019（5）.

❼ 李彦冰．三全育人的两个认知误区析论［J］．文化与传播，2019（7）.

《北京联合大学融合式教学打造课程思政升级版》、《光明日报》发表《北京联合大学：将“课程思政”浸润到每个细节》、人民网报道《北京联合大学开展深化“课程思政”建设研讨会》、中国网报道《北京联合大学召开“课程思政”深化推进会》、新浪教育报道《北联大举行2019年“课程思政”教学设计大赛决赛》等，北京联合大学课程思政建设受到社会关注。

2. 学院要有特色

我校各个学院“八仙过海，各显神通”，随着我们国家文化复兴助推民族复兴的方针的确立，以文化支撑国家民族强盛的思想的引领，一系列文化建设的理论与实践课题摆在我们面前。北京市第十二次党代会报告中明确提出要强化北京“首都风范、古都风韵、时代风貌”的城市特色，要“深化对古都文化、红色文化、京味文化等历史文化资源的研究利用”。应用文理学院基于国家文化的发展战略、北京区域的功能地位、我校“双型”大学的建设需要以及学院人文社科见长的学科优势，提出在课程思政的建设中，凸显“+文化”特色，具体从“学科+文化”“专业+文化”“课程+文化”等几个维度、几个层面展开、落实，形成浓郁的北京味道。

利用北京的区位优势，落实学校的办学定位，凸显学院的办学特色，发挥专业的实践特点，挖掘多样化的可用资源，尤其以北京源远流长的古都文化、丰富厚重的红色文化、特色鲜明的京味文化以及蓬勃兴起的创新文化作为培养学生文化自信、增强学生文化认同的宝贵资源，新闻学以专业创意实践为抓手，构建融媒体环境全媒型人才培养的实践教学体系，“与历史会面，用脚步丈量”，创作出“北京文化西山系列微视频”“北京文化中轴线系列微视频”“北京红色文化系列微视频”“北京名人故居系列微视频”“北京城市新空间系列微视频”等，形成可固化的实践成果。

3. 专业要有特点

落实教育部与中宣部《关于加强高校新闻传播院系师资队伍建设实施卓越新闻传播人才教育培养计划的意见》和“千人互聘”计划，构建了校媒融合共同培养新闻传播应用人才的培养模式和育人格局。树立课程思政的理念，通过思想教育、素质教育、通识教育、专业教育包括专业实践等环节，具备 360° 思政教育的合力作用，构建全方位立体育人格局。把课程思政明确纳入教学大纲，设计经典案例，在通识课程、专业课程、专业实践各个环节全面落实。

新闻学专业思政建设的特点概括为 12 个字：“揭示事实真相，传播主流价值。”具体表现为：（1）以“立德树人”为理念，强化价值引领；（2）以理论研究为先导，与实践探索同步推进；（3）以学科特质为优势，发掘思政教育资源；（4）以学院特色为依托，发掘思政教育资源；（5）塑造和锤炼铸魂育人的高素质教师队伍；（6）打造专业核心课程和专业实践示范课；（7）厚植和创新实践育人的丰富内容和模式；（8）党建工作与课程思政 / 专业思政联动，促进党建创新；（9）与校外人才基地协同构建立体育人格局等。新闻学专业在北京联合大学课程思政、专业思政和三全育人等各项工作中始终走在前列，无论是理论研究和实践探索，均取得丰硕的可以固化的成果，彰显建设实绩。

4. 教师要有风格

教师是解决课程思政建设“最后一公里”的关键因素。在尊重教师的创造精神，充分发挥教师的主观能动性的同时，支持教师在把思想政治教育元素有机融入课堂教学的过程中，体现教师的风格。新闻学专业李彦冰老师作为政治传播的研究者，他的“政治与传播”课程首先要讲政治，并将传播社会主义核心价值观和他壮怀激烈的人生理想融入“政治与传播”课程的课堂教学；惠东坡老师的“新闻采访与写作”课程，同样“讲政治、重理性——中国新闻选择的价值追求”。该课程将“新闻选择的价值标准”作为研究对象，将科学研究、案例教学与课程思政紧密结合，将业界新闻生产实践和课堂教学相结合，在体现我校“学以致用”办学宗旨的同时，体现教师严谨理性的授课风格。吴惠凡老师的“新闻批评”和“新闻采访与写作”是学生喜欢沉浸的课程，她在教会学生新闻实务的同时，帮助学生树立马克思主义新闻观；徐梅香老师是一位对工作、对学生、对人生用情极深的教师，她的笑看生活、热爱生活的积极态度，深刻地感染着学生，而她主讲的“媒介伦理与法规”课程，担负课程思政的意识形态教育功能，通过对理论和现实问题的分析，树立学生正确的新闻传播职业观念，用马克思主义的新闻观统摄自己的职业生涯，内化全心全意为人民服务的思想，内化坚定的新闻专业职业信念，从而获得良好的操守和品行。

5. 课程要有品牌

在专业课程的教学中，努力发掘课程思政的元素，将其润物无声、潜移默化地融入教学的各个环节之中，并形成品牌课程。李彦冰主讲的“政治与传播”课程荣获 2018 年“北京联合大学课程思政特色精品课程”；刘文红主讲的“新闻学原理”课程不断加强课程团队建设，利用互聘“千人计划”的契机，与《北京日报》高级记者彭俐老师共同开展教学内容的调整、教学方法的改革、考核方式的改变等一系列探索，荣获 2019 年北京联合大学课程思政大赛二等奖；冯春海主讲的“传播学原理”将课程思政语境下教学方法的改革作为主线，通过案例教学、归纳教学，使学生学习和掌握马克思主义传播观、习近平新闻舆论观，了解新时代新闻工作者的新闻实践，该课程获批精品创新课程建设项目。李瑞华主讲的“摄影与摄像”是深受学生喜爱的一门专业核心课程，结合传统文化、红色文化、北京文化、公益文化等开展实验和实践，指导学生创作的作品多次获奖，而她自己的纪录片创作也收获颇多奖项并获得科研立项，如纪录片《一棵知道很多故事的树》荣获 2018 年第八届中国影视学院奖一等奖。

四、专业思政建设的基本内容

1. 思政目标在培养方案中体现

新闻学专业培养目标是：“立足首都北京，服务北京全国文化中心建设，培养适应媒介融合时代需要、深度融入新闻传播行业、新闻传播理论基础扎实、新闻实践能力强，具有马克思主义新闻观、科学思维、人文基础、创新意识、国际视野，具有高度的社会责任感、较强的媒介适应能力和持续发展能力的全媒体高素质复合应用型文化传播人才。”将马克思主义新闻观教育落实到新闻人才培养中，使之与社会调研、新闻实践相结合，可以取得较之空泛的理论学习更好的效果。马克思主义新闻观及其在中国的最新发展是新闻传播教育应该长期坚持的基本理论和指南。

在2019版培养方案素质要求中，突出政治素质和道德素质，专业素质和身体素质。把“坚决拥护中国共产党的领导，坚持正确的政治立场和方向，坚持新闻工作的党性原则，坚持马克思主义新闻观，坚持正确舆论导向，维护国家利益，遵纪守法”作为政治素质的要求，而道德素质要求为“始终坚守新闻真实性等基本准则以及服务国家、服务人民、服务中国特色社会主义的社会责任感和职业理想”。

2. 党建工作与专业思政联动

新闻与传播系教工党支部在落实课程思政、专业思政、“三全育人”工作中实现党建创新。坚持高起点政治站位做好顶层设计，以“立德树人”为理念，强化价值引领。需要从政治觉悟、责任意识、个人修为、知识素养、能力方法等方面全方位打造，党支部“四个一”工作理念有效地推动课程思政和专业思政的建设。坚持专业思政与党建工作“双轮驱动”，政治学习常态化，党建工作理论化取得重大突破。新闻与传播系党支部2017年被评为校级“优秀党支部”；2018—2020年连续3年被评为校级“课程思政建设先进党支部”；2019年新闻与传播系党支部获批校级“红旗党支部”；2019年9月，支部书记工作室成功挂牌，发挥了支部的辐射带动作用。一些高级别党建课题、红色“1+1”共建创建项目等作为重点培育项目成功立项并且结项获评优秀等级。新闻学专业专任教师的论文《北京西山红色文化的政治价值》在中共北京市委主办的刊物《前线》发表，求是网全文转载；论文《立德树人有道 春雨润物无声——校媒融合构建主流价值引领下的新闻传播育人格局》《在落实课程思政中实现党建创新》《依托新闻传播核心课程和科研项目 打造学习型党支部 持续推进课程思政入脑入心》在《新闻传播课程思政论文集》中发表，使党建工作理论化、专业化。拍摄微党课视频《文艺为新时代吹响嘹亮的号角》，拍摄“我身边的好党员”24 部系列微视频。参加第三届、第四届优秀党课征集评比活动，申报精品党课 1 项、微党课 3 项及微视频 5 部。

3. 建设高素质的师资队伍

用马克思主义新闻观和习近平新时代中国特色社会主义思想武装教师。推进专业思政，教师是关键。育人者必先受教育才能更好地实现育人效果。对此，教师首先要学习和培训。面对教育对象的价值取向和独立特征，要因势利导，采用多种形式，探索教学方法，推动学生的参与和思考。针对课程内容，做好思政内容的教学设计。（1）选派教师参加教育部马克思主义理论研究和建设工程重点教材任课教师示范培训班，使任课教师吃准吃透教材的主要精神和基本内容，发挥参训教师在集体备课中的骨干作用。（2）选派教师参加专题培训，党支部书记参加教育部工作司举办的“加强师德师风建设，做新时代党和人民满意的好老师”网络培训示范班。参加中共市委组织部、宣传部、市教育工委、市党校联合主办的“2018 年北京市哲学社会科学教学科研骨干研修班”，系统学习习近平系列重要讲话精神。选派教师参加教育部高等学校教学指导委员会委托中国人民大学新闻学院举办的第 2 期“高校新闻传播院系骨干教师马克思主义新闻观主题培训”。（3）鼓励教师参加学术研讨会。（4）选派教师积极参加行业实践，把课堂与行业无缝对接。先后派出 7 位教师分别赴北京电视台、千龙网、北京新媒体集团、北京人民广播电台、中国青年报 · 中青在线挂职。

4. 打造专业核心课程示范课

新闻学专业充分挖掘专业课程蕴含的思想政治教育元素，专业教育与思想政治教育相互融合，把思想政治教育融入专业课堂教学之中，努力形成课程教学“大思政”的新格局。在专业教学中发挥新闻学专业与意识形态关系紧密，能及时、准确、高效反映时代最新变化的优势，将党和国家的主流意识形态和关于对当前重大问题的判断、观点、看法融入课堂教学。

首先从思政案例做起，《马克思主义文艺批评的标准》《将传播社会主义核心价值观融入〈政治与传播〉课堂教学》《讲政治、重理性：中国新闻选择的价值追求》《中国电影文化及其品格》等，作为优秀案例收录在《高等学校“课程思政”教学案例》一书中。其次是专业核心课程的建设，“传播学原理”“新闻学原理”“摄影与摄像”“中国新闻事业史”四门课程作为2018年校教育教学改革重点项目立项。冯春海主讲的“传播学原理”课程，在课程整体思政元素的融入上提出“矩阵”概念，在每一个章节的教学内容中，设计课程思政的融入点。李彦冰讲授“政治与传播”课程时，在“微传播与政治赋权”章节中融入课程思政内容，以“微传播技术赋权的不均衡性”为题进行讲授，在讲授的过程中引入党的十九大报告关于“社会主要矛盾”转变的判断，向学生系统讲授了中国社会主要矛盾由“人民日益增长的物质文化需求与落后的社会生产之间的矛盾”转变为“人民日益增长的美好生活需要和不平衡不充分的发展之间的矛盾”，由微传播引入社会主要矛盾的变化，既结合了当前媒介环境转变的现实，又系统传达了党的十九大关于当前社会主要矛盾的重大判断，对学生理解党的十九大精神具有重要启发。“政治与传播”课程获评“北京联合大学课程思政特色精品课程”。再次是专业实践课程的建设，依托“摄影与摄像”及“纪录片理论与实践”的课程实验、集中实践、综合实习等环节，结合专业技能的训练，在新闻学专业完整的实践教学体系中开展课程实验和专业实践，具体在以下四个方面展开。

（1）北京红色文化。近代以来，北京这片土地上，曾发生过许多惊心动魄的历史事件和革命斗争，涌现出许多著名的志士仁人。革命遗址、遗迹是先驱们留下的足迹，是固化的历史。站在历史的坐标上，我们看到的不仅仅是面前的一景一物，更是中华民族艰苦奋斗、自强不息的精神。围绕红色文化、革命文化，学生拍摄纪录片、专题片20余部。学生通过选题策划、资料搜集、实地调研、现场拍摄、后期剪辑、交流研讨等环节，重温历史，深切体味中华民族在艰苦卓绝的斗争中焕发出的自强不息的精神。

（2）北京京味文化。文化与城市是连在一起的，是浸润在城市的建筑和一砖一瓦、一草一木之中的。北京有三千多年建城史和八百多年建都史，京味文化是代表北京地域特征的文化符号，具有独特的人文社会文化价值。京味文化既体现在外在风貌，更体现为内在品格。近两年学生拍摄完成了30余部纪录片或专题片，作品揭示和展现北京西山文化意蕴，探寻历史，传播文化，感人至深，催人泪下。目前正在组织学生拍摄“北京中轴线系列微视频”及“北京名人故居系列微视频”等。

（3）公益文化传播。公益事业是人类进步文化的重要组成部分，对于倡导社会主义核心价值观，弘扬中华民族悠久的道德传统，鼓励、推动和引导社会公益事业的发展，具有重要的意义和作用。学生结合本课程的学习与训练，以专业实践的形式参与社区、乡村等各项公益事业的开展。本课程主讲教师多年来致力于公益事业，并形成了自己的公益品牌。截至目前，已经在全国支持26所乡村学校和幼儿园建立图书阅览室，资助孩子们的学业和生活。同时联合致力于公益事业的公司，发起资助乡村优秀教师的项目。以乡村孩子和教师为拍摄对象的纪录片荣获多项纪录片大奖。其中纪录片《一棵知道很多故事的树》荣获中国高等教育影视学会2018年第八届中国影视学院奖一等奖，入围第二届中国民族学学会影视人类学分会“学会奖”和2017中国（广州）国际纪录片“金红棉”评优单元。

（4）联大校园文化。学校文化是指一所学校经过长期发展积淀而形成共识的一种价值体系，即价值观念、办学思想、群体意识、行为规范等，也是一所学校办学精神与环境氛围的集中体现。作为伴随着改革开放的脚步不断行进的北京联合大学，在40余年的办学实践中，矢志不渝地坚守应用型发展道路，与时俱进地创新应用型发展模式，不遗余力地推进应用型大学建设，已发展成为北京市重点建设的应用型人才培养基地。编辑出版《北京联大走出的传媒人》《北京联大记忆》，编辑《红黄蓝》系刊。为学院拍摄形象宣传片，为学院各个专业拍摄招生宣传片，为学院制作毕业宣传片，为审核评估制作校外实习基地宣传片，为校院重大项目申报拍摄宣传片等，拍摄24部《我身边的好党员》系列微视频，讲述联大故事，宣传联大文化，彰显联大魅力。

5. 占领第二课堂，提升育人质量

（1）开展学术讲座。新闻学专业教师主讲《坚定文化自信 繁荣发展社会主义文艺》《共产党员银幕形象的经典意义与时代特征》《〈人民的名义〉为什么成为一部现象级电视剧》《从北京影像透视北京精神》《新闻报道中的廉洁形象塑造及其问题》《从十九大报告看微传播中的若干问题》《中国共产党国际形象塑造的政治维度》《青春岁月如何度过——红色经典〈青春之歌〉》《践行与发展马克思主义新闻观》《党在延安的新闻事业和对今日现实的启示》《新媒体时代的政府新闻发布与舆论引导》等专题讲座。每年聘请学界 / 业界专家为学生开展名师讲堂和媒介讲堂两个序列的学术讲座，如郑保卫的《牢记职责和使命 做好党的新闻舆论工作》、董城的《党的十九大采访归来》、陈力丹的《怎样学习新闻传播学》《高校教师如何做学术》等。

（2）专业社团引领。专业教师担当专业社团的指导教师，无论是摄影社、电影社、微电影社、平面设计社等，都在专任教师的指导下，产出较为优秀的作品。学生专业能力得到显著提升的同时，自己的创新创业意识和能力也得到提升，因此在毕业时可以收获满意的毕业答卷。聘请北京电影学院、中央广播电视总台等校外资深专家，建立大师工作室，有计划、有项目、有针对性地指导学生的创意实践和文化传播实践。

（3）学科竞赛品牌。创办“红黄蓝杯”影像大赛，每一届大赛都设置鲜明的主题，引导学生对现实的关注、对文化的认同、对美丑的判断，引导学生正能量的传递，目前已成功举办八届。此外学生在北京市大学生人

文知识竞赛、全国大广赛等比赛中取得骄人的成绩。连续三年参加首都高校博物馆微视频大赛，取得一、二、三等奖。通过学科竞赛，以赛代练，在培养学生的专业技能的同时，使学生深入了解北京文化，以文化人，以文育人，以文培元。

6. 专业负责人担当组织责任

作为新闻学专业负责人，在新闻学专业人才培养规格、目标定位，以及在新闻学专业政治引领、育人格局、培养体系、课程体系、平台建设、队伍建设等方面担当组织责任。主持两项教学改革，《基于校媒融合的全媒型人才培养体系改革与实践》《基于微媒体实践平台的新闻学专业实践教学改革》分别荣获校级教学成果奖一等奖和二等奖。出版《全媒体新闻传播应用人才培养论文集》，集中探讨育人问题。围绕课程思政与专业思政，发表《立德树人有道 春雨润物无声——校媒融合构建主流价值引领下的新闻传播育人格局》等多篇教研论文。组织学生开展北京文化系列微视频的拍摄等专业实践活动。为2019版培养方案的制（修）订开展学界和业界的深度调研，了解行业对新闻传播应用人才培养的基本规格和兄弟院校的成功经验和做法。

7. 校外人才基地协同育人

新闻学专业签约的校外人才培养基地和实习基地目前有近30家，其中《光明日报》《法制晚报》和千龙网目前为校级校外人才培养基地。签署长期稳定的合作协议，在人才培养、科学研究、社会服务及文化传承等方面共同开展合作。与《光明日报》北京记者站共同开展“三山五园”调研项目，与千龙网及东城区青少年媒介素养学院在人才培养、科学研究、社会服务以及文化传承方面开展合作，共同开展北京联合大学“爱上千龙”网络素养实践系列活动。与千龙网继续深化科研方面的合作，在“网络素养教育十条”的基础上，继续深化《网络素养标准手册1.0版》《网络素养评价体系》的起草、完善和出版、推广，并联合撰写、共同出版教材《网络素养教程》等。继续与千龙网一起为北京各区县组织系统、各委办局及下辖各乡、镇、村的信息员、网评员举办专题业务培训，联合为东城区青少年媒介素养学院提供内容支撑（网络素养教育课程的开发），制订领导干部网络素养教育标准，发布《领导干部网络素养手册》，为北京传媒建设和社会主义新闻实践贡献绵薄之力。

结　语

目前，我校新闻学专业在开展专业思政试点建设的同时，为落实《教育部办公厅关于开展“三全育人”综合改革试点工作的通知》和《北京联合大学关于开展学院“三全育人”综合改革试点工作的通知》精神，落实立德树人的根本任务，正在把思想政治工作贯穿教育教学全过程，实现“三全育人”，构建育人体系，努力提升立德树人成效。大学是靠近知识、思想，探索梦想的地方，教育就是要“点燃受教育者自身的智慧和激情”，而我们最值得夸耀的就是使每一位进入这里的“金银铜铁”都能发出独特而耀眼的光芒。这束光就是对我们所有痛苦思考与艰难探索过程无与伦比的奖赏。

影视传播专业思政的方法与路径探讨

莫常红*

摘　要　一个国家、一所学校要培养人才，既要启发民智，教育知识，更要注重思想道德教育，培养德才兼备的建设者与接班人。本文从课程思政出发，扩展到专业角度，以影视传播专业为例，探讨符合专业特点的思政方法，倡导整合资源，系统谋划，并从教师、学生的角色与定位入手，探索美育与实践的可操作性路径。

关键词　影视传播　专业思政　德育　美育

一个国家、一所学校要培养人才，既要启发民智，教育知识，更要注重思想道德教育，培养德才兼备的建设者与接班人。党的十八大以来，以习近平同志为核心的党中央高度重视高校思想政治教育，坚持把立德树人作为中心环节，把思想政治工作贯穿教育教学全过程，实现全程育人、全方位育人，努力开创我国教育事业发展新局面。为实现这一目标，许多高校都积极行动起来，在思想政治理论课堂之外，积极探索在专业课程之中贯彻“课程思政”的有效路径和具体措施。

固然，课程思政力争在每一门专业课程之中都融入思想政治教育的成

* 莫常红，男，北京联合大学应用文理学院副教授，电影学博士，主要研究方向为影像传播、纪录片。

分，将社会主流的价值观——社会主义核心价值观——有机地结合专业知识，在课堂内外，在理论与实践之中贯彻党的教育方针，以培养富学识、有道德的专门人才。然而，如果仅仅关注单一的课程，而没有以系统的理论关注整个专业领域，难免各自为政，支离破碎，既可能重复，浪费资源，又可能疏忽，挂一漏万。为此，笔者认为，有必要将课程思政提升到专业思政的高度，从而提纲挈领，举一反三，从中观的角度综合安排，整体设计，以有效地提升思想政治教育的效率，切实提高高校培养人才的水平。本文即从影视传播专业入手，思考并探寻高校中专业思政的特点与路径。

一、符合影视传播专业的特点

近现代以来，传媒在社会中的作用与功能日益突出。按照学者的总结，各种媒介传播信息具有监测环境、控制社会、传承文化和提供娱乐等政治、经济和社会的功能。随着科学技术日新月异的发展，音视频制作技术日益完善，人们在接受静态的文字和图片的信息之外，更倾向于接受动态的影像。因此，在信息时代，影视传播凸显出优势的地位，具有举足轻重的影响。也因此，近年来，影视传播专业成为美术、音乐类专业之外的又一大类高等艺术教育专业。众多青年学生选此专业作为今后可能安身立命的基础，在接受艺术教育的同时也潜在地成为影视传播行业的后续人才。

对高校影视传播专业学生的思想政治教育，就要符合专业特点，契合学科内在规律。影视具有直观性、形象性、大众化和娱乐性，其信息传播兼具新闻、艺术、娱乐、社会服务、公共教育等功能。在电视为王、占据主要传媒路径的时代，美国著名传播学者施拉姆就曾评价说："所有电视都是教育的电视，唯一的差别就是它在教什么。"[1]在谈到电影艺术的时候，

[1] ［美］威尔伯·施拉姆，威廉·波特．传播学概论［M］．李高，周立芳，译．北京：新华出版社，1984：79.

国外学者还认识到："电影不仅是一门艺术，一种文化，而且是一种认知手段，即不仅是传播知识的一种手段，也是可以为思想开拓新视野的一种手段。"[1]事实上，大学生通过观看各种影视节目——如今较少通过电视，而是通过网络收视，不断接受各种信息，形成对社会、历史、人生的认知，这些信息在实践中影响、指导他们的言行举止。

曾有调查显示，大学生评价包围其身的影视作品，认为庸俗的占34.6%，虚假的占33.6%，色情的占11.1%，暴力的占9.4%，其他的占11.3%。[2]传媒内容对接受者的影响，虽然在传播学界盛行不同的理论，如子弹论、有限效果论、适度效果论和强大效果论，但对于尚未成人的青年学生而言，他们的判断力还有待提高，他们的人生经验还远远不足，影视作品中隐含的价值观念，"人们甚至是在没有觉察的情况下在向他们学习的"[3]。因此，一部优秀经典的影视作品能够引导大学生全面正确地认识社会，了解人情冷暖；一部健康向上的正能量作品通过对人类命运的思考，对存在意义的探索和对生命意义的阐释，可望引导大学生突破一己的局限，树立正确的人生观、历史观和世界观，培养爱国主义、集体主义的良好情操。与之相反，一部庸俗、低劣、价值观出现严重偏差的影像（视频），诸如"宁可坐在宝马里哭，不愿坐在自行车上笑"这样的观点，可能懈怠青年学生的意志，诱惑未成年人形成唯利是图、急功近利、自私自利、损人利己等不健康的观念和价值取向。

影视传播专业的学生，需要更多地接触影视作品，也因此更多地暴露在各种各样的影视作品之中，也就更容易受到影视传播的影响。为了提高青年学生的鉴别能力，增强青年学生的免疫能力，高等院校的影视传播专

---

[1] ［法］让·米特里.电影美学与心理学［M］.崔君衍，译.南京：江苏文艺出版社，2012：453.

[2] 黄小铭.影视作品对高校思想政治教育工作的影响研究［J］.吉林师范大学学报（人文社会科学版），2011（7）.

[3] ［美］威尔伯·施拉姆，威廉·波特.传播学概论［M］.李高，周立芳，译.北京：新华出版社，1984：261.

业就要积极行动起来，探索一条行之有效的专业思政路径。并且，只有和他们所学专业有机结合，而不是进行空洞无物的说教，才能避免抵触情绪，从而柔性地而不是生硬地展开思政教学。找准契合点，建立思想政治教育和专业课程教育的生成性关系，从服务专业的理念出发，从建设学科的机制着眼，全方位地推动专业学习的教学改革。

影视传播专业所涉及的各类影视作品，只要是真正的艺术作品，而不是死板的说教内容，其主题思想与价值取向，就会注意呈现的方式，注意寓教于乐。恩格斯说："我认为倾向应当从场面和情节中自然而然地流露出来，而不应当特别把它指点出来。"[1] 这就是说，思想与倾向不应作为作者的主观见解，而应作为所写出的客观现实的趋势，自然而然地表现出来。这样的作品，才能达成良好的社会效益；与之对应，接受此作品的观众，才会在审美愉悦中享受艺术的美感，并自然而然地接受作者、作品的思想，从而潜移默化地塑造性格，规范行为准则，确立历史唯物主义和辩证唯物主义，做一个具有高尚情操和道德境界的有用人才。

就影视作品而言，专业教师要为学生选择经典的作品，批判性地讲解、探讨作品中的思想与倾向。比如，在《摩登时代》中，就要强调人的异化；在《肖申克的救赎》中，则引导学生理解自由和希望；在《一个国家的诞生》中，需要批判导演的种族主义思想；在《末路狂花》中，则学习女权主义的精神与内涵；在《北非谍影》中，带领学生领会主角为了爱情所作的牺牲；而在《霸王别姬》的影片中，我们更要带着批判的眼光，审视历史与人性，理解欲望与艺术。学习影视艺术，不能重技术而忽略思想，不能因形式而忘却了内容，应该融思想教育于影片的观摩学习，在课堂内外，激发青年学生的积极性与主动性，使其自觉不自觉地，甚至没有觉察的情况下，接受正向的价值观和德育教育。

---

[1] 恩格斯．致敏娜·考茨基［M］// 马克思恩格斯选集（第 4 卷）．北京：人民出版社，1995：453–454.

二、整合影视传播专业的资源

如果说课程思政还偏重将思想政治教育贯彻到单一的课程之中，那高校专业思政则是一个系统工程，它以课程思政为抓手，但又打破课程的藩篱与界限，从整个专业与学科着手，共同构建覆盖全课程、协调各个环节的育人格局。只有基于系统理论，借助科学的设计，统筹各种资源，调动各方面的积极性，才能周全而卓有成效地开展专业、学科的思政教育。

在这样的思路之下，专业思政就不是专任教师个人的事情，而是整个学科与专业集体面临的任务；不是一个短期便能一蹴而就的工作，而是一项长期聚沙成塔的项目。并且，从整体规划开始，还需经过不断修正、调整、完善，逐渐形成整体的、长效的机制，并能与时俱进，以应对外部环境的变化与发展。因此，它嵌入专业课程的安排与设计，牵涉课程教学目标的设置与确定，关系课程大纲的制定与调整，影响着教学评价的机制与手段。而且，不仅包含专业课程的改革，还包括专任教师的培训，且包含着教育对象的评估，从而立足专业的特色与视野、理论与方法，创设专业思政教育的体系，实现专业学习与价值引导的有机统一。

将专业思政当作一个系统工程，就要科学规划，循序渐进，不得冒进唐突，拔苗助长。既要考虑学年学期的时段与教学进度，又要注重学生身心发展的特征与规律，并参照专业学科的特点与优势，有步骤、分阶段地设计专业思政的目标与进程，做到科学有序，可持续地、可再生地展开循环教学，以培养不同年届的青年学生。因此，用系统的思维，设全盘的布局，就能做到温故而知新，还能避免“靡不有初，鲜克有终”的局面。同时，注重系统设计，就能将教学内容和评价机制、教师培训和教材开发有机地结合起来，周详考虑其同步性与一致性，从而由浅入深，由知到行，教学相长，取长补短。

就影视传播专业的课程体系而言，用马克思主义思想武装学生的大脑，用社会主义核心价值观凝聚青年的力量，在进行专业学习的同时，教育学生培养正确而科学的世界观和人生观，大力提升学生艺术、审美、创新的综合素质，加强学生的民族意识，推动他们思考国家的前途，自觉地把个人的价值实现和人生追求与民族的伟大复兴结合起来，不辱使命，促进大同，为人类命运共同体贡献青春与力量。

具体到影视传播专业的硬件设施，为传媒而配备的所有机器、设备和实验室，在专业思政系统之中，它们并非形而下的“器”，而是可能发挥其功用、助长其传播效能的有效工具。无论是人际传播还是大众传播，抑或是组织传播，以专业学科进行的思想政治教育，就可打破班级和课堂的限制，在更大的集体之中，遵照专业特征（包括学生的特点、教师的特点以及专业知识的特点），更能有的放矢地进行。

三、探索影视传播专业的路径

首先，提高专业思政的教学质量，教师队伍是关键，而专业负责人、学科带头人更要高屋建瓴地整体规划布局学科专业，知人善任，带领教师愉快地完成思政教育。在这个过程中，要提升专业教师的意识，改变部分教师只偏重专业教学而忽视思想政治教学的偏差，使其从被动地完成任务转到积极主动地融入思政教学。只有专业教师认识到思政教育的必要性、重要性，才能够激发教师的内在的、自觉的要求，形成有效的自我激励和约束机制，改进教学态度，激发教学热情，最终提升思想政治教育的教学效果。有效开展思政教学，自然需要一批思想政治素养过硬的专业教师，需要一批具备思想政治教育能力的专业教师。为满足这个先期条件，就要通过常态化的培训，帮助在职和新近入职的高校专业教师掌握思想政治教育的内容与方法，了解其特征、规律和方法。培训的时候要生动形象，切忌走形式、搞过场，尤其避免照本宣科、枯燥无味的灌输。比如，在内容方面，不要一味强调崇高的精神，而应关注最切实的需要；不要总是高谈阔论遥远的理想，而应具体而微深入到最微妙的心理，尤其不要狭隘理解思想政治教育，而应培育学生做一个德才兼备的社会主义的建设人才。在方法角度方面，则可以通过启发式、探究式、案例式、讨论式等教学方法。如讨论某部影片中某一人物的行为、动机、态度、人生等。只有这样，思想政治教育才能培养并拥有一批能够胜任并乐于施教的专业教师，而专业思政也才能够潜移默化，春风化雨一样注重学生精神层面的熏陶，提升学生的思想境界。

其次，高校思想政治教育要贯彻以学生为本的理念，要站在学生的角度思考问题，切合年龄和心理特征，探寻合适的趣味的方法，争取激发学生的主动性和积极性。比如，从人际交流沟通角度入手，从职场成功经验出发，引导学生调整自己的心态，增进明辨是非、美丑和善恶的能力，提升综合道德修养，这就可能满足了学生的现实需要，学生就能积极地参与其中，并随时随地约束自己，管理各种欲望，切实促进道德的自我完善。反之，一味高调地展开思想政治教育，在术语与理论中来回解说灌输，可能适得其反，引起抵触情绪和逃避心理，不能切实地达成原初设定的教学目标和教学效果。因此，必须改变以高校教师为中心的灌输式教学，应该以服务专业人才培养、提升学生综合素质能力、塑造健康向上的青年人格为着眼点，倡导实施“学生为主体，教师为引导”的教学模式。比如，在影视传播专业，教师既要全面介绍各种影视类型作品，以扩大学生的专业视野，同时，又要结合青春期学生的特点，对一些爱情片、犯罪片的主题进行深入剖析，以引导学生培养正确的爱情观、人生观等，利用艺术欣赏这种形式培育人权公平、种族平等、女性主义等人类普世的价值观。

再次，影视传播专业的思政教育应该采取“美育达成德育”的路径。现代教育家蔡元培倡导美育，他给美育下如此定义：“美育者，应用美学之理论于教育，以陶养感情为目的者也。……所以美育者，与智育相辅而行，以图德育之完成者也。”[1]在蔡元培看来，美育与德育，正可毕其功

[1] 此为蔡元培为1930年《教育大辞典》中“美育”词条所写的定义。

于一役，甚至借助美育，更能有效达成德育的目标效果。而从美育到德育，主要依靠的是情感的陶养："人人都有感情，但并非都有伟大而高尚的行为，这由于情感推动的薄弱。要转弱而为强，转薄而为厚，有待于陶养。陶养的工具，为美的对象；陶养的作用，叫做美育。"❶审美对人的道德具有建设性效用自不待言，在技术与形式之外，影视艺术作品的主题与内容、形象与倾向，都无不潜隐地发挥影响的效用。影视传播专业的高校教师，就有义务和责任选取合适的导演作品，以美育促德育，以美化人。当代学者探讨影视文化的德育效应时认为："真正好的'宣传教育'影视作品，应寓教于乐，才能达到令人满意的社会效益。……影视功能定位于审美，意味着影视生产与传播，将围绕当下人们普遍的审美趣味与审美取向，满足当下人们普遍的审美需求。"❷

最后，实践是人所特有的自觉自愿的对象性活动，高校专业思政教学不能停留在理论探索层面，不能专注于课堂内的理论宣讲，还要密切联系实际，在实践中发展、检验学生的政治素养与道德修养。因此，可以结合专业知识和专业特点，活用专业资源，充分利用校内专业实验室与校外实践基地、学生实习机构，拓展学生德育的实践平台，加强对学生课内外、校内外实践活动的道德引导，借助多元化、多层面的隐性道德教育，引导学生社会化成长，做一名知书达礼、德才兼备的好公民。具体到影视传播专业教学中，在摄影摄像课程、纪录片创作等实践课程中，通过分组教学，既培育学生各司其职、各负其责的责任心，又凝练集思广益、合作互助的团队精神。在校企合作的实践基地，除了锻炼学生的策划能力、动手能力和营销水平之外，在影像生产与传播的各个环节都要密切关注国家政治形势，策划正能量、有创意的选题，创作富含传统文化、民族特色的作品，以传播社会主义核心价值观。

---

❶ 蔡元培.蔡元培美学文选［M］.北京：北京大学出版社，1983：220.

❷ 胡智锋.影视文化三论［J］.现代传播，2000（5）.

网络与新媒体“专业思政”教学的文化策略初探

刘　源*

摘　要　网络与新媒体专业作为一门新近出现的专业在我国的勃兴如雨后春笋般不断涌现，在全国各高校的新闻传播院系中，皆可看到该专业作为主干专业吸引全国各地学子的报考。作为新近出现的专业，其优势与问题也如双刃剑般出现在教学工作中，特别是在强调“专业思政”的当下，如何搭建好专业平台、提升专业自信和学生对专业的全息化认知，有着十分重要的作用。本文以北京联合大学网络与新媒体专业为例，以日常专业教学中出现的问题作为动因，从文化策略的角度分析当下网络与新媒体“专业思政”如何在教学中进行专业优化和升级。

关键词　网络与新媒体　“专业思政”教学　文化策略

“专业思政”作为“课程思政”的延伸和外化，在当代高等学校教育中有着至关重要的作用。2016年12月，习近平总书记针对当前高校教育改革和发展提出：“要用好课堂教学这个主渠道，思想政治理论课要坚持在改进中加强，提升思想政治教育亲和力和针对性，满足学生成长发展需

*　刘源，男，北京联合大学应用文理学院讲师，新闻学博士，主要研究方向为国际传播、媒介文化。

求和期待，其他各门课都要守好一段渠、种好责任田，使各类课程与思想政治理论课同向同行，形成协同效应。”[1]并且强调了在教育改革中先行于其他地区的“上海模式”。课程思政的总目标即是立德树人，以培养符合我国社会发展的高层次专门性人才而建立和健全其德育教育，同时培养良好的文化自信心和自豪感。

一、专业概况简述

网络与新媒体专业在我国作为一门新兴的独立专业，如雨后春笋般在各个拥有新闻传播类院系的高校中诞生，并且在最近几年的高校招生工作中，呈现出不断上升的趋势。特别是从党的十八大之后，以习近平同志为核心的党中央十分重视传统大众传播媒体与新媒体的融合发展。2016 年 2 月 19 日，习总书记再次深刻分析和强调全媒体时代对于新闻行业的机遇与挑战，并且明确提出了“推动媒体融合向纵深发展”的重大要求。[2]可以看出，对于融媒体时代的媒介融合和新闻产业的发展，党中央在不同阶段都提出了渐进式的发展方向和道路。特别是对于传统媒体与新媒体的认识与融合，已经充分提出并非简单的相加，不仅仅是“你中有我，我中有你”的关系，而是形成“你就是我，我就是你”的新型主流媒体。这一理念的提出，符合媒介发展的规律和特点，为融媒体时代我国媒体的特色发展指明方向和道路。而基于宏观政治语境下中央对于媒介发展的求“融”思“变”、中观社会语境下大众对于多元媒介的日常化使用大放异彩、微观媒介语境下社会化媒介和传统媒体的“美美与共”，使得越来越多想要投身于媒体行业的年青一代，看到新媒体行业作为朝阳产业的曙光，因而对于这一专业投入了较高的关注度。不过在日常的专业教学中，学生对于

---

❶ 习近平．把思想政治工作贯穿教育教学全过程 开创我国高等教育事业发展新局面［N］．人民日报，2016-12-09.

❷ 习近平．在党的新闻舆论工作座谈会上的讲话［N］．人民日报，2016-02-19.

专业的认知仍有较多刻板印象和误读，要解决专业中存在的问题，笔者认为从文化的路径来滋养专业教学，将专业思政融入学生内心，是重要的解决方案，亦是解决的捷径。笔者根据日常教学中存在的问题进行案例剖析，希望利用文化策略来融入专业思政，解决目前专业中存在的一些问题。

二、专业教育中的瓶颈问题

对于网络与新媒体专业学生来说，在课程设置和专业思维训练等方面一直存在较多问题，而一些问题贯穿于本科学习的始终。笔者根据本科新生入学教育，二三年级专业必修课和选修课教学，以及毕业论文选题方向等几个方面进行梳理，目前来看，网络与新媒体专业学生存在的问题主要集中于三个层面。

1. 专业归属的认知不够明确

从新生入学开始，很多学生首先对于这一学科究竟属于内容生产的文科类专业还是技术应用型的理工科专业认识不够明晰。进入二三年级的专业必修课和选修课阶段，一些必修课程为网络与新媒体专业和广告专业共同必修课程，虽然学生对于网络与新媒体专业属于新闻传播学专业的下属专业方向有感性和理性的双重认识，但由于长期和广告学的必修课程近似，使得部分学生认为网络与新媒体专业与广告学专业同属于一个学科，甚至认为其是从广告学专业分支而来的学科。受这一思维的影响，进入毕业季的论文选题阶段，学生在选题方向的侧重上也容易产生混乱。部分学生突出了从属于新闻传播这一大的专业类目，而忽略了本身的专业方向，另一部分学生则始终认为专业方向依然从属于广告学科，也就导致了大多数学生对于专业的课程认知、未来职业的规划认知产生偏差，不能较好地达到宏观上专业的目标和微观上课程的目的。

2. 对国内新媒体发展的认识不足

众所周知，新闻传播学科以及网络文化等专业的兴起，均来自西方国家，并且经过几十年的发展，已经形成了相当规模。我国新闻传播学科的兴起只有短短30多年的时间，而作为生产内容为主，并从属于新闻传播学科的网络与新媒体专业，在我国的兴起仅有不足十年的光阴，因而从学科的体系和成熟度来说，西方国家远远领先于我国。但这一现象并不意味着，我国的学科发展要完全沿袭或照搬西方传播学和媒介环境学派的学科范式和发展模型，而应当建立起具有我国特点的学科体系。不可否认，西方国家不同媒介学派对于网络与新媒体专业的贡献与知识体系的滋养，但客观来看，这些理论大多根植于西方社会本土，带有西方的经验和特色，而运用于我国的学科应用和实践来看，似乎有些“水土不服”。因而在课堂教学和实践中，经常会伴随有西方学科在东方实践中的“力不从心”。同时，目前的本科生大多出生于20世纪末和21世纪初，网络媒体是伴随他们成长的了解世界的主要媒介手段，也可称他们为“网络的原住民”。一方面，对于网络的传播模式和发展规律，他们较为容易掌握；另一方面，在互联网的多元文化和手段建构下的虚拟空间中，西方文化中的一些带有个人主义、自由主义以及西方民族主义的观念会影响这一代，使之对于这些外来文化趋之若鹜，容易对国内的网络发展和传统文化的发展与流变嗤之以鼻。在日常的教学中，笔者也时常会遇到诸如此类的情况，学生会对于西方理论以及西方媒介的发展报以热情，反而对于我国媒介的发展脉络冷眼视之。甚至有学生认为，目前我们的教学活动和实践，大大落后于西方世界，无论是理论知识还是实际应用，其实都应该“向外延伸”而非“向内生长”，即充分学习西方理论，而完全忽略或摒弃国内实践所承袭的理论成果。这一思想在学生专业学习中，无疑会造成较大的阻碍，不利于教学和专业活动的开展。但究其原因，亦是多方面的，既有学科诞生的历史因素和地缘因素，又有学科在我国发展的从属问题影响。

3. 专业自信与本土文化发展结合不足

习近平总书记在2014年“两会”期间曾提出：“一个国家综合实力最

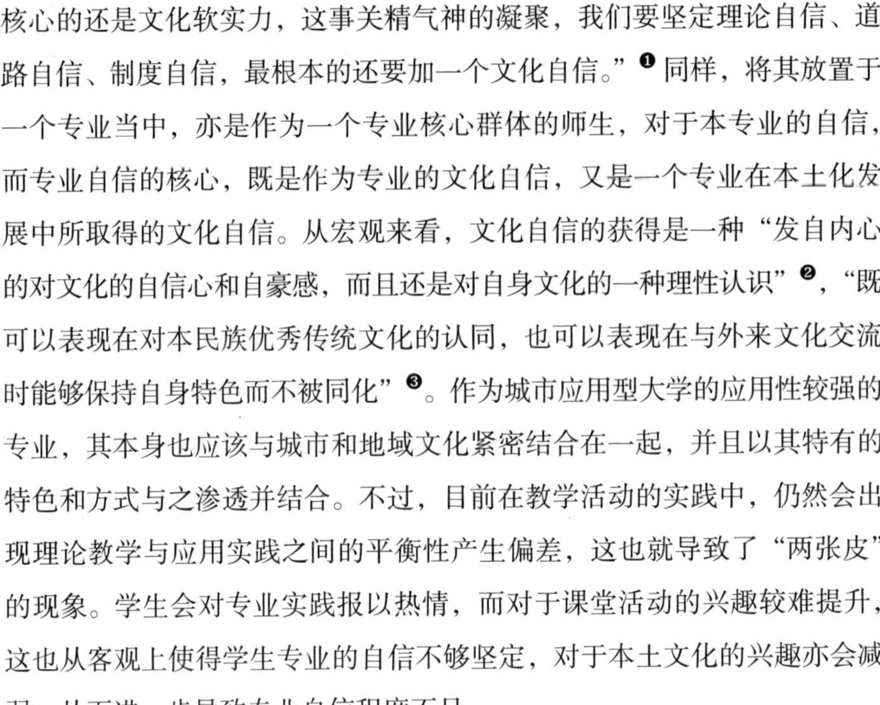

核心的还是文化软实力，这事关精气神的凝聚，我们要坚定理论自信、道路自信、制度自信，最根本的还要加一个文化自信。”[1]同样，将其放置于一个专业当中，亦是作为一个专业核心群体的师生，对于本专业的自信，而专业自信的核心，既是作为专业的文化自信，又是一个专业在本土化发展中所取得的文化自信。从宏观来看，文化自信的获得是一种“发自内心的对文化的自信心和自豪感，而且还是对自身文化的一种理性认识”[2]，“既可以表现在对本民族优秀传统文化的认同，也可以表现在与外来文化交流时能够保持自身特色而不被同化”[3]。作为城市应用型大学的应用性较强的专业，其本身也应该与城市和地域文化紧密结合在一起，并且以其特有的特色和方式与之渗透并结合。不过，目前在教学活动的实践中，仍然会出现理论教学与应用实践之间的平衡性产生偏差，这也就导致了“两张皮”的现象。学生会对专业实践报以热情，而对于课堂活动的兴趣较难提升，这也从客观上使得学生专业的自信不够坚定，对于本土文化的兴趣亦会减弱，从而进一步导致专业自信程度不足。

三、“专业思政”教学的文化策略

基于北京联合大学网络与新媒体专业学生在专业学习方面存在的阶段性瓶颈和问题，笔者认为，应当从文化的策略来输入和渗透“专业思政”的教学，而非生搬硬套，将思政课程完全粘贴到专业学习中。文化如何贯穿到“专业思政”教学？“专业思政”教学的文化策略具体到本科教学中应当如何发挥其作用？笔者作如下分析。

在探讨文化策略之初，首先要理解，何谓“文化”？英国人类学家爱德华·泰勒认为：“文化是一个复杂的整体，其中包括知识、信仰、艺术、

---

[1] 万群，赵国梁．习近平总书记参加贵州代表团审议侧记［N］．贵州日报，2014-03-10.

[2] 朱宗友．中国文化自信解读［M］．北京：经济科学出版社，2017：6.

[3] 邓泽球，魏玲．社会主义核心价值体系视域下的文化自信研究［J］．人民论坛，2015（2）.

道德、法律、风俗以及人作为社会成员获得的任何其他的能力和习惯。”❶在我国传统文化中则主要指向了文明与教化。习近平总书记在党的十九大报告中亦指出：“文化是一个国家、一个民族的灵魂。文化兴国运兴，文化强民族强。没有高度的文化自信，没有文化的繁荣兴盛，就没有中华民族伟大复兴。”❷可以看出，在人类社会发展的不同时期、不同社会制度下，文化被赋予了不同的含义。但同样可以认识到，在不同历史时期和社会环境下，文化作为社会发展的核心，对于社会的塑造和意义的建构都有其强大的作用，因此，作为培养社会公民主阵地的学校，对学生最为有利的培养方式即建立其对于文化的深刻认识。这既包括对于传统文化精髓的理解，又包含对于民族自信心和自豪感的建立；既包括对本专业知识和能力的培养，又重视对于本国文化软实力在思想上的全面建立；既包括对专业本体的理解，又重视其他社会学科对专业的滋养。结合笔者日常教学来看，“专业思政”的文化策略主要从以下三个方面对学生进行开展。

1. 专业理论思政：当下为体，历史为用

对于专业理论方面的思政，一方面强调以当下中国的社会实践以及媒介战略的研究趋势作为主体，对于西方媒介历史的理论与研究为应用；另一方面则以积极的方式来倡导和引入中国当下的专业理论新发现，以及对于当下学科的影响和作用，同时以批判性的态度提出西方媒介理论在当下的局限性问题。例如，笔者在“新媒体概论”这一专业必修课的教学中，一方面，全面介绍西方媒介理论，以及媒介发展历程中西方媒介对理论的影响作用；另一方面，更主要强调中国四大发明之一的印刷术对于媒介的推进，古代丝绸之路作为古代文化和信息传播渠道对于我国文化的传播所产生的积极作用，以及建构国家形象的传播效果等。这在文化传统和文化自信方面，提升了学生对于我国劳动人民传统智慧和文化的认可，并以这

❶ ［英］爱德华·泰勒．原始文化［M］．连树声，译．上海：上海文艺出版社，1992：47.

❷ 习近平．决胜全面建成小康社会 夺取新时代中国特色社会主义伟大胜利——在中国共产党第十九次全国代表大会上的报告［M］．北京：人民出版社，2017：41.

一认同作为契机，充分认识到我国人民在古代对于媒介发展的积极贡献，并由此树立起高度的国家自信心和民族自豪感。再如，在“国际传播趋势研究”课堂上，一方面介绍国际传播学在西方发展的脉络以及其实践的效果，并且通过案例，来批判其在当下构建人类命运共同体的全球视角下的局限性；另一方面则通过介绍近些年我国学者在本国研究的基础上，提出的既符合我国当下国情，又符合时代和全球语境下的传播规律的理论，诸如周边传播理论等。应该让学生认识到，在全球化的当下，中国在媒介发展的理论研究与实践活动中，早已不是倚重于西方理论，相反，我们已经在专业理论方面，提出符合我国国情的理论范式和实践指导，尽管还有很多尚未开发的处女地，但已有的成果已经充分证明，我国媒介文化的研究已经开始充分发挥自身优势，为当下融媒体时代的媒介理论发展提供重要理论保障。这些案例可以使学生从历史和现实的角度认识到我国传统文化对媒介发展实践的贡献，以及当下我国媒介理论前沿的发展对于符合我国新媒体专业发展的理论范式的重构；同时，以批判的视角来认识西方理论在一定历史时期的积极作用，以及在当下的一定局限性。通过实际案例的对比，让学生对于网络与新媒体专业理论在中国的发展，建立起强烈的专业自信心和归属感。

2. 专业建设思政：本专业为核心，周边专业为补充

从目前专业课的设置和建设来看，北京联合大学网络与新媒体专业的核心课程已经具有一定规模，同时和新闻传播学科下属的其他专业亦能建立起良好的联动关系。就目前的教学实践来说，已经建立起了以教研室为核心，不同专业互为滋养的教学模式。在专业教学中，融入互联网本土企业品牌文化、网络文化等，并且这些文化都带有我国的特色，使学生在学习过程中，建立起爱国主义精神。

具体来说，在马君蕊老师讲授的“品牌与策划”课程中，通过研究我国的本土品牌如三只松鼠、娃哈哈的企业发展历史，探讨在互联网环境下和新的社会语境下，其品牌通过企业团队的设计，在新媒体渠道的传播。

学生通过教师的案例分析和生动的视觉、消费接触以及在生活中的使用，既能够了解一个互联网企业品牌在打造过程中品牌的建立、成长和成熟的全貌，又能够充分认识到，我国互联网企业在品牌打造方面本土化经营的成功之道，让学生建立起对我国企业文化的充分认识。

笔者在“新媒体概论”课程的教学中，融入了网络思潮对网络空间的影响和爱国主义在互联网文化建设上对于大学生的积极意义。通过批判的视角和鲜活的案例，对存在于当下虚拟空间里的多元思潮对于网络空间的消极影响，特别是民族主义对于网络文化和不同群体产生的网络极化现象，提出批判并解读其危险性；与此同时，加强学生的网络素养，让学生充分认识到作为我国核心价值观的爱国主义和集体主义不仅是在虚拟空间的拓展，更重要的是其内涵和外延对于大学生的实际作用和意义。使学生在认识主流思潮的同时，能够充分建立起符合我国主流价值观的文化素养，同时建立起爱国主义理念，并将其运用于实践。此外，在“顶级 TED 演讲研究”课程中，笔者专门将一个单元的实践演讲主题设定为《当代大学生爱国主义在互联网上的体现》，一方面使学生将课堂所学的口语传播知识运用于演讲当中，另一方面使学生认识到符合我国的口语传播，要以爱国主义作为导向、以新媒体渠道作为手段，充分发挥传播主体的演说技能。

通过这些教学实践的案例，可以看出，无论教师本身，还是作为课堂主体的学生，不仅要传播专业理论知识，同时又要利用其他学科的手段对学生进行专业思政教学。一方面，网络与新媒体专业教师本身有专业学科方面的研究和实践能力，从教学的本体出发，能够将本专业的核心课程融入教学思政；另一方面，不同的教师又有各自的研究特长，因而在跨学科的方法指导下，将广告学、社会学、民族学、人类学、政治学等不同学科的精髓融入专业中，并且在教学过程中积极地将爱国主义思想与这些知识相结合。对于学生来说，教师一方面提出一定的指导，让学生充分认识到不同学科对于本专业学习的重要作用，拓展其知识面，增强其认识专业的视角和能力；另一方面，以我国的传统文化中积极的要素在不同学科中的融入，使学生充分建立起对学科的文化认同和自信。笔者认为，除了现有的精品学科支撑外，应当在此基础上，融入其他相关的周边学科，一方面要求教师本身对其进行扩展和认知，另一方面则要求学生在教师的指导下，能够主动地建立起一套学习的方法，使目前的学科建设进一步增强。

3. 专业文化思政：向内引入，向外拓展

笔者认为，不同专业间有一定的差异，正如不同的企业有其独一无二的文化，不同专业同样也具备各自的特征。作为北京联合大学的特色专业之一，网络与新媒体专业在专业文化思政方面，既要引导学生认识到该专业在本校的突出特色，使学生对专业的认识向内生长，建立牢固的自信；同时，对于相应的实践教学要向外生长。

一是融入北京的地方文化，立足北京、辐射京津冀。在教学实践中，充分发挥这一文化特色，将北京的地方风物、非物质文化遗产等引入其中。同时，将与专业相关的互联网或新媒体行业的从业人士引入课堂。让学生既认识到网络与新媒体专业与其他高校同一专业的共同性，同时又要认识到该专业在本校的特征，并充分发挥自身的特性，建立起专业文化的自信心和自豪感。

二是源于课堂，高于课堂。北京联合大学重视学生的创新性和实践性，因此要发挥出地缘优势特点，将学生引入互联网内容生产的一线进行教学。例如，在陈冠兰老师的“整合营销传播实践”课程中，将学生带入京东直播一线，让学生认识到专业教学之外可拓展的领域。该课程也很好地和口语传播、TED 演讲研究等课程结合起来，能够让学生更深入地了解在当下网络语境中，如何更好地传播正能量。

小　结

本文结合笔者日常教学实践的案例，从目前北京联合大学网络与新媒体专业在“专业思政”方面存在的问题作为切口，以“文化”作为手段，提出如何提升学生专业自信心的“思政”模式，希望能够为今后的专业建设和学科发展起到抛砖引玉的作用。

综合来看，北京联合大学网络与新媒体专业已经具备了自身的专业体系，与同类专业在不同高校的发展相比形成了自身的特色，但在专业思政方面，仍然有诸多空白需要完善。一方面要求教师本身素养的提升，另一方面需要根据学生特点来完善专业思政方面建设。由于笔者本身的局限性，所提出的策略尚有诸多不足。作为教师本体，应该意识到专业建设不仅仅局限于知识的介绍与引导，更应当探索出符合我国主流价值体系的思政路径和文化策略，为融媒体时代培养出更多高质量的应用型网络与新媒体的专业人才。

多元文化视角下的网络与新媒体专业思政教育探讨

陈世红 *

摘　要　高校教师不仅担负着教授大学生专业知识的重任，还应当担负起思政教育工作这一重任。随着课程思政的深入开展，专业思政教育的重要性也日益凸显。本文在介绍网络与新媒体专业情况与多元文化内涵的基础上，从多元文化对学生价值观的影响、专业思政在网络与新媒体专业人才培养的重要性和教师如何在专业思政教育中发挥作用等方面，对多元文化下网络与新媒体专业的思政教育进行阐述。期望为思政内容与专业内容如何进行有机融合，以及以专业知识为载体如何融入思想政治教育的探索提供参考。

关键词　专业思政　多元文化　网络与新媒体

一、网络与新媒体专业的创立及发展

随着数字化、信息化社会的形成，基于互联网的新兴媒介形态对传统的新闻与传播行业产生了巨大的影响。基于移动终端的 WAP 网络，以其

---

*　陈世红，女，北京联合大学应用文理学院教授，主要研究方向为新媒体技术、多媒体与虚拟现实。

显著的特点，促进了移动互联下的媒介融合。为顺应这种发展迅猛的媒介融合趋势，将人文底蕴与信息技术相结合，满足互联网时代对新闻传播人才的需求，新闻传播类新专业——网络与新媒体专业在众人的期盼下诞生了。2011 年和 2012 年以新媒体与信息网络专业招生。2012 年起，教育部开始组织高等学校申报网络与新媒体专业。2013—2019 年，教育部批复招生的高校分别为 28 所、20 所、29 所、47 所、36 所、37 所和 35 所。截至 2019 年 9 月，招生院校（包括最初招收的新媒体与信息网络专业）累计已达到 240 多所。

网络与新媒体专业属于交叉专业。目标是培养既要掌握新闻传播学的基本知识，又要掌握网络新媒体信息传播知识与实践技能，具备网络与新媒体策划应用、传播内容设计与制作、新媒体运营与管理、整合营销传播等多领域知识结构的高素质复合应用型人才。在专业人才培养方面，以传统新闻学和传播学占主导，大体上呈现三种模式：一是以传统新闻学训练为主，以互联网信息传播和应用为辅；二是以互联网应用和技能训练为主，以传统新闻学训练为辅；三是以传播学训练为主，以互联网信息传播和应用为辅。网络与新媒体专业致力于培养在数字时代具有良好专业素养与较强综合竞争力的传媒人士、IT 人士以及商业人士。[1] 近年来网络与新媒体专业毕业的学生广泛活跃在相关的新闻单位、网络公司、广告公司、电视台、报社、展示展览公司、文化传播公司以及各级企事业的信息化管理宣传部门等，为社会作出了巨大贡献。网络与新媒体专业为国家培养了上万名网络与新媒体专业人才，但还无法满足网络时代对媒体人才的需求，网络与新媒体专业要与时俱进，不断发展，为社会相关行业提供更多更好的专业人才。[2]

---

[1] 刘体凤．媒介融合背景下我国网络新媒体专业人才培养机制探析［J］．视听，2018（9）．

[2] 李卫东，邓雯．应用模式创新设计能力：网络与新媒体专业培养的核心目标［J］．现代传播（中国传媒大学学报），2017（4）．

二、多元文化

多元文化一词最早出现于美国。美国是典型的移民国家。在建国之初美国人口只有 390 万。美国因为国内建设的需要，大量吸引移民。美国曾发生三次大的移民高潮。第一次移民高潮从殖民地时期到 18 世纪末，这期间移民总数高达几百万人，主要为爱尔兰人、德国人和非洲贩运的大批黑人。从 19 世纪后半期到 20 世纪初，近千万意大利人和东欧人涌入美国，掀起了美国移民史上的第二次移民浪潮。第三次高潮始于 1965 年，主要是来自亚洲和拉丁美洲。[1]美国历史上这三次移民高潮对美国的经济和文化都产生了深刻的影响，也使美国能够在短时间内迅速崛起，取代英国成为世界头号经济大国，铸就了美国的强大。大量的移民来到美国生活，也带来了各自的文化，多元文化共存。多元文化不仅指不同文化的共存，还要求承认不同文化的差异并平等对待他们。多元文化到目前为止还没有一个公认的定义，使用该词时，取决于使用该词的人在谈论什么问题，以及在什么语境下谈论有关的问题。多元文化的相互交流、碰撞、包容、融合，必将带来相互的促进发展。

三、多元文化下网络与新媒体专业的思政教育

1. 多元文化对学生价值观的影响

随着社会经济的高速增长，全球化的步伐越来越快。社会各个层面与国际社会接触频繁。在这种社会环境下，文化从一元走向多元，开始互相交融。这种态势也从社会渗透到大学校园。多元文化是指在世界各个民族的多种文化共存的前提下，“对其自身以外的任何一种文化，采取认同态

[1] 黄虚峰 . 美国多元文化主义背景下的异族通婚［J］. 华东师范大学学报（哲学社会科学版），2002（5）.

度，并在平等的基础上开展双向交流，以利于自己的发展”[1]。多元文化的观点是由美国教育家杜威提出来的，这一理念已演变成为国际化浪潮，在教育领域获得了广泛关注和研究。大学生在迈入大学校门的时候往往都是刚刚成年，甚至有的还没有成年，他们正处于树立正确的人生观、价值观的重要时期。在中学阶段，学生家长和学校在考学的压力下，往往特别关注成绩，忽略了学生价值观的引导。一旦成为一名大学生，置身于大学校园的自由宽松的环境，扑面而来的是全球化背景下的多元文化信息。面对良莠不齐的多元文化元素，他们在新奇之余也许会感到无所适从，往往不可避免地受到各种思潮的影响，思想上也会产生诸多的困惑。不同国家文化背景的不同，价值观念也会有所不同，大学生由于社会经历浅，尚未形成正确的人生观和价值观，极易受到多元文化元素的影响。例如，很多学生喜欢看美剧，在学习英语的同时，也能体验到新奇。美剧除了给他们带来新鲜感，还会带来与我国完全不同的文化和不同的价值观念。美国的价值观，强调个人的价值追求高过集体的利益。这与我们传统所接受的集体主义观完全不同，无形中会对大学生产生潜移默化的影响。受到美国文化观念中个人主义的熏陶，大学生也许会重新思考个人价值与集体利益之间的平衡。网络与新媒体专业的学生，肩负着信息时代新媒体传播的使命，他们只有拥有正确的价值观才能成为合格的媒体人。因此，积极引导他们以社会主义核心价值观为引领，选择多元文化的精华来健全人格，增强文化自信是我们进行思政教育的重要部分。

2. 专业思政在网络与新媒体专业人才培养中的重要性

《高校思想政治工作质量提升工程实施纲要》指出，要“充分发挥中国特色社会主义教育的育人优势，以立德树人为根本，以理想信念教育为核心，以社会主义核心价值观为引领，以全面提高人才培养能力为关

[1] 魏煌. 多元文化音乐教育的文化思考［J］. 音乐研究，2002（1）.

键”[1]。高等学校承担着为国家培养中国特色社会主义合格建设者和接班人的重大使命。思想政治教育是对大学生进行社会主义核心价值观教育的主要途径，在人才培养中发挥着极其重要的作用。归属于新闻传播类的网络与新媒体专业相比其他专业具有更强烈的政治性和鲜明的意识形态性。在媒介融合背景下，市场对新媒体人才需求不断上升。对新媒体人才的需求大致可以划分为网络研发、网络运营和网络营销三大类。目前网络研发岗位基本上面向计算机类专业的毕业生，但其实对于网络运营与网络营销的工作来说，网络与新媒体专业的毕业生更容易胜任工作，他们能够为网络运营创造内容，能更好地发挥网络与新媒体专业的优势。而该工作由于传播力极强，影响面广泛，从业人员的政治素养对整个社会的思想建设、舆论导向起着重要的作用，因此在网络与新媒体专业开展思想政治教育工作就尤为重要。

在高校的思想政治教育中，思政教师承担了大部分的教育责任，处于“孤军作战”的局面，思政课程的单一性也容易让学生有枯燥的感觉，不易达到预期的效果。课程思政是教师将育人理念融入课程后实现育人的过程。专业思政是课程思政理念的升级和系统化，它除了课程思政所包含的课程教学，还包括师资队伍建设、实践教学建设、教材建设等多个方面。专业思政是在专业建设所能涉及的各个环节全面融入立德树人的理念，是育人主体性在专业上的落实和体现。[2]苏霍姆林斯基说过：“把教育意图隐蔽起来，是教育艺术十分重要的因素之一。”[3]将思想政治工作融入专业课的教育当中，是一种特殊且有效的隐性教育方式，能够起到潜移默化的作用，让学生在专业课的学习中不知不觉地受到社会主义核心价值观的影

---

[1] 中共教育部党组关于印发《高校思想政治工作质量提升工程实施纲要》的通知［EB/OL］.（2017-12-06）［2019-12-26］.http：//www.moe.gov.cn/srcsite/A12/s7060/201712/t20171206_ 320698.html.

[2] 李彦冰 . 新闻传播教育实施专业思政的三个基本问题［J］. 今传媒，2018（12）.

[3] 程肇基，梁凤华 . 论“无为而教”视域中的道德教育［J］. 南昌大学学报（人文社会科学版），2012（6）.

响和熏陶。专业思政教育将思想政治教育隐性化，发挥“无意识教育”对“有意识教育”的有益补充。专业思政教育不是几节课、几次讲座就能完成的，而是要建立长效的运行机制。调动一切优质资源，将正面引导与潜移默化结合起来，深化全员育人、全过程育人、全方位育人。把思政教育贯穿在整个专业人才培养的全过程中，专业教学、教学管理与学生管理协同合作，教学相长，立德树人，才能保障专业人才价值观的培育和塑造。

3. 教师应在专业思政教育中发挥作用

要实现立德树人，将培养和践行社会主义核心价值观融入全过程育人的目标，将专业思政教育理念贯穿在专业人才培养全过程中，专业教师是高校队伍中的主力军，负有引领责任，起着关键作用。这对高校教师也提出了要求：

首先，专业教师需注重自身思政素养的提升。教师是人类灵魂的工程师，高尚的教师能够给学生一种精神力量，使学生在潜移默化中受到耳濡目染的教育，进而获得精神升华。作为高校专业教师，要想在专业课教学中融入家国情怀、道德教育方面的“思政”元素，除了掌握扎实的专业知识，还必须具有较高的人文素养、高尚的道德情操。需要教师在具有公民道德标准的基础上，具有更高的思想道德，应努力提高自身的思想政治素质和业务素质，不断加强自身的马克思主义理论修养，主动探索思想政治教育的规律，成为学生的楷模，进而指导学生更好地成人成才。

其次，教师应加强对专业思政教育的重视和理解。加强教师的思想政治教育工作，增强教师的历史使命感和职业光荣感，是做好专业思政教育的关键。在教师自身思想政治过硬的基础上，重视专业思政教育。在专业教学过程中，过去往往将教育重点集中于专业技能的培养，而对于专业能力所需要的精神素养考虑较少。因此，在教学过程中，专业课程既要重视技能培养，也要注重专业思政教育。在专业课设置中，既要重视培养技能的专业教学实践课程，也要重视属于思想文化类的课程的设置。将专业思政融入专业培养的各个环节，提升育人能力，帮助学生树立正确的世界观、人生观、价值观。引导学生继承中国优秀传统文化，不断提升学生的道德品质、政治思想觉悟和文化素养。

最后，教师在实施专业思政教育过程中，宜采取灵活多样的方式进行课程建设。实施专业思政建设的目的是实现教育的全过程育人。课堂是大学生思想政治工作的主阵地、主渠道。教师充分利用教学平台的优势，根据网络与新媒体专业的特点，结合具体的专业课程性质和课程内容，采用灵活多样的方式方法融入专业思政的内容，授课内容应贴近生活、贴近学生，用科学理论和事实依据来说服学生、打动学生，使学生在学习过程中有新感悟和新认识，树立正确的世界观、人生观、价值观，让学生明确作为一名大学生所担负的历史责任和社会责任，激发学生学习动力，加强学生的思想道德修养，促进学生的成长进步和全面素质的提高。

结　语

在这个网络信息爆炸的年代，各种文化思潮不断涌现。网络与新媒体这个生机勃勃的新专业，如何回归教育的本身，引导学生健康发展，是专业思政工作的重点。在多元化视角下，积极帮助学生以社会主义核心价值观为引领，汲取多元文化的精华；引导学生从以往被动地接受马克思主义基本理论知识向自主探索和发现知识转变，真正成为学习的主体；引导学生不断探索科学，探索真理，完善自我，为国家和社会培养合格的人才是我们教育工作者义不容辞的职责。

课程思政的理论与经验

疫情下短视频教学课程思政建设探析

李瑞华*

摘　要　本文探析了重大疫情下短视频教学课程思政的有效开展路径，围绕疫情防控，发挥短视频教学的特长，深入发掘中国疫情防控中涌现出的典型案例与优秀短视频，通过疫情短视频的教学与实践提升学生对中国精神和中国效率的认同，提升课程思政的境界，落实立德树人的根本任务。

关键词　课程思政　疫情纪录片　纪录精神

课程思政是高校以习近平新时代中国特色社会主义思想为指导，以习近平总书记关于教育工作的重要论述为根本遵循，落实立德树人根本任务的重要举措，是构建德智体美劳全面培养的教育体系和高水平人才培养体系的有效切入，也是完善全员全程全方位“三全育人”的重要抓手。[1] 习近平总书记指出：“做好高校思想政治工作，要因事而化，因时而进，因势而新。”[2] 由于2020年初突发的新冠肺炎疫情，学校不能进行正常的线下课堂教学，教育部出台“停课不停学”的意见，各专业课

*　李瑞华，电影学博士，纪录片制作人，主要研究方向为私纪录片、纪录电影市场。

❶　韩宪洲 . 深刻认识“课程思政”的时代价值［N］. 人民日报，2019-08-18.

❷　习近平 . 把思想政治工作贯穿教育教学全过程 开创我国高等教育事业发展新局面［N］. 人民日报，2016-12-09.

程根据教学需要开展线上教学，这是配合疫情防控的需要，也是新环境下教育模式的改变。

突发疫情事件和教学方式的转变引发课程思政教学的改变，用好线上课堂教学这个主渠道，开展丰富的在线教学活动，发挥专业特色，不断地思考和挖掘专业课堂中的思政元素，主动化身“专业思政教师”，为学生传递疫情防控正能量。有效地发挥课程思政的育人功能，让学生们既能领悟短视频制作的专业性，亦能感受到在灾难面前令人震撼的中国力量，增强课程思政教育的针对性、时效性和创新性。

一、组织观看疫情纪录片，感受中国速度与力量

课程思政是将所有课堂作为育人主渠道，在疫情之下，线上课堂教学更要实现知识传授与价值引领的结合，落实好立德树人的根本任务。在全国上下万众一心抗击疫情的背景下，“及时地将疫情防控的人民战争、总体战、阻击战，特别是把习近平总书记的系列重要讲话精神和抗疫一线感人的鲜活事例，运用到特殊时期的思政工作中，增强思政工作的亲和力和针对性”[1]。审视短视频课程中的思政教学资源，组织学生观看疫情纪录片，运用鲜活的疫情素材，提高专业课程思政的时效性与针对性。

疫情发生以来，纪录片行业人员反应迅速，拍摄者们深入一线，用镜头真实记录下疫情期间的感人故事。《武汉：我的战疫日记》《温暖的一餐》《山河无恙》《武汉战疫纪》《中国抗疫志》《好久不见，武汉》等优秀纪录片层出不穷；同时，普通百姓在微博、哔哩哔哩、抖音、快手上制作与传播海量的抗击疫情短视频。这几种不同的媒介形式互相补充，移动微视频与电视纪录片互相配合，形成全网传播疫情纪录片的

[1] 俞跃 . 重大疫情下高校思政协同教育实践探微［J］. 浙江万里学院学报，2020（4）.

热潮，传递出逆行者的力量，讲述中国抗疫故事，向世界分享中国抗击疫情的经验，这些不同类型的纪录片是进行立德树人教育的鲜活素材。《武汉战疫纪》是一部英语新闻纪录片，用不同的人物、不同社会角色的故事，从不同角度展示了在面对2020年初新冠肺炎疫情的时候，武汉人民和全国人民的抗疫过程。通过观看这部纪录片，让学生对医护工作者、志愿者、快递员、外卖员、警察、社区工作人员等奋斗在一线的英雄致以崇高的敬意。通过观看并讨论《冬去春归 · 2020疫情里的中国》，让学生知道在这场没有硝烟的战斗中，每一位中国人众志成城的决心。在海内外引起讨论的《中国抗疫志》是一部中国抗疫白皮书式纪录片。这部纪录片直面问题，真诚探讨中国抗击新冠疫情的得与失；直面体制，揭示了中国抗击疫情的科学决策机制。学生们了解到疫情的暴发，固然暴露了中国体制中存在的问题，但另一方面，中国积极面对问题，快速控制了疫情的发展，彰显了中国共产党领导和中国特色社会主义制度的显著优势。

短视频教学中，线上线下观看疫情纪录片，抓住时机，在课程教学中加入思政内容，发挥纪录片的价值引领作用，让学生了解疫情的基本知识和疫情在国内外的情况，同时鼓励学生积极面对疫情，坚定中国抗疫必胜的决心，了解中国抗击疫情事实的同时，在感同身受中汲取抗疫精神，感受中国速度与力量。

二、以抗击疫情为题材进行短视频创作，传递疫情正能量

受新冠肺炎疫情的影响，人们被动“宅”在家里，在一个相对封闭的空间里，造就了短视频流量暴增现象，短视频日活度反超长视频，抖音、快手等短视频App的用户规模、使用时长均有较大幅度提升。与疫情相关的新闻发布会、抗疫一线、知识科普、人文关怀等各类短视频在防疫宣传中达到了良好的传播效果。比如“回形针”创作的《关于新冠肺炎的一

切》，两天内全网播放量超过1亿，彰显了短视频的价值。哔哩哔哩UP主Ele实验室在短视频《为什么现在不能出门？计算机仿真程序告诉你》中用正态分布模拟展现了疫情传播与暴发的过程，也引发极大关注。"知识科普类短视频"以强有力的视听节奏冲击了网友对知识传播和理解的壁垒，以社交为纽带的共享方式，让科学更轻易地就触达了人心。在科学防疫中，"短视频"功不可没。

习近平总书记强调，"要运用新媒体新技术使工作活起来，推动思想政治工作传统优势同信息技术高度融合，增强时代感和吸引力"。[1]在突发疫情和短视频井喷式增长的背景下，运用新媒体做好短视频课程的思政工作，如何创新、生产优质内容，成为短视频课程思政的重要现实性课题。在高校思政工作应该落实到实践创作中这一思想的指引下，短视频课程思政必须坚持思想性、理论性和实践性的统一，呼应疫情短视频内容的热潮，组织学生以"宅家抗疫"和"我身边的抗疫模范"为主题进行抗疫短视频创作，从学生的角度讲述抗疫最美的故事，传递抗疫最强力量。学生们创作了《北京按下播放键》《疫情之下》《疫情之下的我们》《疫情下的快递员》《疫情下的门卫》等大量的短视频，比如王海璐等创作的《疫情之下的我们》，讲述了四个女同学在疫情期间宅家的生活，采用第一人称的叙事方式，学生自己拍摄自己的日常，虽然不能正常回到学校，但是他们在家里坚持学习、网上兼职、照顾生病的家人，和爸爸妈妈一起下地干活，感受家乡土地的温暖，突发的疫情让四个女孩反思生活的意义与自我价值，这部短视频真实、生动、质朴，积极，在平静中传递出积极向上地面对一切突发事件的力量。王逸然创作的《疫情之下》聚焦身边的普通人，拍摄以自己爸爸为首的一群基层防控人员在疫情期间的付出与奉献，关注个体的生存，传递"小人物、大情怀和正能量"。还有许多学生拍摄了疫情期间给家人做饭、外出购物的Vlog，自我创作意

[1] 习近平．把思想政治工作贯穿教育教学全过程 开创我国高等教育事业发展新局面［N］．人民日报，2016-12-09.

识浓厚，个人色彩突出，丰富了疫情短视频的传播内容，呈现出多样的视角与感悟。

引导学生通过完成各种疫情短视频的拍摄和传播任务，拓展了课程思政的时间和空间，延长课程思政的时效性，在实践的过程中不断提高短视频拍摄水平，加强社会责任教育，从而提升价值引领和意识形态教育效果。

三、坚守纪录理想，学习最美逆行者的职业精神

习近平总书记强调，要构建全员、全程、全方位育人格局，使各类课程与思想政治理论课同向同行，形成协同效应，把“立德树人”作为教育的根本任务。“培养什么人，是教育的首要问题。我国是中国共产党领导的社会主义国家，这就决定了我们的教育必须把培养社会主义建设者和接班人作为根本任务，培养一代又一代拥护中国共产党领导和我国社会主义制度、立志为中国特色社会主义奋斗终身的有用人才。这是教育工作的根本任务，也是教育现代化的方向目标。”[1]根据习总书记思政精神的引领方针，把培养什么人作为教育的首要任务，短视频教学课程思政的第三个切入点放置在学习疫情防控第一线的最美逆行者，坚守纪录理想，培育有职业精神的传媒人才。

这次突发疫情事件，除了医护人员等冲在一线的人，还有一群无所畏惧的人，一路披荆斩棘，用镜头记录防疫一线的故事，他们就是纪录片人和新闻工作者。湖北广播电视台在全台范围组建战“疫”纪录片摄制团队，深入医院、街道、社区、部队进行跟踪拍摄，力图用鲜活的镜头，全景观地记录战疫中医护人员、市民、志愿者、军人以及患者抗击疫情的真实故事和动人场景。优酷人文的多个团队在2月初就到达了武

[1] 习近平．把思想政治工作贯穿教育教学全过程 开创我国高等教育事业发展新局面［N］．人民日报，2016-12-09.

汉和其他疫情中心区，他们是最早对疫情做出反应并着手调研拍摄的互联网纪录片团队。“纪录片人这个时候就应该像战士一样冲在第一线，记录历史、记录时代。这一点我觉得大家还是达成了共识的。”《冬去春归》的总制片人张伟说。[1]《好久不见，武汉》的导演竹内亮为了拍摄纪录片，承担着巨大的压力，不知道武汉是不是真的安全，公司员工也反对他去武汉拍摄，而摄影师和编导瞒着家人到武汉出差。这些冲在一线的纪录片人，尤其是进入重症隔离病房和重症病人治疗室（红区）拍摄的人，冒着随时被感染的风险，但是以呈现真实为理想的纪录片人，依然前行，加入逆行队伍，无所畏惧的纪录精神和抗疫精神是融合在一起，为普通民众还原一个个真实的抗疫现场，有力地承担防控宣传和文化服务的责任使命。

把抗疫过程中的纪录片人的故事变成教育教学中的“活教材”，有效地发挥“课程思政”润物细无声的育人功能，培养学生不畏艰难、尽忠职守的敬业精神和敬畏生命、崇尚真理的科学精神，对人和生活真相锲而不舍的探索精神。学生们学会用双脚丈量大地、用镜头记录社会，记录真实、发现真实有助于这个世界变得更好，从而最终培养具有良好的思想境界、人文情怀和社会责任的人，成为一个具备政治洞察力、真实发现力的人。

结　语

在疫情下短视频教学的课程思政中，提高短视频教学与思想政治的结合度，让学生亲身体会和创作，把疫情纪录片当教材，以抗疫精神和纪录精神做引领，在抗疫中汲取拍摄素材，传递积极的社会能量，是短视频教学在思政课堂融合环境下得以发展的途径，由此，落实课程思政的

[1] 吴翔．待疫情散去后，纪录片人镜头下这些残酷时刻的温柔瞬间都会被记住［N］．新民晚报，2020-03-05.

社会实践，开展丰富的在线教学活动，实现在线教学思想性与知识性、实践性的统一，赋予专业课程价值引领的重任，提升深化课程思政建设的境界和情怀，落实好立德树人的根本任务，实现专业教学与思政内容的同频共振。

课程思政视域下“传播学概论”教学设计与实施初探*

冯春海**

摘　要　“传播学概论”既是新闻传播学科的专业核心课程，又蕴藏着丰富的德育元素和思政资源。本文从课程思政视角切入，应用系统方法，从专业教学内容、思政资源、教学模式与方法、考核方式四个方面分析“传播学概论”课程教学中存在的问题，并提出了新的设计构想与可能的实施路径。

关键词　课程思政　传播学概论　教学设计　实施

从全国高校思想政治工作会议到全国教育大会，到教育部全面推动“金课”建设，到学校思想政治理论课教师座谈会，再到《高等学校课程思政建设指导纲要》，无不显示出“思政”和“课程”的重要性。新闻传播类专业课程与政治和意识形态的密切相关性决定了其在思政建设中的地位，“传播学概论”作为专业核心课程更是重中之重。本文结合笔者的教学实践与观察思考，从专业教学内容、思政资源、教学模式与方法、考核方式四个方面分析“传播学

---

*　本文系北京联合大学2020年校级教育教学研究与改革项目：移动互联和课程思政双重视域下网络教学设计、实施与效果研究，2020年应用文理学院“传播学概论”教学创新课程项目的阶段性成果。

**　冯春海，男，北京联合大学应用文理学院新闻与传播系讲师，传播学博士，主要研究方向为应用传播。

概论”课程教学中存在的问题，并提出新的设计构想与可能的实施路径。

一、专业教学内容设计

传播学原理或传播学概论作为新闻传播学科的专业核心课程，其课程体系与教学内容至关重要。蒋晓娜认为，传播学原理课程知识更新快，现有教材中的内容体系更新慢，学科前沿问题难以涉及。[1]李薇同样指出此问题：学生感兴趣的新的传播现象、新的传播实践和新的传播方法技巧以及规律无论是在教材还是课堂教学中都很少提及，甚至完全没有涉及。[2]这既无法有效提高学生的专业素养，也难以实现专业课程的思政效果：润物无声，立德树人。

针对这些问题，结合笔者学习和教学实践的长期观察研究，“传播学概论”课程教学内容设计需遵循五大原则：各种传播类型结合，中西结合，专业性与思政性结合，经典性与现代性结合，理论性与实践性结合。

第一，现有课程体系与教学内容多以“大众传播”为核心，对自我传播、人际传播、群体传播和组织传播等其他传播类型不够重视，或根本就没有涉及。这些传播类型的现象与实践恰恰最贴近人类日常生活传播，最能够影响人的性格、人格与人际关系等，最能有效立德树人。所以，“传播学概论”课程体系与教学内容设计在突出大众传播时，必须补充和加强其他传播类型的内容，尤其是自我传播和人际传播。

第二，现有课程体系与教学内容多以西方，尤其是美国经验学派相关成果为主建构和组织。中国传播现象与实践的相关研究更多的是为西方传播学理论进行注脚，本土文化、本土规律和本土理论十分稀少，从孙旭培主编的《华夏传播论》[3]到谢清果主编的《华夏传播学引论》[4]，屈指可数，在课程体

---

[1] 蒋晓娜 .《传播学原理》教学模式探索［J］. 中国校外教育，2011（11）.

[2] 李薇 . 新媒体时代《传播学概论》课程教学改革探讨［J］. 今传媒，2017（6）.

[3] 孙旭培 . 华夏传播论［M］. 北京：人民出版社，1997.

[4] 谢清果 . 华夏传播学引论［M］. 厦门：厦门大学出版社，2017.

系和教学内容中的融入更是寥寥。这样，中国优秀文化的育人功能自然失去了基础。所以，“传播学概论”课程体系与教学内容设计必须坚持中西结合原则，将西方传播学与华夏传播学优秀理论成果有机结合，融为一体。

第三，“传播学概论”作为新闻传播学科的专业核心课程，与意识形态有着天然而紧密的联系，再加上华夏传播研究成果的注入，其文化资源和德育资源非常丰富，有利于全程育人和全方位育人。因此，“传播学概论”课程体系与教学内容设计必须将专业性与思政性有机结合，将专业知识与思政资源融合，实现知识传授、能力培养和价值引领的统一。

第四，传播学经典理论由于其开放性和反思性，虽在不断地更新与完善，但仍有一定的普适性、解释力和生命力。因此，“传播学概论”课程体系与教学内容设计一方面要注重基础性和经典性，那些最基本的具有持久生命力的经典理论必须纳入其中；另一方面要注重先进性和现代性，紧密联系社会现实，将新观点、新方法和新理论等前沿研究成果及时融入。这样，课程体系和教学内容才是完整而科学的。

第五，由于“传播学概论”课程被定位为理论课，所以在课程体系和教学内容设计时，理论讲授偏多，实验实践实训少，从而导致学生运用相关理论分析传播现象和指导传播实践的能力不足，难以适应全媒体时代复合型传播人才的实际需求。所以，“传播学概论”课程体系和教学内容设计在讲授理论的基础上，必须加强实践环节和内容，将理论学习和实践有机结合。

综上所述，“传播学概论”课程体系与教学内容总体设计可以包括如下九部分内容：理解传播；自我传播与人际传播；群体传播与组织传播；大众传播之控制研究；大众传播之内容研究；大众传播之媒介研究；大众传播之受众研究；大众传播之效果研究；批判视角看传播。进而全面建构网络时代的人类传播理论体系，打造“日常生活中的传播学”，使学生健全人格、完善自我、搭建和谐人际关系，提升其媒介素养和网络素养，培养全媒体时代复合型新闻传播人才。

二、思政资源融入

“传播学概论”专业课程欲充分发挥思政作用，必须在专业教学内容设计的基础上深度挖掘其蕴含的思想政治资源和德育元素，并巧妙地融入专业教学内容体系之中：“既要善于借助专业课的载体呈现思政元素，更要善于利用思政元素培育学生的专业素养，实现双方的互相促益，使‘知识传授’与‘价值引领’能同频共振。”[1]

具体而言，在设计完九个单元的专业知识体系基础上，挖掘出三条思政德育线：马克思主义传播观及其中国化的最新成果；社会主义核心价值观；数字时代的“媒介素养（网络素养）”。专业内容和思政资源交叉构成了“传播学概论”课程思政矩阵，如表 1 所示。

表 1 “传播学概论”课程思政矩阵

章	节	核心专业知识点	主要思政资源
理解传播	传播的观念	两种传播观	春晚仪式，公祭仪式 家国情怀，中国人身份认同
		三种共同体	电影《流浪地球》，新冠肺炎疫情 人类命运共同体
	传播符号与意义	语言符号抽象阶梯 应用启示	“中国梦”的具象阐释 新冠肺炎疫情报道的微观叙事 外交部发布的“模糊策略”
		非语言符号类型 · 功能 沟通三维理论 应用启示	言谈举止与个人形象 新闻发言人非语言符号妙用 彭丽媛“魅力外交”
	传播类型与形态	传播类型与形态	“和”文化与价值
	传播过程与模式	传播的 5W 模式	国家形象宣传片的 5W
		菌丝模式	谣言扩散，民意的形成
	传播结构与功能	传播功能代表性成果 人类传播的功能	辩证思维和辩证分析 人类传播的正负功能

[1] 周珂 . 新闻传播课程教学中思想政治教育资源的挖掘探析［J］. 西部广播电视，2017（21）.

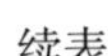

续表

章	节	核心专业知识点	主要思政资源
自我传播与人际传播	自我传播	自我传播内涵与特点 自我传播动机与功能	每日三省吾身，日记 · 日志 健全人格，身心和谐的接班人
		主我与客我理论	
	人际传播	初级群体与“镜中我”	家庭和学校中的人际传播 “镜中我”意义与价值 和谐的人际关系
		印象管理理论	日常交往中个人形象管理
群体传播与组织传播	群体传播	群体传播特点与过程	正确进行偶像崇拜 避免非理性的集合行为
		集合行为	
		谣言传播	科学谣言观 谣言辨识与治理
	组织传播	组织内传播	共产主义思想的组织传播 疫情打卡与联大组织传播 联合大学在线组织传播效能 班级与社团文化建设
		组织外传播	
控制研究	谁是“传播者” 把关理论与机制 网络时代的把关	把关理论的演进 把关环节、过程与实质 社会主义把关	“四个导向” 正面宣传与舆论监督统一 党性与人民性的统一 网络信息内容生态治理规定 网络道德与法律法规 新时代做中国好网民
内容研究	内容之“说什么” 内容之“怎么说”	内容构建金字塔模型 戏剧五因理论 修辞理论	国外媒体中国抗疫报道框架 新冠肺炎疫情报道的“大格局”与“微内容” 中外修辞三要素与文化 立德、立功、立言“三不朽”
媒介研究	媒介演进与发展 媒介类型与特点 媒介相关理论	媒介进化理论 媒介类型、特点和应用 英尼斯的媒介理论 麦克卢汉的媒介理论	媒介融合与疫情 / “两会”报道 社会主义核心价值观传播渠道 电子阅读与纸质阅读利弊 文字主导与视频主导阅读的长期影响

续表

章	节	核心专业知识点	主要思政资源
受众研究	受众观 受众研究范式 受众相关理论	受众四种话语 受众三种研究传统 选择性接触理论 使用与满足理论	理性称职的受众 理性选择、辨识和使用信息 合理使用媒介满足正当需求 避免媒介依赖和上瘾 跨文化传播与中国形象
效果研究	传播效果内涵与类型 传播效果研究的发展阶段与成果 经典的传播效果理论	意见领袖理论 创新扩散理论 说服理论 议程设置理论 培养理论 沉默的螺旋理论 知沟理论 媒介素养与网络素养	网络大V不端行为治理 新产品、新政策的创新扩散 两面提示与中国形象构建 议程设置与有效舆论引导 刻板成见与联大形象 “三观”的形成与培育 坚持真理（多数未必正确） 新冠肺炎疫情城乡教育数字鸿沟
批判视角看传播	传播学派 信息时代的媒介素养	经验学派 技术学派 批判学派	批判学派的马克思主义源流 批判学派的四个分支（法兰克福学派、政治经济学派、文化学派和结构主义学派）代表性人物与核心观点 批判思维 网络时代的媒介素养提升

由上观之，“传播学概论”课程专业知识与思政资源彼此交叠、相互嵌套，可有效立德树人：从自我认知与人格养成建构身心和谐的自我，从识己到识人建立和谐的人际关系，从“传”“受”一体掌握媒介素养和网络素养的合格新闻传播人才到合格的新时代社会主义接班人。

三、教学模式与方法革新

无论是专业教学内容的分享，还是思政元素的融入，都离不开“课堂教学”主渠道。

1. 教学模式革新

首先，由传统课堂教学转向智慧互动教学。我国现行的大学课堂教学模式受苏联影响较大。苏联教育家凯洛夫提倡将组织教学、导入新课、讲授新课、巩固新课和布置作业等五个环节结合的教学模式。[1]这种单向的线性教学模式最突出的特点就是“满堂灌”，学生的主体性、互动性和参与性非常弱。这就造成了教师“热情”讲授和学生“冷漠”玩手机的冰火两重天的现象。知识传授的效果很弱，更不用说能力培养和价值引领了。

这就需要由传统单向讲授为主的教学模式向基于新媒体的双向互动教学模式转向。“利用新媒体建立师生互相交流的信息平台，显示出现代教学的显著新特性，即创新性、先进性、贴近性、覆盖性，以及实时性和互动性。”[2]相较于传统课堂教学而言，新媒体教学模式契合学生媒介使用偏好、信息接收和认知习惯的变化，满足当代大学生渴望平等参与、互动交流和自我展示的心理需求，遵循学生感性认知的规律，调动学生学习的积极性、主动性和参与性，盘活课堂教学这个师生共生的场域，提高了知识传授、能力培养和价值引领的效果。这种转向既考虑了作为教学客体的学生的习惯，又尊重了作为教学主体的学生的需求，兼顾了学生的客体性与主体性。在这种转变下，课堂教学由单一文本呈现转向多媒体“富文本”展示，由单向传播走向双向互动。

从传统课堂教学到新媒体互动教学的利器之一是“雨课堂”，它突破传统课堂的时空局限，适合各种教学理念与方法创新实施与整合，解决了“课时少与内容多”“传统课堂单向传播与双向互动需求大”等矛盾，盘活了教与学，有助于教学效率、效果与品质的提升。在“传播学概论”课程中引入“云班课”和“雨课堂”等智能教学平台，效果显著。

其次，从演绎教学转向归纳教学。从教学论的视角看，目前我国课堂

[1] 张利民 . 课堂教学模式的选择与应用［J］. 陕西教育学院学报，2004（1）.

[2] 吕延昌 . 新媒体下课堂教学的创新与拓展［J］. 科学与财富，2016（29）.

教学模式主要有演绎教学和归纳教学两种，而且以演绎教学为主，归纳教学较少。[1]新媒体时代，大学生更喜欢视觉信息，并基于此形成了感性认知行为。由浅入深，由个体到一般的归纳教学模式更加适合这种认知习惯。因此，课堂教学过程的组织模式需从演绎教学转向归纳教学。比如，在讲解“两种传播观”时，演绎教学通常是先讲解“传递观”和“仪式观”的概念、区别和联系，然后再举例分析，效果不是太理想；归纳教学则是从“春晚”这一学生熟悉的传播现象与实践切入，通过投票调研、弹幕互动与现场讨论看春晚和不看春晚的原因与理由，然后激励学生总结概括背后的传播观，教师再进行深入剖析。这样由浅入深，由个体到一般，学生不仅理解得快、掌握得牢，而且训练了思维方式和学习方法。

2. 教学方法革新

在新媒体智慧教学和归纳教学模式下，“传播学概论”课程教学可以引入视频案例教学、互动教学和项目式教学等多种教学方法。

传播学专业理论与现实传播现象密切相关，其所蕴含的德育和思政元素多是以“点”的形式存在，案例教学是非常适宜的一种教学方法。作为一种经典的教学方法，在新媒体时代，案例教学需要创新使用。通过长时间的探索与实践，“案例视频化”是一个不错的选择：围绕着某个专业知识点或思政点，通过主题视频案例形式，由具体到一般，组织学生分析讨论，然后教师深入剖析、总结和点评。比如，通过“领导人是怎样炼成的”、“中国共产党与你一起在路上”、国家形象最新宣传片、“我们都是追梦人”和“我们都是奋斗者”等时政微视频案例组织教学过程，同学们既学习到了专业知识与传播技能，又了解了时政知识，提高了政治素养，一举多得。

互动教学与其说是一种方法，不如说是一种理念。教师可以通过现场提问、辩论等传统方式进行互动，也可以借助“雨课堂”的投票、弹幕和

[1] 王鉴，田振华．从演绎到归纳：教学论的知识转型［J］．教育理论与实践，2013（4）．

投稿等方式开展创新互动。比如，在通过春晚讲解“两种传播观”时，看春晚和不看春晚、春晚有用和无用、春晚存在的必要性等问题都可以利用多种互动方式进行讨论、辩论和对话，实践证明效果是很好的。无论哪一种互动方式，都是为了调动学生的积极性和参与性，发挥其主体性，实现真正意义上的互动。所不同的是，传统互动方式局限在课堂上，规模有限；新兴互动方式则可以延展到线下，包括课前、课中和课后，实现全程大规模互动。

项目式教学以学生为主体，以项目为载体，“学中做，做中学”，理论与实践结合，深受学生欢迎。“传播学概论”课程性质虽被定位成理论课程，但实践资源和内容却异常丰富。结合专业教学内容和思政资源，“传播学概论”课程可以设计和组织如下项目，开展项目式学习：自我传播方面，可以重新认识自我、自我解剖、给自己的一封信等方式设计自我传播项目；人际传播方面，可以一封家书、舍友沟通计划、恋爱中的人际关系等设计人际传播项目；组织传播方面，可以班级、社团和工作群等设计组织传播项目；大众传播方面，可以北京联合大学形象、北京城市形象、中国共产党形象、社会主义核心价值观、中国梦与中国国家形象等设计大众传播项目；国际传播方面，可以留学生之友、个人照片与中国相册等设计国际传播项目，具体如表 2 所示。

表 2 “传播学概论”项目教学设计

专业知识	思政资源	项目设计
自我传播	身心和谐，人格健全 认识自我、完善自我、超越自我	每日三省吾身
人际传播	和谐的人际关系 镜中我与人际形象管理	一封家书
组织传播	和睦融洽的学习型组织 组织文化与价值观建设 社会主义核心价值观	班级文化建设 联大校训内化 社会主义核心价值观内化

续表

专业知识	思政资源	项目设计
大众传播	传播与社会的关系 和谐社会构建	北京联合大学形象 北京城市形象
国际传播	天下大同 和平、和谐世界	留学生之友 个人照片与中国相册
“和”文化与“和谐”价值观		

总之，无论是教学模式还是教学方法革新，其核心都是从“以教师为中心”向“以学生为中心”教学范式的转换，重构教与学、教师与学生的关系，充分调动学生学习的积极性、自主性，完全激活和释放学生主体的能量，更好地立德树人。

四、考核方式创新

与教学模式和方法革新相匹配，“传播学概论”课程考核方式也应该加以突破和创新。

首先，从纯粹结果导向向过程性评价转变。在“传播学概论”课程引入“云班课”和“雨课堂”智能教学平台之后，可以实现对课前、课上与课后教学全过程的全景式数据收集和立体分析，实时、准确、全面、客观，有利于评价方式从结果向过程转变。这对于学生、教师和管理者都是一种利好：学生可以实时知晓和掌握自己的学习情况，进而有重点地复习巩固；教师能够根据实时数据，及时调整教学内容与方法，对学生进行个性化解疑释惑；管理者则可以根据大数据进行智慧管理。

其次，从封闭式考核向开放性考核转变。无论是平时还是期末考核，“传播学概论”课程的主要考核方式是封闭式试卷，这虽然有利于知识的考核，但不利于能力、思维方式和价值观等的考察。所以，应该增加开放性考核方式：以“传播学概论”课程目标为导向，以知识探究、能力培养和价值塑造为旨归，与教学内容、教学模式和方法相匹配，增加论文式、项目式、答辩式和方案式等开放性考核方式，突出应用能力和学生学习成果增量的评价，突出技能、思维方式方法和价值观方面的考核。比如，“当代大学生社会主义核心价值观认知与践行现状、问题与对策”可以是论文形式，也可以是调研报告形式或方案作品形式，既能够考察知识掌握程度，又可以考察运用知识解决实际问题的能力，同时培养了学生团队合作精神，使社会主义核心价值观得以有效内化，一举多得，效果远好于封闭式试卷考核。

结　语

总之，教学系统是由教师、学生、教学内容、教学媒介、教学方法和考核方式等要素构成。基于学生特点，通过专业教学内容设计、思政资源融入、教学模式与方法革新、考核方式创新等进行“传播学概论”课程的重新设计并加以优化实施，有助于知识传授、能力培养和价值观涵化，有助于全程育人和全方位育人，最终培养德才兼备的新闻传播人才与合格的新时代社会主义建设者和接班人。

融媒视域下“新闻学原理”课程思政的实践与探索 *

刘文红 **

摘　要　“新闻学原理”是新闻学专业核心理论课程，具有较强的意识形态性、现实针对性和理论阐释性，可以很好承担课程思政的功能。本论文结合“新闻学原理”的课程思政实践，探讨其课程思政教学中存在的问题，以及可实现的路径。

关键词　新闻学原理　课程思政　实践路径

2018 年 10 月，教育部、中宣部联合发布《关于提高高校新闻传播人才培养能力实施卓越新闻传播人才教育培养计划 2.0 的意见》，提出未来新闻传播教育的总目标是：“建设一批马克思主义新闻观研究宣传教育基地，打造一批中国特色、世界水平的一流新闻传播专业点，形成遵循新闻传播规律和人才成长规律的全媒化复合型专家型新闻传播人才培养体系，培养造就一大批适应媒体深度融合和行业创新发展，能够讲好中国故事、传播中国声音的优

---

*　本文系北京联合大学 2018 年度教育教学研究与改革重点项目“‘新闻学原理’课程思政建设研究与实践”（JJ2018Z017）的研究成果。

**　刘文红，女，北京联合大学应用文理学院新闻与传播系讲师，新闻学博士，主要研究方向为融合新闻理论与实践。

秀新闻传播后备人才。”[1]在众声喧哗的时代，职业新闻传播是一项重要而艰巨的工作，它能够在信息混杂的“乱码世界”给公众一种清晰的声音。清晰的声音背后要有明确的传播理念，隐含着清晰的理性引导和价值导向，所以卓越新闻传播人才培养教育对新闻理论的教与学都提出了更高的要求。

“新闻学原理”作为新闻学专业核心课程和主干课程，主要介绍新闻学的基础知识、基本概念和基本理论，为今后的新闻学业务课程打好专业理论基础。“新闻学原理”课程在新闻学专业教学中占据着举足轻重的地位，通过新闻理论知识的学习，培养学生坚持马克思主义新闻观，坚定新闻理想，增强学生的专业认同感和归属感，提升学生对中国社会现实的全面、客观认识，并愿意为成为“党的政策主张的传播者、时代风云的记录者、社会进步的推动者、公平正义的守望者”而努力奋斗。

该课程具有较强的意识形态性、现实针对性和理论阐释性，可以很好地承担课程思政的功能。如何挖掘课程本身所蕴含的思想政治元素，有机融合到课堂教学中，实现立德树人，是新闻学专业教师需要深入思考的问题。就笔者的教学实践而言，马克思主义新闻观、习近平总书记关于教育工作的重要论述及关于新闻工作的重要论述、教育部的政策指导以及北京联合大学关于课程思政的实践探索，都为“新闻学原理”开展课程思政建设提供了丰富的养料。本文结合近两年“新闻学原理”课程思政中的实践，探讨“新闻学原理”课程思政的路径。

一、深化课程性质的认识——把握好课程建设中的三对关系

1.“新闻学原理”与“马克思主义新闻观”课程的关系

从一定意义上说，二者都属于新闻理论课程的范畴，旨在引导学生正

[1] 关于提高高校新闻传播人才培养能力实施卓越新闻传播人才教育培养计划2.0的意见［EB/OL］.（2018-10-08）［2020-03-20］.http://www.moe.gov.cn/srcsite/A08/s7056/ 201810/t20181017_351893.html.

确认知关于新闻的一系列基本理论问题，培养学生的理论思维能力。[1] 新闻学原理又称新闻学理论或新闻学概论（概论是理论深度与内容简化的新闻理论），是对人类新闻活动基本知识和一般规律的揭示，经过中外学者长时间的理论积累，以构建普遍原理体系为目标。[2] “新闻学原理”课程主要从宏观、中观和微观视角去考察新闻、新闻活动及新闻事业，其讲授的部分内容会在“马克思主义新闻观”课程中有所涉及。教师和学生也会对这两门课程的关联产生困惑。但实际上，这两门课程既有联系又有区别。新闻学原理侧重新闻学一般理论，其中也包含和吸纳了西方新闻学中体现的真理性内涵。西方对新闻传播规律的认识比我们早，在很多领域形成了较为丰富的理论资源，这些理论资源可以丰富我们的新闻理论内涵。[3]

而马克思主义新闻观是马克思、恩格斯在报刊实践与理论斗争的急流中催发而成的新闻思想体系，它内嵌于马克思主义整体理论框架之中，渗透着对资本主义社会人被迫接受资本运作的内在逻辑的批判以及对人的现实性回归与世界交往的价值追求。[4] 该课程主要讲授马克思主义经典著述和中国共产党的历代领导人关于新闻、新闻工作和新闻事业等方面的重要论述。两者的区别是显而易见的。

2.“新闻学原理”与“传播学原理”课程的关系

“新闻学原理”与“传播学原理（概论）”都是新闻学专业的理论基础课程，两门课程间有交叉、补充，并互相支持和影响，但从研究对象、研究方法和理论框架而言，仍然是两门课程。“新闻学原理”课程局限于新闻现象和新闻活动的研究，而“传播学原理”课程侧重于传播基础理论

[1] 丁柏铨．略论马克思主义新闻观课程建设和其他相应建设［J］．当代传播，2018（6）．

[2] 刘建明．提升党媒理论的中国特色与新闻学原理的国际影响力——兼论习近平哲学社会科学思想的精辟论断［J］．新闻爱好者，2017（10）．

[3] 骆正林．卓越人才培养与新闻理论“教”“学”［J］．青年记者，2020（1）．

[4] 朱清河，宋佳．文献学视域下马克思主义新闻观中国化的历史进路［J］．陕西师范大学学报（哲学社会科学版），2020（1）．

的介绍和一般性课题的研究，要求学生理解和掌握人类传播的观念、过程和结构、类型与原理，并能够运用传播学理论分析和解释人类传播现象，指导传播实践。传播理论扩展了新闻理论研究的视野，给新闻学研究提供了新的理论和启示。此外，新闻学原理更注重与新闻实践的结合，是今后进一步研究新闻史、掌握新闻业务和媒介经营管理的理论基础。

3. 新闻理论与新闻传播实践的关系

新闻理论是一种应用性理论，其与媒介发展密不可分。当前进入了智能媒介时代，人类新闻活动在生产、传播、收受、管理等方面进入了前所未有的状态，新闻理论也要从大众传媒时代关注职业新闻活动转变为同时关注职业与非职业新闻活动。媒介社会化使得新闻学的研究对象的内涵和外延都进行了扩展，原有的关于传者和受众的理论边界消融，初步形成了一个“共享”新闻资源、“共产”新闻文本、“共绘”新闻途径的共同主体时代。[1]但需要注意的是，新闻理论聚焦新闻传播实践并不是完全摒弃原有的理论，而是在其原有基础上进行扬弃和发展，新闻传播实践有着鲜明的时代特征，依据新闻实践进行概括而形成的理论以及对新闻传播规律的认知，是前后相通的。

“新闻学原理”是一门理论联系实际的课程，因此，在教学过程中，除了基本原理和基本讲授外，还要侧重于新闻学基础理论的介绍和追踪新闻学科前沿发展和业界实践现实的研究，要求学生在学习过程中将理论与实际相结合，特别是要联系当前媒介融合、新闻业面临转型发展的现状，运用所学理论和方法去研讨和解决实际的新闻传播问题。

二、建立符合课程特点的思政体系——思政元素的挖掘

在厘清“新闻学原理”课程性质及与相关课程关联之后，就要思考如

---

[1] 杨保军 . 新闻理论教程（第四版）[M] . 北京：中国人民大学出版社，2019：105.

何挖掘思政元素，并在教学中内化于其中。“课程思政”要求把做人做事的基本道理、把社会主义核心价值观的要求、把实现民族复兴的理想和责任融入各类课程教学之中，实现立德树人润物无声。[1] 基于此，“新闻学原理”课程是以马克思主义新闻观为统领，结合当前融媒改革实践，把习近平新时代中国特色社会主义思想和社会主义核心价值观融入教学过程中，培养学生的责任担当。

1. 思政元素挖掘要以马克思主义新闻观为指导

从课程内容来讲，虽有不同版本的新闻学原理教材，因体系不同知识点也存在差异，但绝大多数新闻学原理课程都要包含以下内容：新闻理论辨析、新闻本体论、新闻传播活动、新闻事业及产业。具体来说，在分析四种新闻理论时，要运用历史唯物主义和辩证唯物主义理论进行辨析，进行辩证批判而不是全盘否定或肯定，要认识到理论发展的脉络。又如，在介绍新闻本体论时，新闻定义是新闻学的逻辑起点，要结合陆定一的《我们关于新闻的基本观点》等经典文献来梳理新闻定义，要把中外新闻学者关于新闻理论的界定融入课程教学中，并用发展的眼光来看待新闻概念的变迁。在分析新闻与宣传、新闻与舆论关系时要以习近平总书记在全国宣传思想工作会议上的讲话以及在党的新闻舆论座谈会上的讲话为指导，要充分认识到习总书记所提出的当前舆论工作的新挑战，依托具体案例，充分论证当前媒介环境下和国际形势下如何进行正面宣传，实现正确的舆论导向。

但需要注意的是，新闻学原理的课程思政元素的挖掘不是生搬硬套马克思主义新闻观，也不是提前介绍马克思主义新闻观的内容，使学生混淆两门课程的内容，而是在分析基本概念、基本理论和基本知识时依托马克思主义新闻观进行辨析，认识到新闻具有主观属性，我国的新闻传播工作要符合社会主义核心价值观和意识形态，要符合由此而来的宣传要求和舆论导向。

---

[1] 韩宪洲 . 深化“课程思政”建设需要着力把握的几个关键问题［J］. 北京联合大学学报（人文社会科学版），2019（4）.

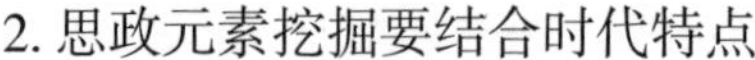

2. 思政元素挖掘要结合时代特点

新闻学原理是一门来自新闻传播实践又对实践有指导作用的理论课程，这就决定了其思政元素的挖掘不是从理论到理论，而是要站在当前的时代背景下，要依托鲜活的新闻传播实践，与时俱进，从实践的立场丰富多样化的新闻创新与转型现象的研究领域。如新闻事业及产业板块中，在介绍新闻事业的功能时，一定要结合党的十九大报告中所提出的当前社会主要矛盾的变化的观点，要结合国内外形势，尤其是新冠肺炎疫情以来的国际环境的变化，让学生认识到传播环境的复杂性，从而对我们的主流媒体要牢牢掌握意识形态领导权这一论断有充分的理解。在分析新闻传播活动时，原有的在新闻生产、新闻分发以及新闻传播效果方面的理论认知已经不能反映当前复杂而生动的新闻传播实践，在课程教学中要以习总书记2019 年 1 月 25 日在人民日报社关于“四全”媒体和媒体融合的讲话精神为指导，扩展理论研究的维度，将新闻场域、新闻生态等社会组织路径和文化研究路径引入新闻学研究中，帮助学生更好地理解和分析当前的新闻传播实践。

三、构建有效的课程思政教学模式——思政元素的融入

在教育学领域，有一个普遍认同的说法是，中学是 learning and teaching，大学是 studing and guiding。大学更应注重学生价值导向的引领和学习能力的培养。“新闻学原理”是专业理论基础课程，本身具有丰富的思政元素且价值取向明确，其在新闻专业教学中的地位不言而喻。除了课程体系构建外，如何创新课程教学模式，有效融入思政元素，实现立德树人是该课程教学改革的重点与难点。

1. 以课堂为主渠道，以马克思主义新闻观为指导，采用问题导向式，注重案例教学，将价值引领与知识传授相统一

习近平总书记在哲学社会科学工作座谈会上的讲话中指出：“坚持问

题导向是马克思主义的鲜明特点。”❶ “新闻学原理”是一门来自新闻实践、指导新闻实践的鲜活的理论课程。在课堂教学中，要坚持以问题为导向，紧密联系学生思想，要带着强烈的问题意识，回应他们的关切。要解决学生们所关心的新闻理论与实践中的各种热点、疑点和难点问题，了解把握他们的所思所想所需所求，直面他们在理论和实践中的困惑与问题，并旗帜鲜明地阐述观点、表达立场。在多元价值观下成长起来的“95后”大学生，排斥一切说教与生硬灌输，因此在敏感问题的设置与导向方面要精心设计，巧妙处理，且注重说服力。

例如：在“新闻与舆论”一节的教学中，在基本的概念讲述之后，通过最新的新冠肺炎疫情的现实案例引导学生思考如下几个问题：（1）如何认识习近平总书记提出的八个“全面讲导向”？舆论导向需要管得那么严吗？（2）为什么要把网上舆论引导作为新闻舆论工作的重中之重？（3）如何把握好舆论引导的时、度、效？

通过与学生的讨论与解析，在教学中，融入以下课程思政元素：

（1）舆论导向正确，党和人民之福；舆论导向错误，党和人民之祸（江泽民）；

（2）舆论引导正确，利党利国利民；舆论引导错误，误党误国误民（胡锦涛）；

（3）新闻舆论工作各个方面、各个环节都要坚持正确的舆论导向（习近平）。

“新闻学原理”课程既是新闻学专业的重要理论课，又兼有培养学生新闻专业理想的职能。正因如此，学生对课程的接受度和认可度是至关重要的。如果来自学生的反馈信息是肯定和基本肯定的，那么，课程对学生的正面影响作用就比较大；相反，则情况不容乐观。所以，在课程教学中，既要注重内容传授，还要注重价值引领，既不能无视学生的合理需

---

❶ 习近平．在哲学社会科学工作座谈会上的讲话（全文）[EB/OL]．(2016-05-18)[2020-03-20]．http://politics.people.com.cn/n1/2016/0518/c1024-28361421.html.

求，也不能将就学生，忽视学生中有待引导的因素，这样才能有效实现立德树人的任务。

2. 借助“千人互聘计划”，学界与业界双导师融合，扩大教师视野，提升学生社会感知度

我校自 2014 年始落实高校与新闻单位“千人互聘计划”，至今已实施 5 年，先后派出徐梅香、惠东坡、卢莎、张春华、刘文红 5 位教师赴千龙网、中国青年报·中青在线、北京电视台、北京人民广播电台、北京时间新媒体集团等媒体单位行业挂职。与此同时，中央人民广播电台、光明日报社、中国日报社、北京日报社、中国青年报社、北京电视台、北京人民广播电台、法制晚报社、北京青年报社等媒体单位业界专家来我校新闻学专业任教，他们先后讲述“新闻学原理”“新闻采访与写作”“新闻编辑”“马克思主义新闻观”“新闻伦理与法规”等核心课程。

北京日报社高级记者彭俐主要讲授“新闻学原理”课程。彭俐老师博学、风趣，教学中结合自己在北京日报社制作的视频谈话，如《北京 2008 奥运会珠峰火炬登顶记者采访追述》《1999 年澳门回归北京盛大庆典仪式记者采访回顾》《1977 年、1978 年中国高等教育高考恢复追忆》《20 世纪七八十年代北京冬储大白菜往事》等中国改革开放以来重大事件和人民生活改善历程等表达中国文化自信、民族精神、家国情怀和奋发进取的正能量。这些系列谈话内容对大学生直接产生巨大感染力和教育作用，效果良好，学生们全神贯注，表情异常严肃认真。思政教育，贵在入脑入心。

笔者本人作为“千人互聘计划”成员，在中国青年报·中青在线挂职总编辑助理，除了日常的新闻策划、制作及编审工作，还参与了中宣部和国家网信办的指定项目。其中带领学生参与策划、录制、剪辑制作了中国青年报“两会”期间重点打造的视频谈话节目《两会青年说》。在节目创作中，用马克思主义新闻观来指导整个节目的制作，注重青年观的展现及价值引领，讲好中国故事。所制作的节目曝光量突破 2 亿，获得中宣部领

导表扬点赞，并得到网信办和学习强国 App 首屏推荐。

3. 带领学生依托校外实践基地，实现课堂教学与课外实践相融合，把学校小课程与媒介大环境结合起来

首先，在教学中要将基本理论教学与媒介前沿研讨相融合。结合当前融媒传播生态，把最新的研究成果融入课程中。在教学中，以习近平总书记在“1·25”讲话[1]中提出的“全程媒体、全息媒体、全员媒体、全效媒体”以及“四全”论断为基础，并结合当前新闻研究的新视角，带领学生探讨如下问题：（1）如何推动媒体融合向纵深发展，做强做大主流舆论，巩固全党全国人民团结奋斗的共同思想基础？（2）如何理解“以先进技术为支撑，以内容建设为根本”？（3）通过哪些途径才能提高传统媒体的竞争力、传播力、影响力和公信力？（4）在当前新媒体格局与传播新技术条件下怎样打造一批新型主流媒体？

其次，“新闻学原理”是一门理论性与实践性并重的课程，不仅要结合当前新闻传播实践来开展教学，还要让学生能够根据自己的实践体验来参与教学过程，实现从理论到实践再到理论的升华。例如，在上述的《两会青年说》整个节目的策划与制作过程中，本人安排学生积极参与，注重将同学课堂知识与实践理论的结合，将课程思政引入实际节目制作中，培养他们的马克思主义新闻理念，做一名具有马克思主义新闻观的合格新闻人。此外，为了让学生感受主流媒体的融媒改革实践，不仅带领学生去中青报“融媒小厨”参观，深入了解当前媒介生态以及融媒环境下的新闻采写流程，还组织学生对中国青年报 App 进行分析，撰写 App 分析报告，学生很有兴趣，经过亲身体验，从 App 结构、内容、特点、互动、传播等维度进行深入解析，将理论与媒介现实实践有机结合在一起。

[1] 习近平．推动媒体融合向纵深发展 巩固全党全国人民共同思想基础．[EB/OL]．(2019-01-26)[2020-03-20].http://cpc.people.com.cn/n1/2019/0126/c64094-30591124.html.

总　结

通过近两年的“新闻学原理”课程思政教学实践，新闻专业的课堂教学有了灵魂。笔者对马克思主义新闻观及新闻理论的理解进一步深化，对课堂的把握变得自如，对学生所提的敏感问题不再回避。教师能够结合课堂理论教学进行新闻实践及指导，取得了较好的成效，并提升了我校师生在相关主管部门及新闻媒体中的美誉度。课程思政在“新闻学原理”课程中的实施，促进了学校、媒介与社会大课堂的融合，提升了学生的理论基础，扩展了学生的媒介视野，实现了知识传授与价值引领的有效统一。

“品牌与策划”课程思政探索与实践

马君蕊 *

摘　要　“品牌与策划”课程是新闻与传播系网络与新媒体专业选修课程，2016 年以来在应用文理学院连续三年开课，选修人数逐年增加。本门课程通过专业知识的讲授与课程思政的融合，将思想政治教育融入课堂教学的每一个环节中，不断挖掘专业知识与课程思政的结合点，探索课程思政教育的实践，培养学生创新意识，实现全过程育人。

关键词　品牌与策划　课程思政　创新意识

2016 年 12 月习近平总书记在全国高校思想政治工作会议上指出：“做好高校思想政治工作，要用好课堂教学这个主渠道，思想政治理论课要坚持在改进中加强，其他各门课都要守好一段渠、种好责任田，使各类课程与思想政治理论课同向同行，形成协同效应。”❶

课程思政模式已发展成为新时代育人的必然趋势。我们要深挖专业课程的育人功能，主动将思想政治教育融入课堂教学之中，要坚持“以人为

* 马君蕊，女，北京联合大学应用文理学院新闻与传播系教师，管理学硕士，主要研究方向为市场营销、网络营销、品牌营销等。

❶ 习近平 . 把思想政治工作贯穿教育教学全过程 开创我国高等教育事业发展新局面［N］. 人民日报，2016-12-09.

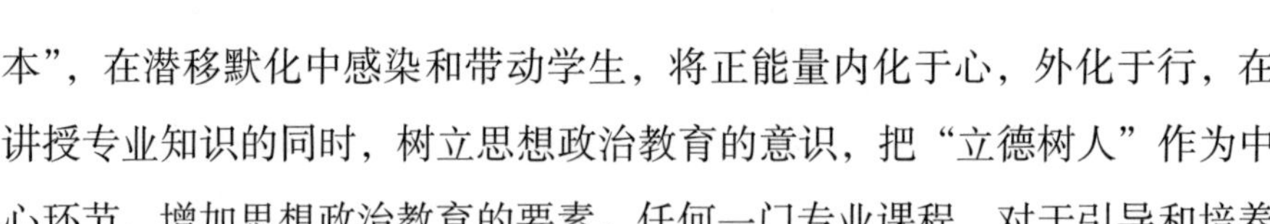

本”，在潜移默化中感染和带动学生，将正能量内化于心，外化于行，在讲授专业知识的同时，树立思想政治教育的意识，把“立德树人”作为中心环节，增加思想政治教育的要素。任何一门专业课程，对于引导和培养当代大学生树立科学的世界观、人生观和价值观的作用都不可低估。

一、专业课程融入课程思政

专业课程融入课程思政应遵循教育规律，设置教学和育德双重教育目标，巧妙融入中国优秀传统文化、经典案例剖析等课程德育元素，实现“显性教育”与“隐性教育”的结合。

专业课程思政可以融入课堂教育的每个部分，如提醒学生课前预习、浏览近期网络热议的话题，了解我国经济发展现状、拓展视野，使学生特别是外地生源了解家乡经济发展情况；课堂理论知识讲解中对我国改革开放多年来崛起的知名品牌案例进行分析，课后观看央视大型纪录片，如《跨越中国制造》《与全世界做生意》《舌尖上的中国》等增强学生的民族自豪感，课后作业中分析近期我国小众品牌各类传播案例，使学生开阔眼界、了解社会、多渠道摄取知识的同时对我国经济发展有不同角度的认知。

课程思政在整个学期的教学过程中潜移默化地影响学生，几个生动的案例、几张吸引注意力的 PPT、一段理论联系实际的讲解，对学生来说很容易接受，也容易激发学生的责任担当意识和爱国情怀。

二、“品牌与策划”课程融入课程思政的实施

1. 引导学生树立正确的价值观

品牌营销中企业盈利是企业经营的基本目的，企业是营销的主体，而人是执行者。网络与新媒体专业培养的学生未来大多进入基层工作岗位，

在企事业单位中从事与营销、广告、媒介、传播等职能相关的工作，岗位工作直接接触企业信息，影响着信息的传播。不论作为策划者还是执行者都会代表企业传递一种价值观。品牌传播中广告、公关等活动最直接体现这种企业价值观的传递。专业课对学生价值观的塑造和对未来学生工作中的表现有重要作用。

在品牌广告中，不少品牌的广告创意明显与社会主义核心价值观相违背，如浙江金华发布的十大典型违法广告案例之一：2018 年 1 月金华浙江搜富网络技术有限公司发布虚假违法食品广告案中，当事人在自营网站上为广告主制作发布“驼奶产业的开发潜力和市场前景非常广阔，目前国际和国内市场对驼奶制品的需求远远大于供应，对肺结核、糖尿病、癌症及艾滋病等免疫系统缺陷疾病具有显著的治疗功效”，“驼乳中除了含有和牛乳相似的营养物质外，在乳清蛋白中还含有大量的溶菌酶、乳铁蛋白、乳过氧化物酶和免疫球蛋白等各种保护性蛋白，因此具有很高的生物学价值。长期饮用可以增强人体的免疫功能，并能够调理人体的肠道功能，还能辅助治疗肝病等传染性疾病”。[1] 经查，广告内容与实际情况不符、构成虚假广告。广告创作需要创意，创意是在事实的基础上提出的，凭空的创意失去了产品的基础，重宣传轻产品造成本末倒置，必会影响企业和品牌的长期发展，于企业和品牌都是不利的。教学过程中，针对这类弄虚作假的案例，由广告行业延伸至做人的基本标准，强调抄袭作弊、夸大虚假是严重的错误行为。学生在写论文类作业的过程中，抄袭现象屡见不鲜，由于犯错成本低，学生觉得平时作业的一次抄袭是应付学业的一种日常行为。针对学生这种行为，联系以上案例，说明国家有法律规定，学校也有校园制度，课堂亦有课堂规则，平时作业和期末考试中要求自己写作的部分如果发现抄袭现象，成绩零分，绝不姑息。作为一名教师要有能力、有方法，态度明确地对待学生的错误行为，不作为的榜样作用会放任作弊学

---

[1] 孙媛媛 . 金华公布 2018 年度十大典型违法广告案例［N］. 金华日报，2019-03-14.

生的错误行为，导致学生对学业越来越失去兴趣，对待一门课程如此，对待毕业论文也会如此，未来走向工作岗位，对待上级交代的任务还会如此，此风不可长。

2016 年 11 月 19 日上海媒体报道了上海台享餐饮管理有限公司餐饮连锁店品牌名称“叫了个鸡”，用低俗博出位一事，引发舆论关注。“叫了个鸡”以不堪入目的菜品名作为经营噱头，误将低俗当有趣，利用消费者猎奇心态，吸引消费者前往消费。[1]2014—2016 年短短两年时间内，“叫了个鸡”通过加盟模式极速扩张，并且在品牌营销中制造更多的“噱头”，销售额相当可观。2017 年 3 月 15 日，“叫了个鸡”由于在广告宣传方面违反了《广告法》第九条第七项“妨碍社会公共秩序或者违背社会良好风尚”的规定，上海台享餐饮管理有限公司被要求停止发布广告、罚款 50 万元。“今天老公去看球，晚上一个人无聊叫个鸭子。”“邀你见证人类首次合法公开集体叫鸭。”……2014 年，类似病毒传播软文传遍了朋友圈，网红品牌“叫个鸭子”由此诞生。以上两品牌名称异曲同工，虽然作为法律范畴的商标一个被驳回、另一个已经核准注册，说明社会的包容性在变化，但想想这些擦边球的传播内容，都不一定能为企业和品牌带来正面的影响。

根据广告法第九条规定，广告不得出现“妨碍社会公共秩序或者违背社会良好风尚”和“含有淫秽、色情、赌博、迷信、恐怖、暴力的内容”。品牌名称与产品名称都是企业品牌宣传推广中必然出现的内容，目的也是引起公众注意、使消费者印象深刻、记住并引发消费欲望，利用恶俗的名称和低劣的手段虽博得眼球却失了气节。类似品牌传播活动还有很多，但这些品牌不过是昙花一现，活跃度高且存在时间长的品牌都是在知名度提高后注重后续发展，转变模式、适应市场、立足长远、优化产品，找到一个可持续发展的运营模式方为正道。

在品牌保护理论中，危机公关的处理是一个知识点。危机公关具体是

[1] 李晓明，张立．叫了个鸡炸鸡店用低俗博出位 涉嫌违法被查［N］．新闻晨报，2016-11-22．

指机构或企业为避免或者减轻危机所带来的严重损害和威胁，从而有组织、有计划地学习、制定和实施一系列管理措施和应对策略，包括危机的规避、控制、解决以及危机解决后的复兴等不断学习和适应的动态过程。在危机公关的过程中，公关主体要遵循基本的原则，如承担责任原则、真诚沟通原则、速度第一原则、系统运行原则、权威证实原则。2012 年 8 月 8 日，一条“屈臣氏面膜疑致消费者死亡”的消息在网络上不胫而走。一时间，屈臣氏这家著名的个人护理连锁零售店被推上舆论的风口浪尖。从承担责任原则上来看，企业的态度很重要，一是利益方面，二是情感方面。在事件发生后的第一时间，屈臣氏主动承担责任。首先，立即“下令”，将涉事面膜在全国实体店和网店全部下架，并将与疑致死消费者金女士的同批次面膜送到有关部门检测。其次，及时采取行动与顾客家属取得联系，向他们表达了人道主义关怀，并积极取得他们的配合以将此事调查清楚；对于该女子的去世，公司深表同情与哀悼。企业处于危机漩涡中时，是公众和媒介的焦点。一举一动都将接受质疑，因此千万不要有侥幸心理，企图蒙混过关。事件发生后，屈臣氏主动与新闻媒体取得联系说明事实，在官方微博上第一时间发表了一封“致媒体函”，内容包括：屈臣氏珍珠臻致美白面膜符合中国化妆品卫生规范标准和要求，销售多年未见一起质量事故；屈臣氏本着对消费者负责的态度，已第一时间下架全部涉事面膜；屈臣氏与受害者家属取得联系使之配合调查；等等。不仅如此，屈臣氏还积极向消费者发表声明，望广大消费者客观对待此事，并对恶意诽谤、散布谣言等行为作出警告。态度真诚，用事实说话，促使双方互相理解，消除疑虑与不安。8 月 15 日夜里，包括北京、上海、广州、福州、苏州等 20 几座城市的屈臣氏，都先后向媒体表示：该涉事面膜已经下架，并向消费者作出承诺，凡是购买屈臣氏珍珠臻致美白面膜的消费者可凭购物小票退货。如若遗失购物小票，按系统内价格退货。

以上案例中企业处理危机遵循了基本的原则，即在逃避一种危险时，不要忽视另一种危险。在进行危机管理时必须系统运作，绝不可顾此失彼。只有这样才能透过表面现象看本质，创造性地解决问题，化害为利。它包括：以冷对热、以静制动；统一观点，稳住阵脚；组建班子，专项负责；合纵连横，借助外力；等等。屈臣氏在这一方面做得很到位。首先，坏消息一传出来立即震动业界，但是屈臣氏并未表现得惊慌失措，而是极其冷静，统一下架涉事面膜，统一员工的态度和口径。其次，积极与媒体、政府部门取得联系，对外公开表态。最后，针对事故的“症”，也是公众在乎的——面膜的“质量”，寻找“药”，主动将面膜送往检测机构，利用第三方权威机构的嘴来替自己说话，等等。专业人士点评屈臣氏的“公关态度”表现一致、清晰，此次事件对屈臣氏的影响不会太大。

企业对公关危机的处理原则同样遵循做人的原则、做好人的原则，网络与新媒体专业学生未来会有很多人从事广告、媒体、公关、传播等相关工作，工作中能够运用所学专业知识并联系专业课程中教师所讲授的案例，树立正确的价值观，对学生未来的发展有深远的影响。

2. 结合中国优秀传统文化元素

“品牌与策划”专业课程主要内容起源于美国的市场营销学，经典案例多为世界知名跨国企业的著名品牌。理论讲解中举例时，先以经典案例开头，我国历史文化悠久，商业发展史上著名品牌众多，能利用中国品牌讲解的理论内容尽量使用中国品牌。近年来，由于网络与新媒体的发展，众多中国品牌知名度提升，品牌传播手段频出，效果显著，如国货化妆品类品牌上海的百雀羚、扬州的谢馥春等，饮料市场占有率极高的品牌广州王老吉、杭州娃哈哈等，还有驰名中外的著名家电类品牌山东青岛的海尔、广东珠海的格力等。

“百雀羚”是上海百雀羚日用化学有限公司旗下品牌，创立于1931年，是国内屈指可数的历史悠久的著名化妆品厂商。悠久的历史，承载着光辉的业绩，成就了百雀羚品质如金的美誉。2013年3月25日百雀羚作为国礼被带到非洲后，这个拥有80余年历史的上海老品牌一夜之间再次火了，彭丽媛参观坦桑尼亚妇女与发展基金会时，将该品牌产品作为“国礼”相赠，这引发了一场“国礼效应”。“国礼效应”之后企业对品牌重新定位、重新包装、重新规范渠道、重新调整营销思路，百雀羚几乎尝试了所有和年轻人有关的社交网络营销方式——微博互动、直播、热点营销、微信公众号宣传，并采取多品牌战略，实现了品牌的知名度大幅提升，销售业绩也直线上升。2018 年 10 月 23 日百雀羚发布视频《认真，让东方更美》，强势推出一波中国风限定梳妆礼盒，将东方美学与西方当代设计理念结合。“让历史变得时尚，让经典变得年轻”，贯彻了百雀羚一直以来想要传达东方新美学的品牌理念，赋予了传统文化新的生命，唤起了消费者的共鸣。百雀羚和故宫首席珠宝设计师钟华合作，设计了一支东方感的发簪，在天猫“双十一”期间推出了“燕来百宝奁”限量礼盒。礼盒外盒是高贵的孔雀绿，分为上下两层，造型别致，上市 35 秒就售罄了。百宝奁的设计源自于中国古代富贵人家存放梳妆用品的镜箱，底色采用清雅的黛绿，花纹则取自宫廷传统仿螺钿工艺。还有寓意“喜上眉梢”的东方簪，灵感来源于喜鹊登梅的传统吉祥图案。

作为拥有 180 多年传承历史的品牌，王老吉在坚守品质、坚守优秀传统的同时，不断进行创新，与年轻人进行互动。王老吉借助大型电视节目与年轻群体进行更多沟通，实现品牌年轻化的目标。为庆祝品牌诞生 185 周年，王老吉特意在白云山脚下建造了王老吉凉茶博物馆。此馆为全球规模最大、藏品最丰富、科技含量最高的凉茶博物馆，吸引着不少海内外游客慕名参观、学习。

悠久的传统文化固然为王老吉品牌的发展奠定了深厚的基础，但创新更是王老吉品牌在新时代发展下的关键转折点。多年来，王老吉人积极散发自身的智慧与魅力，并结合先进的现代科学技术，研发、生产出了多款新型王老吉凉茶。无论是以代糖取代蔗糖生产出的无糖、低糖凉茶植物饮品，还是以炫酷的黑色外观设计吸引消费者的王老吉黑凉茶，都让广大消费者看到了王老吉的创新与发展。

2018年春节，王老吉特别推出限量版“花城罐”。“花城罐”依旧采用传统“中国红”的设计元素，但罐身主体却巧妙融入了当年广州花市吉祥物“花花”和“城城”两个卡通造型。这是国内首次将这一全球领先的工业4.0私人定制技术运用于饮料行业，其影响力可见一斑。

如今，互联网时代下信息飞速发展，王老吉凉茶作为中国一张特色文化明信片，除了自身品牌发展与产品输出外，更是主动承担起了弘扬历史文化的责任与使命。王老吉励志在不断推出多元化凉茶产品的同时，积极努力地向全球消费者传达我国凉茶的文化魅力，让悠久的中华文化远播四海！

中国传统文化博大精深，应用于品牌传播中的细节很多。2018年中国运动服饰品牌“李宁”以“悟道”为主题，带着自家的鞋服产品，出现在了纽约时装周2018秋冬秀场，用汉字展示品牌的方形Logo，成为服装设计的亮点，“中国李宁”四字，从未如此铿锵有力。不仅我国品牌有这样的运用案例，世界著名品牌同样也刮起一阵中国风，美妆界大品牌纷纷在产品包装上使用中国红、昆剧脸谱、古代《山海经》神话、十二生肖、龙凤、花卉、福字等元素。

3. 培养学生创新意识

“品牌与策划”课程理论分为两部分，品牌营销理论部分注重学生知识的培养，拓展思路；策划创意部分着重培养学生的动手能力，体现我校“学以致用”的校训。

策划是在市场营销理论的基础上以实际市场环境分析进行的创意，在这一过程中最能激发学生的创新意识。策划从不同角度分有多种，如公关活动策划、广告策划、网络推广策划、整合营销传播策划等。教师在课程中结合每年举办的各类学科竞赛，带领学生由课堂理论到课后作业，真题真做，活学活用，课前引导、分组讨论，根据每个学生的性格、爱好分配组中角色，充分发挥个人所长，参与到创作中。作业、参赛都是手段，育人、成才是目的。在整个创作过程中，参与讨论的过程能够充分调动学生的积极性，不断激发学生的创作热情，达到培养学生创新意识的目的，是专业课程思政的又一实施细节。

三、专业与思政融合实现育人目标

每一堂课都对学生传递知识，最基础的教育就是在课堂上完成的，学生每天与教师见面、课堂上听讲解、课后完成作业，教师是课程的主导，有责任、有义务引导学生向正确的方向发展。融入课程思政后的课堂不再是教师照本宣科。

课程思政，基础在“课程”、重点在“思政”、关键在“教师”、成效在“学生”。思政教育是教学过程中贯穿的主题，不是应对一次检查、插入一段课程、提醒一句学生的点拨，而是每时每刻都能融入课程内容的“线”，是贯穿教育方针培养优秀人才的“面”。教师要时刻谨记自己的责任，保持初心，勤勉育人，做到学科育人和课程育人水乳交融。

“视听语言”与“摄影摄像”课程思政的教学实践

徐晓斌 *

摘　要　思想政治素养是塑造青年学生世界观、人生观、价值观的重要维度。在“视听语言”与“摄影摄像”课程教学过程中，笔者做到显性思政和隐性思政齐头并进，在知识传授的同时强调价值引领，收到较好效果。课堂之外，教师仍须以身作则，提升修养，在立足学生诉求的基础上，以恰当形式对其进行思想政治和德育工作的有效引导。

关键词　课程思政　视听语言　摄影摄像　价值引领　以人为本

大学是育人之所，是镇国重器。大学时代是人一生中最具青春活力、最富创造力的黄金阶段，演绎着璀璨的生命芳华。这一时期也是学生形成正确世界观、人生观、价值观的关键时期。笔者认为，思想政治素养是塑造“三观”重要的维度，它对形成“三观”具有统摄、率领的作用。一名大学生只有思想政治素养过关，才有可能成长为社会栋梁，才能担当起合格的社会主义建设者和接班人的重任。

2018 年 5 月 2 日，习近平总书记在北京大学师生座谈会上的讲话中提

* 徐晓斌，男，北京联合大学应用文理学院新闻与传播系讲师，文学博士，主要研究方向为影视传播、新媒体传播。

出："要把立德树人的成效作为检验学校一切工作的根本标准，真正做到以文化人、以德育人，不断提高学生思想水平、政治觉悟、道德品质、文化素养，做到明大德、守公德、严私德。要把立德树人内化到大学建设和管理各领域、各方面、各环节，做到以树人为核心，以立德为根本。"[1]这些论述为当前加强和改进新时代高校思想政治工作指明了方向。党的十九大报告也强调要全面贯彻党的教育方针，落实立德树人的根本任务，发展素质教育。

笔者担任北京联合大学应用文理学院新闻与传播系"视听语言"与"摄影摄像"两门课程的主讲教师。教学实践中，笔者明确地把思想政治工作贯彻到教学全过程，通过以"以人为本"的教育理念，把思想政治工作或显或隐地与专业知识传授紧密结合，与学生的全面发展紧密结合，此举受到学生们的欢迎，取得了良好的效果。

一、把与思想政治紧密结合的影视节目、摄影作品纳入授课范围

"视听语言"是一门专业基础课，它涉及影视基础性、语法性的知识，目标是让学生建立起影视语言的综合知识架构。拉片子和影片主题分析是这门课的重要内容。笔者用《周恩来外交风云》《上甘岭》《三大战役》《建国大业》《建党伟业》《亮剑》《红海行动》《战狼》《可爱的中国》《孔繁森》《任长霞》等影视剧部分片段来进行拉片。其共同标签是"红色"和"主旋律"，讴歌伟大的党和我们伟大的国家。影片宏阔多彩的内容吸引学生们沉浸在剧情中，使其自然而然地明白：新中国是中国共产党带领中国人民推翻三座大山奋斗出来的，革命果实来之不易；革命英烈方志敏、邱少云之所以能视死如归，是因为他们有坚定的共产主义

[1] 习近平．在北京大学师生座谈会上的讲话［N］．人民日报，2018-05-03.

信仰；当代干部和知识分子的楷模孔繁森、任长霞、黄大年等，他们或勇于担当，一心一意为百姓谋福利，或投身于祖国科研事业，淡泊名利，奋斗到生命最后的时刻，是因为他们心中有党、心中有人民。这些影视剧形象、直观、可信，其丰富的思想内涵和深沉的爱国主义情感真切地打动了学生的心灵。

“摄影与摄像”是新闻系学生的一门专业基础课。它是技术与艺术并重、实用性和实践性都很强的一门课，需要学生执机不断练习。授课时，笔者有意识地把思政内容列入讨论范围。像著名摄影家沙飞在延安拍摄的历史照片，徐肖冰、侯波夫妇的作品《开国大典》，还有《小平您好》（王东）、《我要上学》（谢海龙）、《大漠边缘的民生》（李舸）等著名摄影作品。这些照片或抓拍珍贵历史瞬间，或用细节表达人内心的渴望，或用沉着态度审视边疆地区人们原生态的生活，打动人、警醒人、振奋人。学生们对这些思想政治色彩浓郁的照片和它背后蕴藏的历史信息很感兴趣，听得很投入，并不断向笔者提问其他与之相关的问题，不断把这些问题推向深入。其实，思想政治工作并非如一根风干的丝瓜——索然无味，选取恰当的表现形式和载体，循循善诱，是能够将思政工作同专业内容的讲述水乳交融，反倒能起到不错的传播效果。

二、在专业知识的传授中隐性传递思想政治内容

按《现代汉语词典》解释，“思想”是指客观存在反映在人的意识中经过思维活动而产生的结果。思想的内容为社会制度的性质和人们的物质生活条件所决定，在阶级社会中，思想具有明显的阶级性。“政治”则是指政府、政党、社会团体和个人在内政及国际关系方面的活动。合起来，“思想政治教育”是指“教育者通过一定的思想观念、社会规范，对受教育者施加影响，促使受教育者形成符合社会要求的思想品德的社会实践活

动”。[1]笔者认为，思想政治教育的内涵是宽泛而非狭窄的，是立体而非平面的，是流动丰盈而非静止干涸的。除了与时俱进的政治提法、政策方针和政治正确的内容，它还包括人要遵循的社会规范、品德养成等内容。思想政治工作和“+文化”的提法在方向上具有一致性，即都要发挥优秀文化“化人”的作用。

在“视听语言”授课过程中，笔者解读过《一江春水向东流》《小城之春》《早春二月》《我的父亲母亲》等电影中伦理化叙事的传统，“发乎情止乎礼”的伦理观和坚贞朴素的爱情观，也解读过《教父》《美国往事》等黑帮电影中的道义观。在分析这类电影价值观时，笔者注意“古为今用”“洋为中用”，注意继承与扬弃的关系。目前在读的大学生，大致于1997—2001年出生，是“跨世纪”的一代。这代人的价值观和70后、80后有相似之处，也同样有许多00后鲜明的特征，比如个性更多元、自我意识更强烈等。所以笔者在讲解此类价值观时，选择了一种“发掘出来给人看”的视点，让学生去对比反思，而非把这些价值观强加给他们——何况，强加给他们，也得不到他们的接纳。透过思想政治视角对影片中人物故事的审视，既深化了学生对影片主题的理解，也促成学生对其人生进行深思。

礼义廉耻，国之四维。以“仁义礼智信”等价值观为代表的优秀中华文化是思想政治工作的应有之义。“视听语言”课上，笔者评点中国影视剧作时，注重中国传统价值观的国际化转化、历史话语的当代表达等问题。“尽管中国传统文化源远流长、博大精深，但我们不能因此就自认为中国的传统文化资源会自然而然地转变为文化软实力，更不能指望他者会理所当然地接受我们的价值观。我们古代的文化资源，如果不经过现代化的转化，不采取国际化的表达方式，它们永远只会是一种传统，而不是转

[1] 陈万柏，张耀灿. 思想政治教育学原理［M］. 北京：高等教育出版社，2015：1–4.

化为一种力量。”[1]作为文化传播载体的影视剧，其视听语言是一种具象语言，视听语言背后是视听思维，引导思维的是价值观。中国的价值观借助现代媒介，以观众喜闻乐见的形式向外传播，正是中国文化“走出去”要做的事情。

2019年的“现象级”电影《流浪地球》，在海外以IMAX版本上映，单厅票房超过同期好莱坞大片，连续多日位列北美、澳大利亚、新西兰票房榜首。之所以取得这样的成绩，除了它属于科幻题材、议题具有全球性以外，影片情节中融入了中国传统美德——个人对家庭和社会的责任、谦卑、自我牺牲和忠诚等——也是重要原因。这种品德符合中国传统价值观的规范，它不同于外国科幻电影崇尚个人英雄主义的价值观，这种中国价值观也得到了外国观众的认可。授课时，笔者提醒同学们对这两种价值观进行甄别，同学们对此饶有兴趣，区分了其异同，许多同学表示以后要做一名具有君子人格的贤人。这也算是隐性思政教育的一个成功案例。

笔者所讲授的另外一门课程“摄影摄像”，要求每名学生一个学期至少要拍摄1万张照片和600分钟以上视频。拍摄对象的选择、拍摄主题的构思和创作要表现的重心，思想政治维度都是重要参考标准，这也是笔者挑选优秀学生作品的标准之一。学生们非常认同笔者提出的“没有思想的照片传播不远”这种观点。通过持续训练、教师点评和学生互评，学生们掌握了摄影摄像技能，并初步建立起新闻摄影摄像的价值评判标准，比如可以说得出新闻媒体的照片、影像的优缺点。

“摄影摄像”课程还要求学生以小组为单位，拍摄一部视频短片。从前期剧本策划、场地选择、服装道具的购置，到中期拍摄，再到后期剪辑，每一步都需要小组成员通力配合来完成。大家一次次地讨论，碰撞出思想的火花。但不容回避的是，团队成员的性格特点、工作方式都不尽相同，有的小组一开始信心饱满，但拍摄过程中思路不同、分工轻重等问题

[1] 杜剑锋．“影视文化”课程“+文化”实施策略研究［A］// 刘文红．新闻传播课程思政论文集．北京：知识产权出版社，2018：42–43.

使得组员间产生了很大的分歧与争执。这时，笔者耐心地同他们交流，动之以情，晓之以理，最后终于说服他们重新团结起来，继续完成一部短片的制作。学生的作品虽然拍摄技术上略为粗糙，剪辑和配乐也有上升的空间，但在配合过程中，他们得到了团队意识的训练。他们也逐渐学会了遇到问题要相互理解和包容、主动换位思考才能最终消除分歧、达成一致。

“单翅不成鸟，孤木不成林。”这种由实践带来的分歧和解决分歧后的释然，让学生们提高了人际沟通能力，加强了协作精神，是教师成功对学生进行隐性思政教育一个成功例子。“与显性德育课程注重输灌、略带强制性有着明显的区别，其（隐性德育）教育内容是潜隐的，教育方式是潜移默化的，教育过程是互动的，教育结果是自然生成的。”[1]笔者认为，隐性思政作为的空间大于显性思政，需要教师投入更多精力设计，做到知识传授与价值引领相结合。在授课中应贯穿对学生人文情怀、思想境界、道德素养的教育，让思政教育在专业课程中穿针引线，编织起完整的思政教育体系。

三、课堂之外的思政工作不能放弃

高校学生的年龄分布在 18—22 周岁。这一年龄段的学生好奇心强，敢于挑战新鲜事物，不愿受到束缚，他们更加喜欢通过互联网获取信息。网络突破了时空限制，为思政工作提供了全新渠道和海量的资源。教师若能恰当利用网络资源做学生的思想政治工作，会十分便捷和高效。

当前，微信等社交软件使用率非常高，笔者也经常通过微信群和学生们交流。在微信群中，笔者会观察学生们聊天的议题、说话的方式等。笔者发现，有一位女同学在群里发言时，经常用“我靠”之类词语，课下交

---

[1] 翟杉．隐性德育对于大学生思想政治教育的意义与实践原则分析［A］// 刘文红．新闻传播课程思政论文集．北京：知识产权出版社，2018：231.

流时笔者也注意到她日常生活中讲话亦如此，常常冒出一些网络脏话。笔者找到一个时机，向她说明："我靠"等网络词语显得痞里痞气，作为一名大学生，还是要讲究语言的格调。因为笔者和学生们交流的频次多，彼此关系亲近，学生们也乐于接受笔者的意见。此后笔者发现她在微信群里发言时，没有再用过这类词语。

中共中央、国务院印发的《关于加强和改进新形势下高校思想政治工作的意见》提出，坚持全员育人、全程育人、全方位育人。"三全育人"的对象是全体学生，这个提法也从时间、空间维度上规定了育人的环境。

从时间维度看，育人工作必须贯穿于大学生学习、生活、成长全过程。"从大学生被录取到毕业，从低年级到高年级每一个阶段、每一个时期，学校都要时刻关注大学生的实际成长状况，加强大学生思想政治工作，不遗漏空白点，促进全程大学生思想政治素质的整体提升。"[1]

从空间维度上，教室之外也是教师进行思政教育的舞台。教师的衣着、言谈举止、精神风貌也都会影响到学生。因此教师应以身作则，注意自己的一言一行，提升自己的外在形象和内在修养，时刻不忘对学生进行思政教育和德育工作的有效引导。

结　语

自 1840 年鸦片战争以来，中华民族一直饱受欺凌。1921 年，中国共产党成立，几经艰难领导中国人民迎来了从站起来到富起来到强起来的伟大飞跃。2010 年中国 GDP 总量超越日本成为世界第二大经济体。按照现在的速度，中国 GDP 总量在 2025 年就极有可能超越美国，从而成为世界第一大经济体。

当今的中国比历史上任何时期都更接近中华民族的伟大复兴。一个和

---

[1] 李效武.新时代高校贯彻"三全育人"理念的实践创新研究［J］.平顶山学院学报，2019（2）.

平稳定发展的环境对中国无比重要。以经济建设为中心，坚持中国特色社会主义是我国取得一切成绩和进步的根本原因。中国特色社会主义包含道路、理论、制度、文化等不可或缺的内容。

如何让青年学生从内心深处认同道路、理论、制度、文化“四个自信”，是一项极端重要且亟须解决的课题。因为青年学生是未来国家的栋梁，是伟大事业的接班人。只有青年学生有信仰，国家才有力量，民族才有希望。做好思想政治工作是确保青年学生形成坚定政治信仰的一把钥匙。

高校的思想政治工作，要以学生为中心，一切从学生出发，把学生当作有思想、有情感、有内在需求的生命体。高校教师要充分理解学生的诉求，并在此基础上接纳和引导学生。只有这样，教师的“传道、授业、解惑”才有根基和生长点，学生们才有可能成长为明辨是非、积极进取、健康向上、全面发展的高素质人才。

“广告宣传也要讲导向”的思想贯彻与课堂实施

——以“音频广告”课程教学设计为例*

王春美**

摘　要　本文以“音频广告”课程教学设计为例，探索知识导向和价值引领相结合的教学目标的实现路径，通过课程方向的凝聚、教学内容的构建、教学方法的创新，把知识传授、能力培养与思想引领结合起来，使学生在课堂中不仅学到知识技能，而且提升品格修养，从而实现知识与思想、过程与方法、情感态度与价值观的有机统一。

关键词　广告导向　思想贯彻　课堂实施　音频广告

2016年习近平总书记在党的新闻舆论工作座谈会上指出，新闻舆论工作的各个方面、各个环节都要坚持正确舆论导向，不仅新闻报道要讲导向，“副刊、专题节目、广告宣传也要讲导向”[1]，这不仅对广告从业人员提出了思想和实践层面的更高要求，也对高校广告教育提出了育人理念和

---

*　本文系北京联合大学2020年科研项目（SK80202009）、2019年教育教学研究与改革项目（JJ2019Y002）、2019年教学创新课程建设项目“音视频节目制作”的阶段性成果。

**　王春美，女，北京联合大学应用文理学院新闻与传播系副教授，主要研究方向为媒介经营、视听传播。

[1] 习近平．在党的新闻舆论工作座谈会上的讲话［N］．人民日报，2016-02-19.

办学方向上的更高要求。如何利用好课堂教学主渠道，让初学者客观认识广告与社会的关系，深刻理解广告所担负的社会责任和传播功能，并在广告活动和作品创作的实践练习中予以贯之，关系着是否能够培养出适合时代需要的、具有高度社会责任感的高素质人才。

一、业态变革下把握广告导向的重要意义

改革开放以来，广告作为先进生产力的一个构成要素，其巨大能量不断被激发、释放。我国的广告产业得到长足的发展，不仅大大促进了社会劳动成果的转化和流通，而且紧密地融入人们的生活、工作当中[1]，对思想观念和社会风尚产生潜移默化的影响。作为传媒产业的分支，音频广告通过听觉来调动人的想象，激发人们丰富的联想，具有独特的传播魅力。“音频广告”是一门专业实践课，侧重对音频广告策划与创意的讲授，在进入核心要点的学习之前，需要对媒体广告的基本原理进行解释和说明，让学生知晓不同媒体广告的不同特点，更需要对广告与媒体的关系、广告与社会的关系进行清晰的梳理，让学生了解业态变革下把握广告导向的重要意义。

1. 在对历史与现实的梳理中明晰广告与社会的关系

改革开放以来，中国社会从经济基础到上层建筑都发生了重大变化，广告业置身社会发展的浪潮，经历了从无到有、由弱渐强的发展历程。40年间，中国广告市场规模从最初的千万元增长到2017年的6896.41亿元，广告从业人员从最初的不足千人增加到2017年的438.18万人。[2]广告的发展离不开社会的进步，同时广告也对社会发展发挥着重要作用。除了承担沟通产销、促进销售的经济功能以外，广告还承担着抑恶扬善的教育功能，具有陶冶情操的文化功能、推进交流的传播功能甚至贯彻路线政策方

---

[1] 庄树生. 学习“三个代表”思想，把好广播广告导向关［J］. 求实，2002（11）.

[2] 陈刚. 中国广告四十年：不忘初心，砥砺前行［N］. 中国市场监管报，2018-07-17.

针的政治功能。在广告发展历史上，曾涌现过无数将产品特性与现实需求结合，激发人的情感，引发广泛共鸣，给消费者以精神滋养的广告精品和佳话，也出现过片面追求眼球效应、制造噱头而遭到市场冷遇的案例和教训。当前，随着经济的深入发展，人们思想空前活跃，自我意识增强，生活理念的多元化趋势明显，广告的导向问题越来越成为社会主义精神文明建设过程中的一个重要问题。作为初学者，需要客观、全面、辩证地看待广告的作用和功能，意识到我们在传播广告的同时，也在传播着是与非、荣与耻、黑与白。[1]要求学生具有社会责任感，自觉学习、领会并传递积极、主流的价值观。

2. 在双重属性的辩证关系中明确广告与媒体的关系

除了开展新闻报道、进行舆论监督的宣传职能以外，媒体还具有提供知识、娱乐、资讯等各类信息服务的功能。在这些功能的开发过程中，必然与市场发生互动，起到沟通信息、促进生产、活跃市场、指导消费的作用，发挥经济属性功能。广告是市场经济条件下的产物，是媒体经济属性得以开发的结果，但同时，媒体的经济属性不能背离社会属性而存在。作为媒体宣传的重要组成部分，广告活动的开展要时刻把握好社会效益和经济效益的关系，当二者出现冲突的时候，始终把社会效益放在首位。

3. 尊重不同媒体广告的独特传播规律

相对于图文和视频，音频广告以声音作为唯一的传播要素，具有介质单一、感染力较弱的缺陷，但同时又因其强烈的伴随性、坚挺的车载收听率，具有受众人群精准、刊播费用低廉、传播效果可观的特点。当前，新媒体技术推动音频传播业态的变化，基于移动互联网的音频应用大量涌现，音频媒体不再只是传统意义上的广播电台。在此前提下，音频内容的生产、音频信息的传播以及音频广告的形态都发生着巨大变化。由于不可视、难检索等原因，音频广告的监管成本较高，难度偏大。有必要强化专

[1] 张国华. 广告要讲导向［J］. 中国广告，2018（5）.

业自律意识，在初学阶段强调对音频广告特性的把握，要求学生肩负起应有的责任和担当，设计制作有文化、有导向、有能量的广告作品，用广告传递爱心、良知和温度，自觉抵制庸俗、低俗、博人眼球的不良广告。[1]

二、基于公益与商业两种广告形态的差异化教学内容设计

公益广告与商业广告存在广告性质、传播目的、目标对象、信息主体等方面的巨大差异，对传播平台、播出时段的要求也各不相同，且在广告创作环节存在文案风格、表现方式诸多区别。为了让学生更全面地认识广告活动，根据两种不同的广告形态，对教学内容进行了差异化设计（见图 1）。

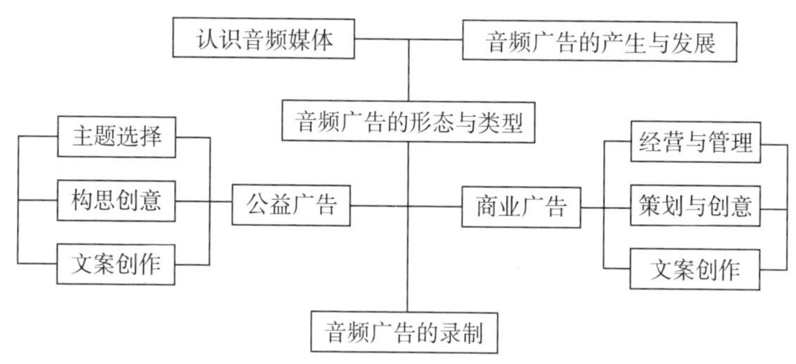

图 1“音频广告”课程内容设计

1. 搭建脉络清楚、逻辑严密的知识基础

广告是一门“说服”的艺术，广告宣传建立在对媒体特性、目标人群、传播目标的综合把握之上。课程伊始，围绕“音频广告的形态与类型”这一核心要点，从音频媒体与音频广告的概况切入，对音频广告相关的基础理论按照一定的结构和逻辑进行系统阐述。运用结构化思维，从发展衍变、市场地位、竞争格局、内容生产等方面勾勒“认识音频媒体”的

---

[1] 张国华．广告要讲导向［J］．中国广告，2018（5）.

框架，侧重对音频传播特征的归纳和提炼。进而，通过对国内外音频广告发展历程的回顾，总结音频广告的特点和规律。在此基础上，运用案例拆解的方式，重点讲解音频广告的构成要素及其相互关系，厘清当前音频广告的主要类型、常见形态。这一部分是整个课程的起点和重点，也是让学生领略广告与社会关系的重要途径，认识广告形态、进行广告创作的第一步。与当前现有的与音频广告有关的教材相区别，把最新的音频广告前沿动向融入授课框架，集纳最新数据和业界案例，为下一阶段学习奠定坚实基础。

2. 将公益广告作为独立单元，突出其在课堂中的价值引领功能

公益广告是传播文明、引领风尚的非营利性广告，它以维护公共利益为目的，向人们传播某种理念或价值主张。近年来，国家加大公益广告的扶持力度，各类各级传统媒体、新媒体和社会媒介均加强了公益广告的刊播，公益广告覆盖到社会生活的方方面面，对人们的思想和行为产生深远影响。顺应社会需要，“音频广告”课程将公益广告作为独立的单元加以设计，将专业知识与价值引领融会贯通，通过近 1/3 学时的教学安排，力争让学生深入把握公益广告的精神内涵和创作要点。课程从公益广告的作用和特征导入，重点讲解主题选择、构思创意和文案撰写三部分内容。在主题选择方面，从近年国家各级政府部门、社会机构、主流媒体发布的公益广告征集启事中整理出十大门类近百个方向，向学生讲解主题选择的常用思维方法，鼓励学生既关注永恒不变的公益主题，也善于结合时代发展挖掘新的公益话题。在构思创意环节，鼓励学生从主流媒体报道、时代楷模人物、历史故事、传统文化、亲身经历等角度出发，搜集典型素材，激发创意灵感。在文案创作环节，通过不同风格的公益广告文案鉴赏，总结共性，让学生了解常见的公益广告诉求策略和表现方式。

3. 引导学生创作有思想高度、文化品位与人文关怀的商业广告文本

商业广告占音频广告的绝大部分，是音频传播价值兑现的重要途径，与公益广告存在着传播目的的不同，但也存在着激发人的情感、引发态度

认同等终极目标的共性。商业广告的运作是环环相扣的过程，它由多个环节构成，是广告主、音频媒体与广告公司三者密切合作、共同参与的过程。在这一部分的授课中，将结合最新的音频广告实践，就其经营与管理机制、策划与创意过程进行深入讲解，侧重对音频广告市场主体、内部经营关系、对外经营方式等方面的梳理，结合客户构成、广告产品的特点，详细讲解音频广告的策划过程和创意策略。在全面介绍业务流程的基础上，就商业广告的文案创作要领进行逐一讲析。

4. 音频广告的录制环节强调思想性、艺术性与导向性的三者合一

音频广告制作是把广告文案转化为声音的过程。它考验着制作人对文案的理解及对声音艺术的想象力和创造力。如何将广告音乐、音响与广告词合理配合？如何展现广播广告独特的声音魅力并带给人美的感受和心灵的启迪？[1] 在课程最后会就演播语言情感的调动、音乐与音响的应用分别进行针对性的讲解。

三、知识技能与人文素养并重的体验式学习模式建构

学习不是简单的内容传递，只有通过亲身体验才能最终有效地获得知识。美国学者大卫·科尔布提出的“体验式学习理论”主张通过努力使学习者真正成为课堂的主角，教师不是一味单方面地传授知识，而是综合运用多种方式激发学生渴望学习的动机，自愿地全身心地投入学习过程。广告导向思维的确立、创作能力的培养是一个系统过程，既需要基础理论的铺垫，更需要实操技能的传授，而要真正实现从理论到技能的转换，更多的要依靠学习者亲身体验和反复实践。为了更好地达成教学目标，根据专业特点和学生实际情况，开发了一套可持续发展的、以学生为中心、知识技能与人文素养并重的体验式学习模式。

---

[1] 韩婕，孟姗．声声入耳余韵悠长——浅谈广播广告制作“三要”标准的操作方法［J］．采写编，2008（6）．

1. 对广告本体的实际体验

基础知识的导入环节，通过一定的环节设计，引导学生零距离感受音频广告。主要开展两方面活动：一是音频广告的收听鉴赏。要求学生通过音频广告的下载、收听去感受广告与平台的依赖关系，感受语言、音乐和音响在声音广告中的配合与运用。这部分是广告创作的基础奠定，学生对音频广告的鉴赏角度、分析程度等关系后期广告作品实际创作的视角、框架和质量，因而对广告鉴赏的要素、深度提出了具体要求，特别强调感受公益广告和商业广告的异同。二是广告文案的整理分析。通过不同类型广告文案的实际整理，观察音频广告的文案结构、文字风格以及创意策略。鉴于初学者对音频广告形态尚不熟悉，这部分实践需要教师开展一定的模板设计，引导学生按照一定的流程快速感知有声创作。

2. 对广告共性与特点的观察和思考

在上述两项活动的基础上，激励学生以个人和小组的形式，分别进行公益广告和商业广告的特点总结。为增加趣味性，课堂以开放的形式，由学生自拟标准推选“最好”和“一般”广告并陈述理由。这一环节主要考验学生的观察与思考能力，也能从侧面感知学生的价值判断，有助于针对性地加以引导。优秀的广告提供了人文素养教育的范本，引导学生从宏观、中观、微观等不同层面去关注国家社会发展的各个方面，思考文化要素、人文情感等在广告主题呈现中的作用。

3. 基于普遍性和特殊性的抽象与归纳

开设分享课堂，由学生进行典型广告的现场评析、分享和讨论。强调判断标准的提出、对比思维和系统分析思维的运用，既总结普遍性，也看到特殊性的存在。这一环节的设置承上启下，通过一定数量广告作品的集体点评共同总结文案的创意、声音的创意。

4. 广告创作能力的积极试验

随着课程推进，分阶段引导学生进行音频广告的创作。在前期广告认知的基础上，选定广告主题，出具创意思路，选定文案风格，进行广告文案的撰写。在这一部分，通过反复练习、课堂观摩、小组互评，让学生掌握音频广告文案创作的关键要点。在不断修改、完善的基础上，充分利用学校的音频制作环境和设备，进行音频广告的录制。录制完成后，分组进行剪辑，并在课堂上进行鉴赏互评，教师对每组作品进行点评指导，继而完善提交。优良广告的创作离不开丰厚的人文知识积累，鼓励学生通过多种方式，不断充实文学、艺术、历史、心理等方面知识，并与专业实践结合起来。

总之，广告不仅仅只是技术和商业，更要讲态度、温度和责任。[1] 作为媒体宣传的重要组成部分，广告不只是传播商品或服务信息的工具，更肩负着传播正能量、弘扬社会正气的重要任务。当下，传播环境日趋复杂，将“广告导向”问题前置，通过在课堂教学中有机融入思想政治教育，促进知识与技能、过程与方法、情感态度价值观的三维统一，具有十分重要的意义。

---

[1] 张国华．广告要讲导向［J］．中国广告，2018（5）．

“广告心理”课程思政融入设计探索

刘星辰*

摘　要　课程思政是党和国家近些年来在学校思想政治教育方面不断探索所总结出的清晰理念。习近平总书记在全国高校思想政治工作会议上强调，要用好课堂教学这个主渠道，各类课程都要与思想政治理论课同向同行，形成协同效应。本着这一宗旨，各大高校出台了一系列的改革措施，开启了课程改革的探索之路。本文探索“广告心理”课程的思政融入设计，并选取课程中的知识点进行深入解析。

关键词　广告心理　课程思政　课程设计

一、“广告心理”课程介绍

广告在我国的社会主义市场经济建设中，日益发挥着不可替代的作用，起到促进生产、扩大流通、指导消费、活跃经济、方便人民生活等积极作用。然而，一个严峻的现实是，一些广告中夸大其词、欺骗大众的宣传，根本不考虑广告对象在观看广告中的心理活动规律及心理需求，

* 刘星辰，女，北京联合大学应用文理学院新闻与传播系讲师，硕士，主要研究方向为传播理论。

这关键在于广告制作者不了解广告传播和接受过程中的广告心理理论与规律，拿不出真正符合受众需求的广告。广告不仅是一门艺术，也是一门科学，一门综合性的边缘学科，消费者是广告作用的对象，广告要想获得成功，就务必要符合消费者心理和行为特点。广告界的一句名言说得好："科学的广告术是依照心理学法则的。"作为广告专业的一门基础必修课程，"广告心理"集心理学基础知识、广告传播心理、广告受众与行为心理于一身，是一门在广告专业中举足轻重、不可替代的重要基础课程。

本课程为广告学专业的限选课程，修读对象为广告学、网络与新媒体专业本科在校生。先修课程为广告学概论、传播学等。"广告心理"课程的任务主要是通过教学与实践使学生掌握一定的心理学基础知识以及广告传播过程中的心理学理论与技术。培养学生具有一定的分析和把握受众心理的能力以及将所学理论用于实际的操作能力。具体来讲：

（1）通过教学与实践使学生掌握一定的心理学基础知识，掌握重点概念和原则。

（2）掌握广告传播过程中的心理学理论与技术。

（3）能够灵活运用相关理论和方法，具有一定的分析把握受众心理需求的能力及将所学有关理论用于实际的操作能力。

对应的毕业生基本要求是掌握传播与广告原理、消费行为与心理、媒介整合运用等专业核心知识，关注新媒体变化，具有一定的创新意识和创业思维。

本课程同时贯穿全程育人理念，通过对广告心理学的理论和方法等内容的学习，融入正确的价值观、人生观、世界观，弘扬正能量，传播社会主义核心价值观。

二、课程思政简介

（一）对“课程思政”的认识

课程思政是党和国家近些年来在学校思想政治教育方面不断探索所总结出的清晰理念。课程思政指以构建全员、全程、全方位育人格局的形式将各类课程与思想政治理论课同向同行，形成协同效应，把“立德树人”作为教育的根本任务的一种综合教育理念。习近平总书记在2016年全国高校思想政治工作会议上强调，要用好课堂教学这个主渠道，各类课程都要与思想政治理论课同向同行，形成协同效应。[1]本着这一宗旨，各大高校出台了一系列的改革措施，开启了课程改革的探索之路。

（二）对“教育者先受教育”的认识

通过让“教育者先受教育”，建设政治素质过硬、业务能力精湛、育人水平高超的高素质教师队伍，这是大学建设的基础性工作，也直接决定着大学办学能力和水平。

习近平总书记在2018年与北京大学师生座谈会上的讲话中强调，“教师思想政治状况具有很强的示范性。要坚持教育者先受教育，让教师更好担当起学生健康成长指导者和引路人的责任”[2]。教育者的政治素质、业务能力和育人水平，必须要达到一个较高的水平。

[1] 习近平．把思想政治工作贯穿教育教学全过程 开创我国高等教育事业发展新局面［N］．人民日报，2016-12-09.

[2] 习近平．在北京大学师生座谈会上的讲话［N］．人民日报，2018-05-03.

三、课程思政融入设计

（一）思想政治教育的融入点

课程中的多个章节皆可与思想政治教育内容有机融合，比如：吸引注意、感觉与知觉、学习与记忆、想象与认知、劝说与态度改变、理性诉求的心理基础、情感诉求的心理基础，这些内容一方面是学科知识，另一方面，学生作为一个个体，一个消费者、设计者、创作者，这些内容也能够帮助学生完善自我，提高自己的判断能力和思想觉悟，起到思想政治教育的积极作用。

（二）教学方法与举措

在本课程中，教师主要采用案例教学、课堂讨论、课后作业考核、期末论文等方式来达到对课程思政内容的考核。在课程教学中，运用融入思政内容的案例，进行引导和分析。再通过课堂讨论，将时下热门现象、热点议题作为选题，让学生进行举一反三的分析和讨论练习，锻炼学生的分析能力。这里讨论的选题与学生个人生活息息相关，有利于提高学生的个人素养。最后，通过课后作业和期末论文等方式进行考核，深化思政教育效果，达到课程思政教学目标和教育内容要求。

（三）教学成效

通过课程内容学习和讨论，以及完成课后作业，学生对所学内容都有所感悟，能够联系到生活中的某些方面，进行适当的、正面的分析和总结。比如在讲到情绪、情感部分，学生会主动分析疫情期间的情绪波动，以及尝试用何种方法解决问题。这些尝试体现在讨论和作业中，具有积极意义和良好的效果。首先锻炼了运用课程知识进行分析和总结的能力，其

次通过讨论和作业扩展了书本知识，同时，在学习的过程中认清现象背后的原理，最终提高了判断能力，提高了网络媒介素养，进而提高了个人思想觉悟。

四、课程思政融入设计实例

本部分以课程中的知识点“通过诉诸高级情感进行受众说服”为例，对课程思政融入设计进行实例分析。

通过诉诸高级情感进行受众说服的方法主要有三种：激发理智感、利用爱美之心、利用道德心。对应的是人类的三种高级情感：理智感、美感、道德感。相较于恐惧、惊讶等与生理因素直接相关的情绪，高级情感是较高层次的社会性情感。

（一）“通过诉诸理智感进行受众说服”的课程思政融入设计

1. 理论讲解

理智感是人们对认识和追求真理的需要是否满足所产生的情感体验，与人的认识活动、求知欲、探究感、怀疑感紧密联系在一起。对科学探索的好奇心，对研究中未证实结果的怀疑，对科学真理的热爱和追求，对偏见和谬误的鄙视和排斥，以及幽默感和讽刺，都属于理智感。

传播者可以激发或者迎合受众的求知欲，用引人入胜的方式满足求知欲，使受众因为问题得到解决、疑惑得以澄清、好奇心得到满足而产生积极的情感反应，达到传播者的传播目的。

2. 案例分析

（1）《新型冠状病毒预防小知识》招贴，标题简洁清晰，内容列出简单、易懂、易记的 7 点内容。这类招贴在特殊时期迎合人们的认识和求知的需要，是知识，又是“小知识”，简单易懂，易于学习，通过对信息内容的编排，让受众比较容易地掌握预防病毒的主要方法。

（2）《病毒进入体内的48小时》是某公众号发布于2020年初的一篇文章，通过新媒体常用的长图形式，将病毒在人体内的状态进行了形象生动的解析，得出结论：少出门、戴口罩、勤洗手，这是目前我们远离病毒最好的方法。相较于上一案例，这一案例传达的内容更加复杂。那么对于更加复杂的内容，就需要进行更加形象化的编排和展示，降低理解难度，增加可读性，既满足求知需要，又不会因为难度过大导致困惑的产生，使受众易于理解和接受。

（二）"通过诉诸美感进行受众说服"的课程思政融入设计

1. 理论讲解

美感是人们按照一定的审美标准，对自然和社会中各种事物进行欣赏、评价时所产生的情感体验。美感是一种积极的情感体验，会使人振奋、激动，产生好感和亲切感。

传播者如果能够充分展示和利用传播内容中所隐含的美的因素，引发受众相应的美感体验，从而赋予传播内容以情感色彩，就更易打动人心，进而达到传播目的。国外的一些竞选广告就经常在广告画面中营造祥和的、充满希望的美好未来的场景，再结合优美的音乐，以期对选民产生影响。

2. 案例分析

《法国社保局防疫广告片》是法国社保局在2020年初推出的防疫宣传广告片，在广告中一群舞者穿着时尚、动作优美，结合舞蹈动作和歌曲旋律，提醒人们防范病毒的注意事项，让人们在潜移默化中学习、模仿各种防疫动作。这样的编排和设计，融入了美感元素，不仅给受众以美的享受，又使得传播内容更容易被接受和记忆。

（三）"通过诉诸道德感进行受众说服"的课程思政融入设计

1. 理论讲解

道德感是个体根据一定的社会道德规范评价自己或他人的行为时产生

的情感体验。按其内容可分为自尊感、荣誉感、义务感、责任感、友谊感、民族自豪感、爱国主义情感、人道主义情感、国际主义情感等。

道德感，即道德情感，是品德心理结构的重要组成部分。道德情感来源于道德认知又反作用于道德认知，道德情感对道德行为有较为直接的影响。

传播者如果能够关注人们择善而从的内在要求，合理利用人们固有的道德心，将自己的主张与“善”的标准联系起来，就更容易成功地实现自己的传播目的。

2. 案例分析

《预防病毒 人人有责》广告招贴，标题中就体现出了对人们道德心的唤起。文案中引用了习近平总书记在主持召开中共中央政治局常务委员会会议，研究新型冠状病毒感染的肺炎疫情防控工作时所强调的“生命重于泰山，疫情就是命令，防控就是责任”[1]，这更是对责任感和义务感的唤起，即通过诉诸于人的道德感来影响受众的评价，进而影响其行为。

五、教学反思

通过思想政治教育与课程内容相结合，提高了学生和教师的思想觉悟。育人者先受教育，在这方面也可以做到师生的教学相长，同时教学内容也可以提高到一个比较高的水准。保持这样的心态和做法，定会提高整体的教学水平，受益匪浅。

通过思政教学，教师感到自身仍需进行思政方面的深入学习，多多参加学校组织的相关学习活动，做到融会贯通，才能更好地将思政融入教学。

---

[1] 疫情就是命令 防控就是责任［N］. 人民日报，2020-01-26.

在内容上，需要进一步提高专业能力，扩展和深化专业知识的掌握程度，这样才能够更好地将课程内容作为载体，更好地进行思政融入。

在形式上，继续探索新颖的教学方法、教学手段，寓教于乐，做到润物细无声，高质量地、有效地达成课程思政的教学目标。

“跨文化交际”课程思政教学探索

崔 娜*

摘 要 “跨文化交际”课程作为一门专业任选课，需要打破与思想政治理论课的壁垒，将人文教育与思政教育相融合，实现“全程育人”“全方位育人”的教育目标。教师应抓住该门课程实施思政教育的优势，通过积极提升自身思政素养、努力挖掘课程内容中的思政元素、运用多种手段促进思政教学等方式，全面探索课程思政路径，激发学生学习的积极性和主动性，使思政教育真正贯穿在“立德树人”的教育培养过程中，实现知识教育与价值观教育的完美统一。

关键词 课程思政 跨文化交际 教学 立德树人

习近平总书记在2016年全国高校思想政治工作会议上对课程思政工作进行了科学阐释和集中概括，指出：“要用好课堂教学这个主渠道，思想政治理论课要坚持在改进中加强，提升思想政治教育亲和力和针对性，满足学生成长发展需求和期待，其他各门课都要守好一段渠、种好责任田，使各类课程与思想政治理论课同向同行，形成协同效应。”[1] 这就要求

---

* 崔娜，女，北京联合大学应用文理学院新闻与传播系讲师，文学博士，主要研究方向为跨文化交际。

[1] 习近平．把思想政治工作贯穿教育教学全过程 开创我国高等教育事业发展新局面［N］．人民日报，2016-12-09.

在大学教育教学实际过程中，各门课程都应同时具备“传授知识培养能力及思想政治教育双重功能，承载培养大学生世界观、人生观、价值观的作用”[1]。

“跨文化交际”是一门为汉语言文学专业高年级学生开设的专业任选课，旨在培养学生具备一定的国际视野和跨文化交际能力，为从事中国文化传播方向的相关工作做好储备。如何在这门课的授课过程中将教学内容与课程思政自然融合，达到人文教育与思政教育的双重效果，是需要教师认真思考的问题。而课程思政作为一项研究课题，已经在理论和实践等多方面引起学者们的关注，不论是对课程思政内涵的界定，还是对“课程思政”教学过程中存在问题的解析，抑或是对“课程思政”实施路径的设计等，都为完善“课程思政”的理论体系、进行“课程思政”的实践教学提供了重要的参考。在此基础上，本文尝试在相关理论指导下，探讨“跨文化交际”课程思政的有效实施路径。

一、“跨文化交际”实施课程思政的优势

跨文化交际，简言之，是指“不同文化背景的人们之间的交际”[2]。开设“跨文化交际”课程，主要是使学生了解到在全球一体化进程中，“不同文化背景形成的价值取向、思维方式的差异，不同社会结构导致的角色关系、行为规范的差异，不同民族习俗所积淀的文化符号、代码系统的差异，不同交际情境制约的语用规则、交际方式的差异”[3]等相关问题，因此，本门课程将中外文化对比作为贯穿教学的主线。一方面，我们要让学生切实感受到，中国优秀传统文化“作为中国人独特的精神标识，不但潜移默化地影响着中国人的行为方式，而且在弘扬中国精神、传播中国

---

[1] 安秀梅.《大学英语》“课程思政”功能研究［J］. 教育文化，2018（11）.

[2] 祖晓梅. 跨文化交际［M］. 北京：外语教学与研究出版社，2015：4.

[3] 吴为善，严慧仙. 跨文化交际概论［M］. 北京：商务印书馆，2015：27.

价值的今天，仍然持续地发挥重要的作用”[1]。另一方面，在对待不同文化的态度上，我们也要让学生深刻理解，“文明因交流而多彩，文明因互鉴而丰富。每种文化都有自己的本色、长处、优点，都有值得学习借鉴的地方”[2]，都是人类文化优秀的精神遗产，我们既要致敬自己的优秀文化，也要向世界敞开胸襟，面对多样性的文化景观，在不同文化系统的交流和碰撞中，汲取一切人类文化的先进成果，做到既不“妄自尊大”，也不“妄自菲薄”，以全面、客观的态度看待当代中国和世界。我们要培养学生坚定社会主义理想和信念，在拓宽国际视野的基础上建立起文化自信，所有这些都成为“跨文化交际”实施课程思政的有利条件。

二、“跨文化交际”课程思政实施路径探索

在教学过程中，如何将“跨文化交际”课程内容与思政教育内容自然融合，在知识传授过程中以“润物细无声”的方式对学生进行理想信念方面的引导，实现课程“全程育人”“全方位育人”的教学目标，这是一项需要思考和设计的工作，我们应该在以下几个方面进行着力探索。

1. 积极提升任课教师的思政素养

育人先育己。习总书记在全国高校思想政治工作会议讲话中指出，教师是人类灵魂的工程师，承担着神圣使命。传道者自己首先要明道、信道。高校教师要坚持教者先受教育，努力成为先进思想文化的传播者、党执政的坚定支持者，更好担起学生健康成长指导者和引路人的责任。作为任课教师，我们首先要转变观念，打破专业课与思政教育之间的壁垒，真正认识到专业课在向学生传授科学知识、培养学生人文素养的同时，还担负着塑造学生正确世界观、人生观和价值观的责任。“课程思政”并不

[1] 关健英．“国学通识课”的教学尝试与育人导向——以“中华传统美德概论”课程为例［J］．思想政治教育研究，2017（5）．

[2] 刘奇葆．坚定文化自信，传承中华文脉［J］．党建，2017（5）.

是进行简单的思政教育，而是需要将以往在教学过程中分散进行的德育工作进行系统化的梳理，在教学过程中发挥“价值引导、情感传递和道德示范”❶等重要作用，培养学生成为德才兼备、以德为先的合格人才，使他们拥有完善的品德、独立的思想、批判的精神以及获得幸福的能力，实现“教书育人”的最终目的。

因此，任课教师首先要积极提升自己的思政素养和思政教育能力，深入思考在教学过程中，如何将马克思主义与党的大政方针相结合，将中华民族优秀文化与社会主义核心价值观相结合，将专业知识传授与行业发展能力与职业道德相结合，同时，在课前、课上和课后各个教学环节中合理设计，有意识地提升自己的思政执教能力，努力做好学生德育工作的引路人，引导他们“形成健康的专业伦理和科学的信仰”❷。具体到“跨文化交际”这门课程中，需要教师充分理解课程思政的体系和内涵，掌握课程思政的特点和规律，在此基础上，在进行教学设计时始终思考如何将具有一定严肃性的思政规范和基本要求，与具有相对生动性的跨文化交际内容和交际案例有机结合，以同学们易于理解和接受的方式将“天下兴亡，匹夫有责”的担当意识，“精忠报国、振兴中华”的爱国情怀，“崇德向善、见贤思齐”的社会风尚，“孝悌忠信、礼义廉耻”的荣辱观念潜移默化地融入授课过程中，使同学们逐步认识到，在当今国际交往中，这些优秀的中国文化传统作为一种精神传承，始终影响着中国人的思想观念和行为方式，并在跨文化交际过程中发挥着重要的作用。只有教师自己具备了责任感、使命感和大局意识，才能自觉将学生的思政工作贯穿在教学活动当中，保证课程思政教育目标的圆满实现。

---

❶ 袁颖，等．立足文化内涵 实施课程育人——中药学教学中课程思政的探索［J］．中医教育，2018（7）．

❷ 陆道坤．课程思政推行中若干核心问题及解决思路——基于专业课程思政的探讨［J］．思想理论教育，2018（3）．

2. 努力挖掘课程中的思政内容

教师在进行教学实践、完成课程专业教育目标要求的同时，还需要充分挖掘所教授课程中的相关思政素材，扩展思政内容。比如，在授课前，教师除了需要深度了解同学们的知识构建、学习兴趣和学习能力外，还需要对他们的思想态度以及价值观等进行深度研究，寻找思政教育与学生认知水平的契合点，以便在教学过程中能够有的放矢地进行思政教学。具体来说，学习“跨文化交际”课程前，同学们已经积累了一定的汉语和外语相关专业知识，也通过各种媒介了解到或者亲身经历过不少中外交往的实例，在他们的意识中，已经对中外文化及其差异形成了不同程度的理解和认识，教师可以以此为契机，将中外文化对比作为切入点，深入挖掘课程内容中的思政因素，适时地将育德内容融入教学，扩展教学的深度。

举例来说，随着经济全球化的日益深入，加之意识形态多元化的渗透，使一部分同学的固有中国文化价值观受到了较大冲击，在对待中外文化的态度上出现了厚此薄彼的现象，一定程度上丧失了文化自信。针对这一现象，我们在授课过程中通过观看中外纪录片、介绍具体经典案例，尽力还原给大家一个更加真实的中外世界，并在授课过程中适时组织同学们围绕价值观念、民族性格、社会环境等多个角度展开讨论，逐步引导同学们认识到，相比西方的个人主义取向、求新求变精神等文化因素，中国传统文化中的集体主义精神、和谐辩证心理有其存在的历史意义和现实价值，中国社会在一定条件下能成就西方社会难以实现的目标，在保持经济腾飞的同时始终维持安定稳定团结的局面，都与之密不可分。现阶段，我们国家在发展进程中确实面临着巨大的挑战，也出现了一些不可避免的问题，但这些都是暂时的，我们倡导与“国际接轨”，但“接轨”是有限度的，作为新时代的青年人，同学们应该更加理性和客观，转变社会上某些人对西方意识形态全盘接受的想法，重新“回归”到中国优秀传统文化上来，同时，大家还应该进一步思考，如何将传统美德和优秀文化进行创造性转化与创新性发展，使它们成为实现中华民族伟大复兴的精神力量。

在进行相关理论内容教学时，结合同学们的专业背景及今后可能从事的工作方向，我们有意识地引导大家以理智、公正的态度看待跨文化交际活动中的冲突现象，培养他们在处理跨文化交际活动时，能够将“富强、民主、文明、和谐”的国家层面的价值目标，与“自由、平等、公正、法治”的社会层面的价值取向，以及“爱国、敬业、诚信、友善”的个人层面的价值准则相结合。针对我国与世界各国合作交流日益频繁的实际情况，鼓励同学们打牢专业知识，学好外语，发挥自己的专业优势，运用语言这一重要的交际工具，将中国优秀的传统文化传播出去，让世界上更多的人重新认识中国、了解中国。

3. 运用多种手段促进思政教学

教学环节的设计是课堂教学的重要内容，为了促进思政教学，我们也同样需要运用多种形式和手段，进行有效的教学设计，从影响学生的态度、情感、意志和价值观等多方面入手，将价值导向目标、知识讲授目标和受众接受目标紧密结合，从精神层面的熏陶到行为习惯的养成，在各方面都进行课程思政的渗透，同时，还应将思政目标的实现作为评价课程教学效果的重要参考因素。

目前，互联网和移动终端设备的快速普及，为大学生提供了一个宽松无缝的泛在学习环境[1]，通过互联网获取信息越来越受到同学们的青睐。因此，教师可以充分利用网络资源，将互联网与传统课堂教学模式相结合，引导同学们自由、自愿地完成相关的专业知识学习及德育学习。由于跨文化交际课程内容的特点，翻转课堂、专题讨论等教学形式特别适合在课堂中进行，而思政教育恰好可以利用这些教学手段完成自身的建设。比如，我们会在课前深入挖掘与跨文化交际相关的网络思政教育素材，将相关的

[1] 王卉．基于泛在学习环境的大学英语课程思政融入路径探究［J］．教育教学论坛，2019（1）．

新闻报道、视频短片、纪录影片、各大论坛的讨论、微博、微信中的信息收集整理，形成小型的思政教学资源库，并将相关内容提前发给学生，供大家自主学习时参考；在课堂教学过程中，通过启发式教学、案例分析等方法，将相关跨文化交际理论内容及思政思想阐释清楚，解决好课程教学的重、难点，在此基础上，组织同学们针对课堂所学和课前所观看的相关内容进行小组展示、辩论讨论，从理性和感性两个维度上将思政内容潜移默化地传递给同学们，达到知识教育和价值观教育的协调统一；在课后作业的布置上，也倡导同学们结合学校、社会生活中跨文化交际的热点问题完成，重在明理，同时将优秀的微课、慕课介绍给同学们作为扩展学习的资料，引导他们再次将理性认知、情感共鸣与行为认同有效结合，进一步提升自己的素养。

另外，我们还可以向其他院校和专业学习，在今后的教学实践中，尝试将本门课的课程教学评价、学习效果评价从单一的专业维度，向人文素质、职业胜任力、社会责任感等多维度延伸，细化对教师教学活动的指导和对学生学习效果的测量。通过各种合力，采取更多学生易于和乐于接受的形式，使思政教学自然融入同学们的自主学习过程当中，取得更好的成效。

结　语

“课程思政”就是要挖掘不同课程的思想政治资源，充分发挥课堂教学的主渠道作用，达到全面育人的目的，实现思想政治教育目标与学生成长发展需求的一致性。[1]“跨文化交际”作为一门专业课，也需要打破与思想政治理论课的壁垒，在立足文化内涵的基础上，充分发挥课程内容的自身优势，以润物细无声的方式将思政教育潜移默化地融入课

[1] 冯刚.增强高校思想政治教育持续发展的内生动力［J］.中国高等教育，2017（2）.

程教学的全过程中。这一目标的实现，需要将教师、学生、教学活动进行有机联系，教师不仅要注重自己思政素养的提升，还要在教学设计上深入思考，通过激发同学们的学习热情和主动性，使思政教育真正贯穿在“立德树人”的教育培养过程中，实现知识教育与价值观教育的完美统一。

网络与新媒体专业人文类课程的思政教育研究

翟　杉*

摘　要　在不断加剧的碎片化时代，对网络与新媒体专业的从业者与研究者的人文素养与思政水平都提出了更高的要求。高校网络与新媒体专业需要增强人文素养与思政水平，这是基于不断更新的新媒体发展的逻辑与哲学的需要，也是新媒体内容生产的必然要求。目前高校网络与新媒体专业在人文类课程的思政教育中缺乏具体的指标，教师对课程思政教育的认识不足，教学方式也相对单一，需要在人文类课程的具体教学目标设计中融入思政内容，提高教师自身的思政水平，尊重学生的课堂主体地位，创造良好的校园文化，加强对学生思想品德的教育。

关键词　网络与新媒体　人文　思政

所谓“人文学科”（Humanities），一般指的是通过分析、批评和观察等方法研究人的境况的学科。[1]本文所说的“人文学科”，既指人文学科，也

---

*　翟杉，女，北京联合大学应用文理学院新闻与传播系讲师，广播电视艺术美学博士，主要研究方向为新媒体艺术传播。

[1] 郭英剑．大学与社会——郭英剑高等教育文集［M］．北京：外语教学与研究出版社，2014：397.

包括人文教育。所谓人文教育，按照一般的定义，是一种深思熟虑的形成过程，通过缜密整合的知识、理性的判断、对个人和他人明确的责任感，从而使个人为更高的利益去作贡献；其核心价值观讲求的是人的自由发展和在行动中承担责任。[1]人文学科是中国优秀传统文化传承的重要载体，也是实现中华民族伟大复兴的重要力量，因此，积极探索重塑人文精神、传承传统文化、体现时代精神的文科人才培养模式是当前教育教学改革的重要任务之一。但是，随着现代科学技术的日趋发达，人文学科在大学中的作用乃至人文教育的价值，一再受到质疑与挑战。与此同时，世界上许多顶尖高校以及有识之士也在不断地、坚定不移地维护人文学科与人文教育的意义与价值。

一、人文学科的意义

（一）培养共情力，加深我们对他人和对世界的了解与情感

总的来说，人文学科的从业者与其他文科行业的人员一样，核心工作是分享和创造知识，加入（学术）团体、不懈审视并挑战现有认知、不断考证发现、重构现有理论。这种知识的创造可以是为实际所需，也可以纯粹是为知识本身。当今人类社会的发展已达到人类历史上无与伦比的生活水准和知识水平，但同时也面临前所未有的发展不公和经济环境危机。

人文学科研究者尤其擅长通过将我们日常生活所在的这个已习以为常的世界陌生化来使我们重新审视与思考我们所处的世界，以及我们与世界、与他人之间的关系，我们或许无法完全体会别人的生活，但人文学科可以使我们更好地分享经验，了解他人的生活与感受。当杜尚在 20 世纪

---

[1] 郭英剑．大学与社会——郭英剑高等教育文集［M］．北京：外语教学与研究出版社，2014：397.

50年代将一只小便器以“泉”命名并展出时，当毕加索将自行车把手重新装饰并以“牛头”为题进行展览时，当玛利娜·阿布拉莫维奇以节奏0号为媒介考验人性时，仿佛“咔哒”一声，我们意识到，我们和世界、和他人的关系并不是我们习以为常的样子，我们的凡俗生活本身就值得审视与考量。通过人文学科的学习与创作，可以深化对人与人之间、文化与文化之间的理解，从而使我们产生更和谐的同情心，更好地学习如何认识别人所认知的世界，谦逊地意识到别人可能观察到了我们所没有看到的世界，甚至可能比我们自己所认知的更准确。

（二）人文学科可以使我们的生活更加丰富而富于意义

人文学科通过培养我们在创造性和建设性方面的潜能，丰富了我们的生活，使我们的人文精神和特性可以从繁重无聊的日常工作中释放出来，得以升华。因此，人文学科是人之为人的重要组成部分，其终极目标是培养公民意识和自我意志，此外人文学科还可以通过培养相关能力来丰富我们的生活，使我们具有发现身边事物的价值和判定事物重要性的能力。此外，人文学科还可以帮助医学治疗。例如，2015年的《医学人文学》（*Medical Humanities*）期刊就通过一组特别的诗歌、散文和研究型文章来揭示“医疗服务的过程、公共医疗政策的形成以及生病的经历和护理病人的过程”。该刊物通过多视角体察病人和医务工作者双方的经历和情感过程，以帮助培养出更多具有人道主义精神的医护人员，使他们能跳出自身经历局限而基于医患双方的生活体验和理解去处理问题。

（三）人文学科的学习有利于与其他学科知识学习彼此促进与发展

1. 人文学科让人们得以了解科学存在的背景及其权利与义务

众所周知，诞生于近代西方的科学是建立在对事实和价值进行二分的哲学基础上的，为了确保科学技术总是服务于人类既有的目的，运用科学技术的结果也总在人们的预期之中，以逻辑实证主义为代表的哲学家们设计出了一套方法论规范，以此作为判断科学的标准；以默顿为代表的社会学家总结出了一套社会规范，以确保科学的制度性目标——“扩展被证实了的知识”。但是，20 世纪 70 年代以来科学知识社会学的研究表明，和任何其他知识一样，科学知识也是一个社会建构的过程。整个科学研究的过程、科学结论的达成、科学共识的形成，都是通过科学家作为社会人来完成的，都涉及社会性活动。在这一过程中，个体的科学家的兴趣、利益都有可能影响到科学研究的问题的选择和定义、结果的评价、知识产权的处理等。很多学者的研究表明，即便是科学界目前普遍用来确保科学研究工作可信的同行评议和可重复实验方法，在实际开展过程中，也存在包括种族、性别、语言、国家、内容等各种形式的偏见。人们已经认识到，科学知识以及科学知识得以产生的社会秩序是互相内嵌、彼此共同生产出来的。科学技术研发过程不能被看成隔离于社会关系之外的黑箱，社会和价值问题也不能被狭隘地局限在对科技的后果应用上。科学家们不能只听凭科学技术自身的逻辑，更要依据能否造福人类社会的价值标准来做出是否进行某项研究、如何进行研究的选择。因此，有人文学科学者曾提道：科学、医学和工程是不可或缺的实用学科，它们可以改变人类世界及其与自然的关系，而人文学科则是决定哪些事是可以做的学科，它可以评价出哪些才是我们应该追求的目标，哪些项目是合乎人性的。

2. 从脑科学的角度讲，人文学科有助于对左右脑的全面开发，对于培养优质的科学家、工程师和医学从业者具有积极意义

科学家早已知道大脑有左右半球之分，却又不是截然分开，中间有着称为“胼胝体”的约两亿神经纤维组成的束，使两个半球连接起来并得以沟通同时以每秒 40 亿个神经冲动的速度于两半球之间传递着信息，保证左、右两半球在功能上的统一性。1961 年，美国加利福尼亚理工学院的生理学家 R. 斯佩里及其同事通过对裂脑人的研究，提出了大脑半球功能“一侧化”的新理论。他发现：大脑左右两半球功能是高度专门化的，既

有明显的分工又相互配合。右半球比较沉默，长于辨认形体；左半球比较积极，长于言语功能。这一研究还证明了右半球事实上在许多方面如具体思维能力、对空间的认识能力以及对复杂关系的理解能力等方面都优于左半球，尤其是在音乐理解和情绪表达时更是左半球所无法企及的。此后，人们越来越认识到左脑的功能是计算，是思想的大脑；而右脑的功能是模拟，是艺术的大脑。左脑有固定的职责分工，是意识的大脑；右脑从总体上发挥作用，没有固定的职责分工，是无意识的大脑。左脑为数字型，担任着语言、计算、逻辑等思想方面的任务；而右脑则是负责欣赏音乐、绘画，从整体上接受事实，承担直觉、灵感、创新、预测的责任，掌管着人们感情方面的事情。当左右脑协调发展时，可以产生1+1>2 的效果。

3. 自然学科与人文学科的结合可以产生巨大的生产力

自然学科与人文学科完美结合的一个现实案例，就是美国的苹果公司。前苹果首席执行官史蒂夫·乔布斯在 2011 年推出 IPad2 时，曾提到，苹果的设计理念在于技术理念与自由艺术的结合、是科技力量与人文精神的结合。乔布斯无疑是将人文学科与技术相融合的大师；而苹果的这一模式也表明，通过集合科技和人文在不同领域的优势，自然学科与人文学科是完全可以产生出极具生产力的协同效应的。

此外，尚有许多证据表明人文学科的毕业生同样具备其他有关科技、就业和商业方面的技能。例如，2012 年对 652 名美国出生的首席执行官和产品工程负责人的调查显示，近 60% 的人拥有文科学位；另一项对伦敦证券交易所前 100 名上市公司（100 FTSE companies）首席执行官的研究显示，其中 34% 的 CEO 是艺术、社会科学或人文科学相关专业毕业，而理工科（STEM）毕业的人仅为 31%。[1] 原因在于沟通、解读、批判性和建设性思维、解决复杂问题、重视伦理和团队合作正是全世界的人文学科所要

[1] ［澳］Iain HAY . 对人文科学所遭受抨击的回应［J］. 李禕，译 . 地理科学进展，2018，37（3）.

培养的专业素养。而且以目前的形势来看，未来的职业只会越来越需要人文学科专业所强调的这些能力和其他素养。

（四）人文学科是大学的立校之本，为大学的存在提供了合法性依据

人文学科作为大学的科目已有500—1000年的历史，并且一直是大学的核心。正是因为其在人文学科领域的权威性，大学才得以称之为大学（universities）而非技术学院（technical institutes or colleges）。正如美国批判教育学的代表人物亨利·吉鲁所委婉阐述的那样，从大学与人文学科的这种渊源上我们可以得到的一个教益是："人文学科的规模越缩小、越私有化、越商品化，高等教育就越会背离其初衷；因为大学一面说着要为年轻人的未来投资，一面又不给年轻人提供什么理智、公民和道德方面的培养。"[1] 也就是说，如果真像很多大学的校训所描述的那样，要让学生得到全面发展，那么大学就必须提供渠道以赋予学生在理智、公民和道德方面的能力，而这正是人文学科的题中应有之义。

二、高校网络与新媒体专业需要增强人文素养与思政水平

近几年来，随着网络科学技术日新月异，新媒体形态不断涌现，推动了传统新闻媒体产业的深刻变革，同时亦推动了对网络与新媒体人才的需求。有鉴于此，21世纪初，一些高校开始探索开设网络媒体相关课程及专业。2010年教育部首次开展了"新媒体与信息网络专业"（050307S）申报工作，2011年中国传媒大学及南广学院首获批准招生。2012年根据教育部本科专业目录调整，即《普通高等学校本科专业目录（2012年）》和《普通高等学校本科专业设置管理规定》颁布，"网络与新媒体专业"（050306T）正式取代"新媒体与信息网络专业"（050307S）

---

[1] ［澳］Iain HAY．对人文科学所遭受抨击的回应［J］．李禕，译．地理科学进展，2018，37（3）．

作为新闻传播类的一个特设专业。2013—2015 年，全国约 110 所高校获准招生，“网络与新媒体专业”伴随着互联网与媒体技术的迭代发展应时而生。

大数据时代催生的网络与新媒体专业，大多是基于网络环境研究新媒体，“网络”与“新媒体”两大关键元素时刻影响专业教育，而无论是“网络”抑或是“新媒体”都对学生的人文素养具有极大的要求

1. 不断更新的“新媒体”需要与之匹配的人文精神与思政水平

在信息社会中，新的媒介生态系统逐渐形成，传统的大众媒体受到巨大的冲击，虽不敢断言新媒体将完全取代传统媒体，但新媒体大大削弱了传统媒体的影响力。对于“新媒体”的概念界定，至今难有定论。学术界研究新媒体的对象也不同，如移动媒体、网络媒体、数字电视、微博、微信等。

事实上，从媒体演变来看，“新媒体”是一个不断更新的相对概念。新媒体是新的媒体形态，能够利用数字技术、网络技术、移动技术，以电脑、手机、数字电视为终端，建构在互联网、无线通信网络、有线网络等通道上，为用户提供信息和娱乐的传播形态和媒体形态。伴随科技的进步和移动互联网快速发展，信息的输出端可能性有很多，没人能够预知下一个“新媒体明星”是谁，这其中，一方面需要对技术的关注，另一方面更需要对技术背后的人文精神的考量与把握。

2. 移动互联网络的主流化加剧信息碎片化，对从业者的人文素养与思政能力要求更高

中国互联网络信息中心（CNNIC）发布的《第 42 次中国互联网络发展状况统计报告》显示，截至 2018 年 6 月，我国网民规模为 8.02 亿，网民中使用手机上网人群的占比达 98.3%，基于移动终端的互联网已成为绝对主流。与 PC 端相比，移动互联终端因其随时随地使用，正改变着媒体格局：传统门户网站正逐步被新闻客户端替代，各大电视台正被各类视频 App 取代，网页广告也转换为手机模式……这就要求网络与新媒体专业培

育全媒体人才：具备移动互联网平台的App游戏研发能力；微信公众号、微博号的运营能力；新闻客户端等内容数据处理分析能力。诚如麦克卢汉所言，媒介即讯息，所有的工具背后都是对工具使用者的控制与反控制。移动互联网碎片化的特点造成了信息的碎片化与接收的碎片化，在这种碎片化背后是一种近乎催眠的浅薄化倾向，欲对这种倾向进行反抗与纠正，必须依靠深厚的人文素养，提高批判性思维能力。

3. 网络与新媒体内容生产中对人文素养及思政水平的需求愈加强烈

网络与新媒体专业的培养目标要注重培育对内容的生产，可称“人文”素养，也要注重培养学生计算机方面“数据挖掘”“网页设计”“数据可视化”的能力，可称“技能”，如“新媒体运营”“新媒体业务策划”“新媒体推广及维护”等。

从专业开设初衷来看，是为社会培养全媒体式复合应用型人才。华中科技大学余红教授在《我国网络与新媒体人才需求调研与专业培养》[1]一文中指出，新媒体的就业岗位需求大多分为“通才”和“专才”两类，即互联网内容维护、产品设计等“人文”和“技术”相融合的通才，和数据分析、后台研发、产品测试等技术岗位的专才。但此技术专才，是无法与计算机或信息类学生相比较的，因此，网络与新媒体专业应该培养必须要整合“人文”和“技术”，培养“通才”。在内容生产方面，必须能够提供高水平的富于人文精神与思政高度的产品，在这方面，微信公众号“新世相”“为你读诗”等的成功便是最好的佐证。

三、网络与新媒体专业思政教育的现状

当今国际社会的竞争从表面上来看是经济实力和政治影响力的竞争，但是从根本上来看是人才的竞争，是民族文化生命力的竞争，是民族精神

---

[1] 余红，李婷．我国网络与新媒体人才需求调研与专业培养［J］．现代传播（中国传媒大学学报），2014（2）．

和民族文化素质的竞争。因此国家大力倡导社会主义核心价值观的培养。网络与新媒体专业作为实践性、应用性、前沿性极强的专业，更应注重对人文精神与思政水平的培养与坚守。

就目前来看，我国网络与新媒体专业呈现出多元化的发展特色：有以信息技术类学科为主导、强调“应用见长”的高校；有以技术为主、理论为辅的高校；也有具有深厚人文社科底蕴的新闻传播院系以新媒体思维为主、新媒体技术为辅培育学习型人才的高校。但不论有着怎样的培养目标与方向，都必须坚持注重培养学生的人文精神与思想道德核心素养。因此这就特别强调在对网络与新媒体专业的思政教育过程中重视对学生人文精神和思政水平的培养，这不仅是提高人文学科以及思政课程教学效果的有效方法，更是网络与新媒体专业思政教育的必然要求和未来趋势。

目前我国高校网络与新媒体专业在人文类课程及思政课程教学中存在的问题主要有以下几点。

1. 专业课程及人文类课程中的思政教育缺乏具体的指标

在网络与新媒体专业人才培养方案中，各校均对人文素养和政治思想素质的教育提出了明确的要求，对应这一要求，对人文类课程和思想政治教育进行了课程方面的设置。但是，目前的课程讲授普遍表现为为了传授知识而传授知识，为了改进技术而改进技术，缺乏知识服务导向性和技术服务目的性与服务区域经济文化发展、服务社会主义建设的目标。对于人文类课程思政教育在每个章节内容中的体现缺乏甚至缺失教学安排方面的要求。

2. 教师对课程思政教育的认识不足

作为非思政专业类课程的人文类授课教师在讲授课程的过程中，多数将课程仅限定在本学科领域视野之内，甚至局限于课本知识内，形成了“专”

上到位、“红”上不足的舆论形象，[1]普遍认为专业技能就是最核心的素质。教师对课程思政教育的认识不足，一方面是由于教师个人学习不足，另一方面是由于学校、学院和专业建设中对教师的继续教育工作不足，对教师在师德素养方面的考核、引导不足，对教师发表论文、申请课题方面的要求很详细，而对教师在课程思政教育方面的考核缺乏引导、具体的量化要求。

3. 在人文类课程中融入思想政治教育的方式方法有待丰富和与时俱进

在人文类课程的教学中，不仅仅是一种知识的传播，也是对其中所蕴含的思政资源进行挖掘的过程。目前，非思政类人文课程的教授过程中，教师较少涉及思想政治教育类内容，教师普遍感觉缺少合适的切入点和学生们喜闻乐见的形式。思政教育给人们的印象是说教，同时，有些说教是照本宣科，给人不接地气的感觉，这使得思政教育的影响度、共鸣性大打折扣。事实上，与时俱进是马克思主义唯物辩证法的内在要求，思想政治教育必须与受众的思想、生活、学习息息相关、紧密相连才能够产生应有的指导作用。

四、改进网络与新媒体专业人文课程与思政教育水平的途径

1. 在网络与新媒体专业人文类课程的教学目标设计中融入思政内容

网络与新媒体专业主要是要培养宣传与传播类的人才，一定要在教学目标中进一步融入思政内容，构建认知目标、情感目标和行为目标三位一体的目标体系。认知目标是使网络与新媒体专业学生学习新闻专业知识、掌握采写编专业技能的同时，了解新闻传播的现状、国情及传统文化，具备丰富的历史文化和专业知识；情感目标是通过专业实践，激发学生新闻传播的使命感、民族自豪感和文化自信，引导学生树立爱国情怀；行为目标是培养学生的职业道德修养，遵纪守法。要回归教育初衷、共筑价值追求，特别是非思政类人文课程的思政教育要从学校定位和人才培养目标服

---

[1] 余江涛，等．专业教师实践“课程思政”的逻辑及其要领——以理工科课程为例［J］．学校党建与思想教育，2018（1）．

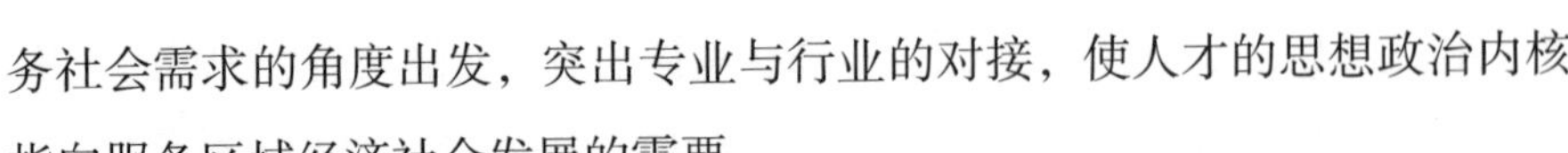

务社会需求的角度出发，突出专业与行业的对接，使人才的思想政治内核指向服务区域经济社会发展的需要。

2. 提升教师认知

教师是教学工作的主导，人文类课程的教师在传授学生专业知识的同时，不仅要进行“授业、解惑”的工作，对于“传道”即培养社会主义事业建设者和接班人的工作，更需时时处处强化。在这方面，教师发展中心担负着对教师的思想政治教育以及教学业务素质的培训和指导，是教师入职后提高思想政治教育、讲课技能和进行个人职业规划的保障机构。在这一保障基础上，人事处、教务处对教师进行思政教育的考核，通过绩效杠杆和业务督导进一步帮助教师提高课程思政工作能力。

3. 尊重学生的课堂主体地位，注重学生思想品德教育

网络与新媒体专业学生的来源较为广泛，既有以数字、逻辑能力见长的理科生，也有擅长文字、艺术、感性思维的文科生和艺术生。因此，根据不同的学生特点，在人文类课程的具体思政教育中必须树立“以人为本”的教学理念，在教学过程中必须强调学生的课堂主体地位，鼓励引导学生充分发挥学习积极性，帮助学生形成独立、理性、自由的人格。同时必须重视学生个人认同感和社会责任的教育，帮助他们形成高尚的道德价值，从而在未来的学习和生活中促进他们的成长与发展。

4. 创建和谐的校园文化，营造良好的学习氛围

网络与新媒体专业学生的人文精神与思政水平的培养不能只是依赖课堂教育，必须在全专业范围内营造良好的学习环境和人文氛围，这对本专业大学生塑造良好的人文素养，形成正确的人生观、价值观有重要的影响。创建良好的校园文化能够形成一个良好的文化载体，学生在其中就能够得到人文精神和思政教育的熏陶。高校校园文化的建设必须是将德智体美全部结合起来的教育体系，这是一种较为隐秘、间接的文化教育，学生在平常的生活中就会不知不觉地展开人文精神的学习。

“消费者行为学”课程思政探索与实践*

闫　琰**

摘　要　“消费者行为学”作为市场营销的主干课程之一，在营销专业的课程体系中起到了非常重要的作用，同时对广告学专业和网络与新媒体专业来说也是核心的营销类课程。传统的“消费者行为学”课堂注重专业理论和能力的学习和搭建，而忽略消费文化中消费伦理和消费文化中的消极层面；对该课程专业思政的探索和研究有助于学生在学习课程的过程中系统地思考广告文化、消费者行为中不符合伦理、消极颓废的消费文化及市场行为，使学生在学习理论知识的同时，提升专业素养，同时提升了市场行为鉴别能力，对今后的营销活动和工作提供伦理准则。

关键词　消费者行为　消费文化　专业思政

习近平总书记在2016年全国高校思想政治工作会议上提出，“要坚持把立德树人作为中心环节，把思想政治工作贯穿教育教学全过程，实现全程育人、全方位育人”，并着重提到“要用好课堂教学这个主渠道，思想

---

*　本文系教育部人文社会科学研究青年基金项目“新媒体背景下我国广告教育转型与发展研究”（项目号17YJC860030）的阶段性成果。

**　闫琰，女，北京联合大学应用文理学院新闻与传播系讲师，传播学博士，主要研究方向为新媒体广告、广告教育。

政治理论课要坚持在改进中加强，提升思想政治教育亲和力和针对性，满足学生成长发展需求和期待，其他各门课都要守好一段渠、种好责任田，使各类课程与思想政治理论课同向同行，形成协同效应”。[1]对于高校来说，除了依托思政课程外，专业课程同样也能发挥专业思政的作用。专业课教师要从自身的课程出发，把依靠“思政”育人的理念转变为“专业思政”的理念，最后形成“人人”育人的高校思政教育局面。

“消费者行为学”是营销课程体系中非常重要的一门课。为了实现高校全方位育人的目标，笔者从该课程的内容、授课方式及考核方式等几个内容出发，探讨该课程的专业思政设计及实践，以给同行一些经验启示。

一、借助专业内容，深挖课程思政

“消费者行为学”课程的“专业思政”立足于专业人才培养目标，深度挖掘专业课程蕴含的思想政治教育元素。通过不同章节内容的深度挖掘，整合各种教学资源，提升专业课教师价值观的渗透意识和渗透能力。通过将思想政治教育融入专业课程教学典型案例，表彰专业技能和思想道德素质俱佳的学生以榜样引领育人等方式，拓宽“课程思政”实现途径，构建“课程思政”立体育人新格局。[2]

“消费者行为学”课程理论内容丰富，同时又是实践性很强的一门课程，要求学生在掌握基本理论的基础上，学会将理论恰当地应用到具体实践中去，这是对学生以及授课教师的双重要求。而这门专业课与其他课程的明显不同点在于它是一门可以让学生以双重的身份来体验市场营销过程的课程，学生一方面作为消费者能够感受到与消费有关的购买行为，另一方面，学生还应该站在企业的角度来分析采取何种营销策略来影响消费者

---

[1] 习近平.把思想政治工作贯穿教育教学全过程 开创我国高等教育事业发展新局面［N］.人民日报，2016-12-09.

[2] 周利方，沈全.“课程思政”运行机制与途径拓展探索［J］.教书育人，2019（6）.

的行为。[1]这种特殊性使得课程内容能够紧密结合消费伦理等思政内容进行内容设计，同时也便于学生将这些思政内容指导自身的消费实践和消费生活。

1. 开篇铺垫引发消费行为的反思

本课程在使用教程方面选择了最经典的教程——迈克尔·所罗门的《消费者行为学》(第 12 版)。该教材在课程的开篇指明了消费者的很多行为并不都是有益的，消费者深受沉迷消费、地位嫉妒、民族优越感、种族主义、性别歧视等问题的困扰。[2]很多营销者鼓励或者利用消费者自身所具有的一些缺陷进行错误的营销引发营销伦理的问题。从课程开篇就给学生铺垫这些问题，引发学生带着思考进行课程的学习。

在第一章消费者行为概述部分可以结合广告学专业和网络与新媒体专业的专业背景，抛出问题：广告是否导致了物质主义？营销人员是否操纵了消费者？社会营销与企业的社会责任是什么？通过对这些问题的一一梳理和解答，让学生对物质主义、消费的意义等问题有深入的思考和反思。

2. 辨别商业伦理规范消费者行为

在第二章消费者与社会福祉内容部分提出“商业伦理”的概念，让学生深入挖掘什么是商业伦理，找到诸如诚信、可靠、公平、尊重等伦理准则。同时让同学们了解“商业贿赂”，抵制不良商业行为，抵制侵犯“数据隐私”“成瘾消费”等消费者恐怖主义问题，学习可持续的绿色营销和消费。让学生意识到消费者行为有可能对个体和社会造成危害，因为消费者虽然经常被描述成理性、明智的决策者，但现实中，许多消费者的行为有很多“黑暗面”，对于个人和社会都有很大的危害性。

3. 从企业角度倡导企业的社会责任

另外还需启发学生站在企业的角度来分析采取何种正面的营销策略来

---

[1] 杜玮．高职市场营销专业消费者行为学课程教学改革探索［J］．教育现代化，2018(47)．

[2] ［美］迈克尔·所罗门．消费者行为学［M］．12 版．杨晓燕，等译．北京：中国人民大学出版社，2018：3.

影响消费者的行为。在讲影响消费者行为的因素时会涉及消费者的需要和动机、消费者的学习和态度、消费者的个性等内容，这些知识点与心理学有联系，可以从健康的消费心理入手培养学生健康绿色的消费方式和消费习惯，倡导有意义的健康的消费价值观，而对于环境因素与消费者行为的关系时鼓励学生选择对环境友好的绿色消费行为，注意可持续发展的消费议题。这每一个内容点都可以植入消费文化当中的正面行为和案例中。

总体来看，从教学环节一开始导入消费行为的反思，引发学生从自身的消费行为和消费习惯出发进行思考，摒弃物质主义、铺张浪费、消费成瘾等消费陋习，追求绿色环保的消费方式；同时在学习专业内容的阶段，能够从企业的角度出发，倡导企业诚信、可靠、公平、尊重等伦理准则；最后，在宏观上对不同地区的消费文化进行了解并反思，理解各种消费文化中的优点和糟粕，弘扬积极健康的消费文化，引领消费者的消费。

二、创新授课方式，思政寓教于乐

1. 多种方法促进学生学习效果

目前很多院校在“消费者行为学”课堂教学上还是采用传统教学模式，通过原理加案例的教学方式进行教学，不仅课堂气氛十分压抑枯燥，而且教学过程中对学生的学习质量并不注重，更多的是在于完成教学任务及教学计划，并不注重学生学习，这与现代化教学理念严重相悖。[1] 随着新技术和新的教学理念的发展，课堂教学应以学生为主体，教师重视启发和引导，从填鸭式的教学方式向启发式的教学方式转变。在理论知识的学习中，让学生发掘先进有趣的案例进行分析后研讨，发挥学生的能动性，进行消费行业前沿信息和资讯的搜寻和收集。通过这种“滚雪球”式的讨论和互动，寓教于乐，提升学生学习的主动性，同时又能不断拓宽学生的学习边界，

[1] 魏文静．高职院校《消费者行为学》创新教学模式探析［J］．汉江师范学院学报，2018（4）．

增加新知识和新资讯的吸收，使得所学知识鲜活而又不与行业脱节。

同时引入专业赛事，通过与真实的品牌命题相结合，激发学生的学习热情和学习动力，让学生在专业的比赛过程中锻炼自己的专业能力，并能够以赛代练，以赛促学，提升学生的学习成效。

2. 多个角度拓展学生实践成果

让学生从自身出发，回想在不同购买过程中的体验，不断地推动学生从自身出发了解消费动机的复杂性，以及自我的个性、价值观对消费行为的影响。例如让学生进行性格测试等活动，激发学生去思考不同的人格特质对不同个性品牌的选择的影响，进而了解如何从健康的生活方式出发来进行消费或营销。

在自我认知学习中设计“寻找美”的情景主题活动，拓展学生对自身的认知，讨论和挖掘何为美的典范，启发学生去思考如何对待美，如何追求美，如何看待不同文化中对身体的装饰和损毁，引发学生思考并进一步对文身、身体穿孔、整容等问题的看法，引导其树立健康的审美情操。

在课后作业环节，鼓励学生进行不同人群和对象的访谈和调研，了解他们对不同类别产品的购买动机和态度。学生学习热情可以不断地通过与消费者的互动得到提升。教师可以通过指导学生对消费者心理的研究，拓展学生的学习视野，增加学生的实践学习机会，让学生亲自参与营销活动感受消费者行为，从而便于学生以自身经验和运用理论知识去分析实际案例，以理论联系实践的方法激发学生的学习能动性。

三、改革考核方式，创收育人成果

“消费者行为学”课程的考核方式不仅要测评学生基础理论知识的掌握情况，还应该注重过程性的参与学习和自主学习的情况，以及专业思政在实践中的应用情况，只有将几方面结合起来才是对学生全过程能力的综合测评。同时，在期末考核中，采用撰写品牌故事的方式参与“全国大学生品牌故事创意大赛”，既是完成期末考核，产生的优秀作品又能参与大赛，获得比赛的肯定能够以赛促学，学习效果更佳，对于就业也有一定的帮助。

1. 考核过程重视实践

“消费者行为学”课程实践性和交叉性的特点决定了课程考核体系也要侧重实践性的考核方式。当前我国高校的人才培养方案要求对于实践性较强的课程可以将测评和考核指标偏向实践方面进行操作。这给专业思政的课程效果一个检测实效的契机。在实际的考核体系中，本课程可以分为三个层级进行考核：基础理论的学习掌握、学习过程的参与情况和学习实践的应用情况。而这三个层次中，前两个层次专业思政是从理论学习及课程参与过程中介入，如果在实践考核阶段不重视的前提下，前两个层次的专业思政效果必然会大打折扣。只有在测评中注重实践环节的考核，学生在平时的学习过程中才会有意识地训练自身的实践能力，才能够遵照商业伦理，进行诚信消费、理性消费，抵制享乐主义消费，同时也能够使学生学会如何将消费者行为的理论内容运用到企业实践中来，并指导企业实践。

2. 考核结果重视过程

“消费者行为学”课程的开设旨在培养学生动手实践能力和观察分析的能力，而且课程本身融入了许多其他课程的相关知识点，这对于学生知识面和专业视野的开拓起到了很好的推动作用。在实际的教学过程中，授课教师应该调动学生参与课堂和课程实践的积极性，改革课程考核体系，将过程化考核作为对学生学习效果的重要检测手段之一，以教学效果为导向正向激励，形成常态化、行之有效的“课程思政”运行机制。

其中平时作业注重学生课堂作业的参与情况，平时作业的消费调研、消费观察的进展情况，健康消费行为及消费观念的改变情况。通过灵活的过程考核，灵活地掌握学生的学习过程，把握学生的学习效果，以保证学期学习的最终成效。平时作业注重及时总结、及时反馈、及时指导几个原则，也是对学生学习状态的把握和督促。

3. 利用专业赛事促学

期末的考核方式和考核内容对于整个学期的学习来说是重中之重。本课程采用国外的著名教材，考核内容需融入中国特色，解决国内的品牌营销问题。因此，“消费者行为学”课程的期末考核采用撰写“品牌故事”的方式，选择我国的自有品牌来撰写品牌故事。在当前的消费市场，仅依靠产品质量和媒介宣传来塑造品牌已经远远不够。以“叙述”手法向消费者讲解品牌内涵、传播品牌策略、建立客群关系更容易得到消费者赞同与青睐。以通俗的话语、亲切的语调讲好品牌故事，真实再现企业的变迁和产品的发展，可以在消费者耳边引发共鸣，取得竞争对手不可模仿的传播效果。

事实上，以品牌故事为方式掀起的中国品牌“讲故事”热潮，与国家层面推动打造具有国际影响力的自主品牌这一大背景密切相关。近年来，国务院先后印发了《中国制造 2025》《关于开展消费品工业“三品”专项行动营造良好市场环境的若干意见》等文件，提到中国品牌的问题。2016 年，国务院办公厅印发《关于发挥品牌引领作用推动供需结构升级的意见》，明确指出要“大力宣传知名自主品牌，讲好中国品牌故事，提高自主品牌影响力和认知度”。

对于“消费者行为学”课程来说，通过撰写中国品牌的故事，关注本土品牌的营销和发展，同时还可以推荐优秀作品参加“全国大学生品牌故事创意大赛”，既能锻炼学生的撰写能力，又能让学生关注本土品牌的发展，通过比赛让学生获得认同的同时，也提升了学习的成效。

结 语

对于“消费者行为学”课程的专业思政实施问题，需要高校教师在教

学实践中谨记育人理念，不断实践和挖掘新内容、新方法、新手段，使课程思政和专业课程既能紧密结合，又有一定的技巧性，使思政效果慢慢地浸润进消费文化的知识中，达到良好的思政效果。教学者要从专业内容中深挖思政内容，从教学手段上不断丰富，重视教学过程的学习，最后在考核层面，结合国家大政方针和潮流，融入思政内容的考量，巧妙设计考核方式和选题，及时引入学生对本土问题及现象的关注，并注重解决问题的能力培养和训练，这样才能大处着眼，把专业思政的学习拓展一定的广度，推进一定的高度，挖掘一定的深度，取得较好的思政学习效果。

“中国传统语言文字学概论”课程教学新模式探索*

纪凌云**

摘　要　中国传统语言文字学体现了中国人的民族智慧。作为人文学科的根底之学，无论是从思想教育的角度考虑，还是从知识的系统性方面考虑，都有其开设的必要性。而其应用性、工具性和实践性特征又恰好与应用型大学的人才培养目标相契合。为了更好地培养当代大学生的实践能力，“中国传统语言文字学概论”课程需要探索一条“课内外一体化”的新型教学模式，通过课内对教学内容的精挑细选，课外对实践教学方式的应用，更好地实现“三全育人”的教学要求。

关键词　中国传统语言文字学　“课内外一体化”　教学新模式　三全育人

一、中国传统语言文字学的地位

中国传统语言文字学对于很多人来说可能会觉得很陌生，它从来不是

*　本文系北京联合大学应用文理学院教育教学研究与改革项目“中国传统语言文字学概论课‘校内外一体化’教学新模式的探索与研究”的研究成果。

**　纪凌云，女，北京联合大学应用文理学院新闻与传播系讲师，汉语言文字学博士，主要研究方向为汉语历史语法、对外汉语教学、语言规划。

一门显学，但从来都是一门根底之学。是谁的根底呢？是人文学科的根底。黄侃先生在《文字声韵训诂笔记》中说得很清楚："小学者，即于中国语言文字中研究其正当明确之解释，借以推求其正当明确之由来，因而得其正当明确之用法者也。所谓古书之启钥、古人之司阍、博乎古而通乎今者，悉基于此。"[1]我们看到，那些真正的大师都是以语言文字作为立足根基的。最有代表性的范例就是20世纪20年代清华国学研究院的四导师。王国维文史哲全能，但最后还是以语言文字学方面的成就位列大师行列；梁启超、陈寅恪都是史学大师，而二人都有语言学著作问世，梁启超首创了新文体，陈寅恪的《四声三问》《从史实论切韵》《东晋南朝之吴语》至今还常被人们引用；赵元任多才多艺，人称中国现代语言学之父。[2]

中国传统语言文字学根植于汉语实际产生并发展，具有鲜明的民族特色，其研究是在没有受到外来影响下产生的，反映的是中华民族的民族智慧。中国是世界语言学的三大发源地之一，它所取得的成就可以和古印度、希腊、罗马相媲美。很多方面在世界上处于领先地位。[3]学习中国传统语言文字学有利于我们更好地了解自己的学术传统、文化传统；帮助我们深入挖掘传统文化宝库，继承历史文化遗产；激发民族自信心，加强民族团结和国际文化交流。

然而在现代教育体系中，我们却很难看到它的身影。于是，我们看到，搞文字的不通音韵，搞哲学的不知道大篆、小篆，搞历史的不懂训诂，搞外语的不知道《说文解字》。这样的现实，是非常不利于人才培养的。社会需要专才，也需要通才。好在我们的教育管理部门已经意识到这个问题，近几年对于通识教育的提倡和回归正是这一认识的体现。

在现代学科分类体系中，中国传统语言文字学是一门跨学科课程，其基本内容涉及训诂、文字、音韵、语法、修辞、版本、校勘、目录等多方

---

❶ 黄侃，黄焯．文字声韵训诂笔记［M］．上海：上海古籍出版社，1983：1.

❷ 何九盈．中国古代语言学史［M］．北京：北京大学出版社，2000：2.

❸ 赵振铎．论中国语言学的民族传统［J］．中华文化论坛，1994（2）.

面的内容，而且与文学、历史、哲学等学科关系密切。它不仅应该成为汉语言文学专业学生的必修课，对于其他专业的学生，尤其是历史、哲学等专业的学生来说，也应该是一门基础课。中国传统语言文字学的研究方法对于非文科专业的学生来说也具有非常重要的启发和指导意义。

由此可见，无论是从思想政治教育的角度考虑，还是从知识的系统性、全面性方面考虑，对于当代大学生来说，“中国传统语言文字学概论”课程都有开设的必要性。不管他们今后要从事科学研究工作，还是从事一般性的工作，都应该学习一些中国传统语言文字学的基本知识，接受一些这方面的基础训练。

二、“中国传统语言文字学概论”课程的性质

“中国传统语言文字学概论”课程的传统定位，是一门应用性课程、工具性课程。赵振铎先生曾指出，“我国语言研究的民族传统的特点之一是讲求实际”[1]。我国语言研究产生于社会文化的需要，产生后又指导着社会文化实践。训诂的产生是为了扫清人们在阅读前代典籍时遇到的阅读障碍；字书的产生是为了规范人们的文字使用；韵书的出现则是为了指导人们写诗作文过程中的押韵和格律，并满足读书正音的需要。中国传统语言文字学从其最初产生就是作为经学的附庸，“通经”的工具是其从产生之初便携带的基因。

长期以来，由于受到应试教育的影响，大学的课程也大多只注重理论知识的传授，而忽视实践性教学，这种情况严重制约了大学生实践能力的提高和综合素质的提升。作为应用型大学，我们的课程应始终思考如何能够有效地引导学生将课内获得的知识转化为实际的应用能力和素质，如何能够提高学生分析问题和解决问题的能力，以适应社会对应用型人才的需

[1] 赵振铎．论中国语言学的民族传统［J］．中华文化论坛，1994（2）．

求。因此依据应用型大学的人才培养目标我们需要对中国传统语言文字学课程进行重新定位。在应用性和工具性之外，我们还应该赋予中国传统语言文字学概论课程一个新的性质——实践类课程。这种重新定位要求我们思考，如何对传统的教学模式进行变革，以体现“中国传统语言文字学概论”课程的实践性特征，有效地培养当代大学生的实践能力。

三、“中国传统语言文字学概论”课程教学新模式的探索

“中国传统语言文字学概论”课程是一门以古通今的课程。“以古”是说它有丰厚的历史积累，中国传统语言文字学的理论和方法基本上都是从古人的实践工作和实践材料中提炼总结而来；“通今”是说学习这门课程的根本目的是实现中国传统语言文字学的当代应用。其当代应用一方面体现为我们应用其基本理论和方法解决古代典籍阅读中遇到的问题；另一方面对学生来说也是更重要的方面，就是能够运用课上培养的语言学素养和能力对现实、生动的语言材料进行分析，解决现实语言生活中存在的问题。

考虑到具体的教学时数和地方应用型高校的人才培养目标，我们并不强调该门课程知识讲授的完整性和系统性，而是强调如何通过这门课引导学生利用课上学到的方法和理论解决现实的语言问题，即强调对学生实践应用能力的培养。这就需要我们在教学模式上展开积极思考，进行大胆创新。

俗话说，“没有金刚钻，别揽瓷器活”，要让学生能“干活”，必须先给他们“金刚钻”。这个“金刚钻”是什么？对于“中国传统语言文字学概论”课程来说，就是传统语言文字学的基本理论和方法。这部分内容的掌握要靠课内环节来完成。中国传统语言文字学有两千多年的历史，内容庞杂繁多，而我们一共只有 32 课时的时间来讲授，因此我们必须对教学内容进行有效筛选。筛选的原则是使学生既能通过所选取知识的介绍窥见

中国传统语言文字学概貌，又能对其基本理论和方法有较为深入的理解，并对其应用范围和如何应用有基本把握。有了“金刚钻”，就要思考如何用它来完成“瓷器活”，这个就是应用的问题，需要通过课外实践环节来完成。我们将中国传统语言文字学概论课程采用的这种课内讲授和课外实践相结合的新的教学模式称为“课内外一体化”的教学模式。

新模式往往好提，关键是如何让新模式真正实现培养应用型人才的目标。这就需要我们解决新模式在实际操作过程中存在的一系列重点和难点问题。以下是我们对这些问题的思考。

“课内外一体化”教学模式中课内环节要解决的重点和难点是教学内容的筛选。按照常见的学科分类，中国传统语言文字学下设训诂学、文字学和音韵学三个门类。

训诂学中我们选择介绍的内容有：训诂（学）发展简史、训诂材料和训诂术语、训诂方法。其中后两部分内容为重点。训诂材料和训诂术语的介绍可以有效地帮助学生提高阅读古书的能力；训诂方法的介绍能为学生的应用和实践提供方法指导，同时也有利于培养学生思考问题和解决问题的能力。

文字学中我们选择介绍的内容有：文字学发展简史、《说文解字》、汉字形体的演变。同样后两部分内容为介绍的重点。《说文解字》部分主要介绍六书理论，学生需充分理解汉字的表意特征，这是汉字区别于世界其他文字系统的最本质的特征。汉字形体演变部分要让学生深刻认识到作为记录语言的符号系统，文字的形体演变是如何受到现实生活的影响的。

音韵学中我们选择介绍的内容有：音韵学的基本知识、音韵学发展简史、中古音和上古音。前两部分为介绍的重点。对于绝大多数人来说，音韵学都非常生僻，因此我们有必要先对音韵学中的基本概念进行介绍，以扫除进一步学习音韵学的障碍。通过音韵学发展简史的介绍使学生看到音韵学的产生和发展始终是以应用为目的的。

“课内外一体化”教学模式中课外环节要解决的重点和难点是课外实

践方式的选取。在中国传统语言文字学概论课程的课外实践方式上，可供我们借鉴的已有经验并不多。以下是我们的思考调研所得。

训诂学方面的课外实践主要为选读古籍。陆宗达先生曾指出："训诂学课要取得良好的效果，必须注意联系实际。这不是单指学生应该有所实践，而是说整个课程都要体现这个原则。"[1]对于实践的方式，陆先生提出，"要联系古代文献——古代语言的记录——这一实际"[2]。古籍注本既是古人从事语言实践的对象，同时也是其从事语言实践的成果。学生课外选读影印版古籍，既可以形象直观地对古人的训诂工作实践有所认识，同时也能够有效提高训诂的实际操作能力。选读古籍时，由有注释的古籍开始，逐渐过渡到无注释古籍。在选读有注释的古籍时，教师应注意引导学生辨识古注的内容，并根据古注对文献正文做出正确理解。如果古注不足以帮助学生对正文做出充分理解，再引导他们去查找当代较权威的注本。在选读无注释古籍时应注意给学生提供可供查询的工具书或网络资源，如《说文解字》《故训汇纂》《汉语大字典》《词源》以及国学大师网等，并向学生简单说明这些工具书和网络资源的使用方法。此外，训诂学方面的课外实践形式还有：参观博物馆和图书馆，了解出土古籍和传世古籍面貌；参观书店和出版社读者服务部，了解古籍出版情况；搜集整理古籍注释中存在的问题；进行网络新词语调查，编写小型网络新词语词典等。

音韵学方面的课外实践可以进行语音调查、方言调查、异读词调查等。2016 年教育部公布了《普通话异读词审音表（修订稿）》，其中对一些字词的读音作了调整，引起了社会的广泛讨论。这是传统语言文字学知识应用于当代语言规划和规范问题的一个典型案例。中华文化能够几千年一脉相承，很大原因要归功于汉语和汉字的一脉相承。而作为语言三要素之一的语音，其历史传承性更是不容忽视。我们可以通过对本次新版审音表的讨论引导学生思考审音的原则，并根据这些原则分析调整的字音是否

---

❶ 陆宗达，许嘉璐．关于训诂学教学的几个问题［J］．北京师范大学学报，1982（5）．

❷ 陆宗达，许嘉璐．关于训诂学教学的几个问题［J］．北京师范大学学报，1982（5）．

合理。在此基础上，还可以进一步引导学生对《现代汉语词典》中的多音字进行归纳总结，根据已经掌握的中国传统语言文字学知识，思考这些多音字的读音是否有简化空间，并说明其原因，如“薄”“血”“晕”“似”等字。方言是古音的活化石，很多现代方言中或多或少地保留了古音的痕迹。方言调查可以帮助学生形象直观地体验古音，了解古音的有关特征。

文字学方面的课外实践可以进行社会用字调查，让学生注意观察和搜集社会用字不规范的情况，尤其是店铺、公共设施等的用字规范调查。从字频和常用字的角度，考察古代的童蒙书《三字经》《千字文》《弟子规》是否适合今天作为学前儿童的启蒙读物。[1] 可以指导学生运用所学的文字学知识，对目前市场上的线上和线下儿童识字产品进行评价，并引导学生思考如何利用传统的六书理论有效地开展儿童识字教学，如何将识字教育与传统文化教育有机融合。可以引导学生利用所学的汉字的表意特点，进行产品标识的商标字体设计，尤其是利用甲骨文、小篆、隶书等较早的字体，既能体现产品特色，又能充分利用汉字的字形美。此外，文字学方面的课外实践形式还有：参观博物馆，直观地了解各种古文字字体；参观中国文字博物馆和中华世纪坛汉字体验馆等以汉字为主题的博物馆，了解汉字的前世与今生。

结　语

中共中央、国务院在《关于加强和改进新形势下高校思想政治工作的意见》中提出坚持全员、全过程、全方位育人（简称“三全育人”）的要求。

“课内外一体化”教学模式既是由“中国传统语言文字学”课程本身的性质决定的，同时也是“三全育人”教育理念的体现。“课内外一体化”

---

[1] 张慧芳，龚灵．优化教学设计，提高教学质量——锦江学院汉语国际教育专业文字学教学改革与实践［J］．现代语文，2017（1）．

的教学新模式将传统的课内教学延伸到课外，充分利用我们身边的语言资源和语言生活现象开展语言教学实践，有利于培养学生的古书阅读能力、自学能力、问题意识、思考问题和自主解决问题的能力。这些能力是学生基本素质的重要组成部分，是长效育人的有力体现。“授人以鱼，不如授人以渔”，毫无疑问，学习方法的养成和应用实践能力的培养比单纯的知识学习要重要得多。

“中国古代文学史”课程思政的思考

吴 蔚*

摘 要 “中国古代文学史”课程思政要打通古代与当代桥梁的断点，努力建构古代文学的当代价值意义。课程思政不能强行植入，既要挖掘思政内容，又要“不着一字，尽得风流”，做到浑然圆融，才为最高境界。认识“中国古代文学史”课程思政的学理，处理教学内容，运用教学方法，将会变得游刃有余。

关键词 古代文学史 课程思政 理念

课程思政是“三全育人”的主线。“三全育人”即全员育人、全程育人、全方位育人。“全员”是从人的角度来说，“全程”是从时的角度来说，“全方位”是从空的角度来说，“三全育人”是时、空、人结合来育人，是全方位育人、育全人。在时、空、人的三维空间中，专业课是课程思政的主阵地，专业课教师是课程思政的主要责任人和实施者。汉语言文学专业如何做好专业课的课程思政，论者有从实践路径做出探索[1]，有从教

* 吴蔚，女，北京联合大学师范学院副教授，文学博士，主要研究方向为中国古代文学。

[1] 姚晓娟，赵阳．新时代高师院校古代文学“课程思政”实践路径的创新与探索［J］．长春师范大学学报（人文社会科学版），2020（3）．

学方法、教学内容上论析[1]。本文则试图以“中国古代文学史”课程为例，从原则、观念上进行探讨。

一、建构古代文学的当代意义

“中国古代文学史”是汉语言文学专业的核心主干课程，是中文专业历史最悠久、传统积淀最深厚的基础课程之一。人们在提到这门课程的时候一般认为其中充满了课程思政的元素。无论是古代神话中深重的忧患意识、对生命的爱护与强烈的抗争精神，《诗经》中《载驰》《黍离》等诗篇的爱国思想，还是儒家美善兼备以“和”为最高境界的审美理想，屈原“哀民生之多艰”的爱国情怀，都是我们进行爱国主义教育，民主、自由、平等意识的培养，仁爱精神熏陶的好材料。但问题是，古代文学教师往往认为素材太多，遍地是金，仿佛无须再去“沙里淘金”似的挖掘，这其实是一种思想误区。“中国古代文学史”课程在联系当下的社会环境，提出问题，建构古代文本的现实意义方面总是存在一定的薄弱环节。

就拿爱国主义来说，先秦时代谈不上现代的国家概念，我们应该怎样界定这一时期文学作品中的爱国主义？台湾有人说屈原是“楚独主义者”，不是爱国主义诗人[2]，我们认为这是十分偏激的。是不是爱国主义，主要看他是不是为了黎民百姓的利益。屈原“长太息以掩涕兮，哀民生之多艰”是爱国主义的典型代表。为了百姓的利益甘愿牺牲自己，这就是我们应当弘扬的精神。当国家有危难时挺身而出，抗击外敌，救民于水火；当国家衰落混乱时，直陈时弊，力挽狂澜，这都是爱国主义精神的表现。“安得广厦千万间，大庇天下寒士俱欢颜”，“苟利国家生死以，岂因祸福避趋之”，不以自己的安危利益为主，而以人民的安乐太平为尚，将个人的命运与国家、民族的命运紧密地联系在一起，对天下的苍生怀着深重的忧患意识，有忧国忧

[1] 吕明凤．课程思政视角下《中国古代文学》教学改进策略研究［J］．汉字文化，2020（6）．

[2] 高雄议员谬称“屈原不是中国人”［N］．参考消息，2020-06-29.

民的情怀，这就是爱国主义。结合当下的意义，通过对古代文学中爱国主义元素的挖掘，有助于培养学生民族复兴的责任担当精神。

再如民主、平等的思想。周代以礼乐文化主导，天子、诸侯、卿、士大夫等级森严。秦汉为中央集权的大一统时代。魏晋南北朝时期豪门世族把持政权，上品无寒门，下品无世族。这些时代何谈民主平等？在此背景下，将先秦时期已经产生的民主思想的萌芽作为思政教育的点，就显得格外宝贵。先秦“士”阶层的贵士思想、民贵君轻的思想，以及先秦士人“富贵不能淫、贫贱不能移、威武不能屈”的独立人格精神，将会起到良好的思政效果。而民间文学当中从来都不缺乏对强权的反抗和对自由的渴望。上古神话中就有很多这样的元素。汉代《史记》与汉乐府中都有反对强权，与强权势力作斗争的文学作品。魏晋南北朝是文学自觉的时代，人的觉醒意识在文学作品中多有表现。这些素材原本都有，但如果心中没有核心价值观，没有当代意识，很可能轻描淡写地就讲过去了。

把社会主义核心价值观与古代文学结合起来，打通古代与当代桥梁的断点，努力建构古代文学的当代价值意义，才能更好地培养学生的社会主义核心价值观，增强“四个自信”。正如一位学生的课后感言：“（老师）不光是教授我们有关先秦和两汉魏晋时期的文学，更多的是能传授我们古代文人们的理想与追求。中国古代文学史可以让我们体会历史长河中文人的喜怒哀乐，感受文人的思想主张……潜移默化地净化思想。”

二、追求“浑然圆融”的最高境界

如何做好课程思政？恐怕核心是一个“融”字。“细雨鱼儿出，微风燕子斜”，杜甫的诗歌《水槛遣心》把春天的气息都融入在鱼儿与燕子的形象当中了。教授中国古代文学史，自然想到了古代诗歌理论当中的境界说，就是情与景的完美融合，不分你我，景中有情、情中有景，甚至情景事理的高度融合。思政与专业内容相互融合，实际上也是要达到这种浑然圆融的境界，才是最高的境界。课程思政不能强行植入，既要挖掘思政内容，又要“不着一字，尽得风流”，做到浑然圆融，这是课程思政的最高境界。

以“建安文学”为例，建安时期的诗歌打破了两汉辞赋独盛和文人诗沉寂的局面，形成了我国古代文学史上第一个文人诗的创作高潮，“彬彬之盛，大备于时”。建安风骨慷慨悲凉、雄健深沉，具有十分感人的力量。过去在讲授这节内容的时候，主要从文学史出发，梳理建安文学在文学史上的成就、建安文人的整体时代特征，以及不同的文学贡献。在进行课程思政思考之后，笔者着重发掘了一个重要的线索，即为什么在汉末建安这个时代会产生文学创作的高潮？这里面有文学自身发展的原因，也有领导者曹操的提倡。但后世有不少帝王也曾仿效过曹氏父子，也形成过一些围绕在君王身边的文人集团，例如南朝梁竟陵王萧子良所形成的竟陵八友，梁武帝萧衍、昭明太子萧统为中心的文学集团，梁简文帝萧纲文人集团，初唐唐太宗、武则天周围的宫廷文人群，但都不如建安诗人那样取得那么高的成就，影响那么大。为何？因为“文变染乎世情，兴废系乎时序”，建安文人响应了时代的呼唤。建安时期是社会极度动乱的时期，建安作家多感时伤事，直面社会的现实人生，同时希望建功立业，把个人的志向与立功救世的价值取向、道德取向结合起来，这才是建安文人能够取得那么大的文学影响力的最为重要的原因。在这个基础上再讲授什么是“建安风骨”，及其对后世的影响，就顺理成章。之前也讲这个知识点，内容也是这些内容，但往往平铺直叙，三个原因顺序往往没有什么刻意的安排，重点没有如此突出。这里没有植入任何的时事，但把个人融入社会的精神却在不知不觉中化入其中。

人民大学袁济喜先生讲授严羽的《沧浪诗话》也是一个很好的案例。[1]

---

[1] 袁济喜．严羽《沧浪诗话》与诗学批评（上）[DB/OL]．[2020-04-20]．https：//ssvideo-superlib-com-443.webvpn.buu.edu.cn/cxvideo/play/page？sid=79&vid=2228&d=2b074de41a90a173f8d63cb86b116b59&cid=93.

《沧浪诗话》是中国文论史上一部重要的文学批评著作。其中关于盛唐诗歌的论述对后世影响非常大。有些讲授者主要放在他的别裁别趣，羚羊挂角、无迹可求，“妙悟说”等理论的剖析上。袁先生却对于严羽的生平、思想，以及为何要写《沧浪诗话》大书特书。严羽是南宋末年诗论家、诗人。自号沧浪逋客，世称严沧浪。沧浪之名意在表明自己的隐士身份。但是他却心忧天下，在《剑歌行赠吴会卿》写道：“男儿一片万古心，满世寥落无知音。下悲世事及未乱，上话古昔穷兴亡。”《出塞行》曰：“连营当太白，吹角动胡天。何日匈奴灭，中原得晏然。”诗歌生动地诠释了他的爱国情怀。边缘化的人生姿态使他能够更加清醒地揭示诗歌的本质特征。《沧浪诗话》的宗旨是矫正宋诗末流诗病，树立盛唐榜样，意图通过盛唐气象呼唤民族精神。有了这样的铺垫，学生受到了正向情绪的感染，后面再讲严羽的诗歌理论，就更易于接受了。

三、认识“中国古代文学史”课程思政的学理

“中国古代文学史”课程如何做到思想教育的圆融，笔者认为可以从古代文学批评理论出发，掌握一些基本的准则。以下三个方面的内容可作参考。

一是从“诗言志”出发。自古就有诗言志的文学功能观。《尚书·尧典》曰：“诗言志，歌咏言，声依咏，律和声，八音克谐。”《毛诗序》曰：“诗者志之所之也，在心为志，发言为声。”教学过程中对文学作品所表现的情志加以正确的引导，可起到很好的教育作用。比如建安文学对现实的积极关注，强烈的建功立业的愿望，慷慨悲凉、雄健深沉的美学特征；正始文学阮籍、嵇康独立不羁的人格精神；太康文学中抒发寒门子弟不平的左思风力等。此为正向引导。南朝齐梁间宫体诗泛滥，以女性作为物来欣赏，对此进行批判，引导学生进行正确的审美。此为反向引导。南朝诗人庾信由南入北，诗风大变，出现南北文风的融合，具有北方的刚健骨力与

南方的绮丽柔美，为南北朝诗歌的集大成者。这是进行综合比较引导。

二是从诗歌比兴的功能出发。诗可以兴。兴，就是感发志意，具有陶冶情操的作用。这样就可以使学生在不知不觉的过程中受到感染，做到春风化雨，润物无声。比如王湾《次北固山下》“海日生残夜，江春入旧年”，与温庭筠《商山早行》“鸡声茅店月，人迹板桥霜”相比较，同样写清晨寒意，王诗从残冬却写出了春的气息，而温诗却写的是寒冷清晨中的孤寂。通过形象的对比来让学生感受雄壮浑厚的盛唐气象的到来，感受空中之音，镜中之像，言有尽而意无穷。

三是从文学表达性灵的作用出发。明代“公安三袁”提出“独抒性灵，不拘格套”，清代袁枚说“诗者人之性情也，诗者，心之声也，性情所流露者也”。(《随园尺牍·答何水部》)他们尊重人的自然本性，作品中无不透露出对生命的热爱、对自然的热爱。阅读这类文学作品，从某种意义上说就是进行“爱”的教育，爱家人，爱他人，爱国家，爱社会，爱世界。有了爱心，有了良知，才是一个真正意义上的社会的人。

以上只是对“中国古代文学史”课程思政的学理的几个方面探讨，虽不全面，却是非常关键的几个原则。只要把握了原则，在教学中处理教学内容，运用教学方法、手段、措施，就将会变得信手拈来、游刃有余。

总之，“课程思政”是指导高校各门各类课程充分发挥所承载思想政治教育功能，形成“全课程育人”格局的一种新时代教育理念。[1]文以化人，学以致用。沟通古今，追求圆融，把握学理。通过文学的教育最终实现渗透式、融入式的育人，把知识教育与品德教育巧妙地结合起来。作为古代文学史教师，“守好一段渠，种好责任田”，经受学生、学校、社会的监督，也要经得起时代的考验。

[1] 韩宪洲.深化“课程思政”建设需要着力把握的几个关键问题［J］.北京联合大学学报（人文社会科学版），2019（2）.

课程教学改革与思政落实

文学史教学中的细读实践与价值发现

李彦东*

摘　要　随着学科建制、专业功能和知识获取渠道的变化，文学史教育的方法和定位也成为一个值得深思的问题。回到阅读本身，是解惑的关键。细读的实践可以结合个体定制等方式将学生的阅读热情调动起来，并由此发掘文学的价值和意义。

关键词　文学史教学　细读实践　价值发现

在近年的文学教育讨论中，对文学史的反思非常热闹且很深入。产生反思的大背景自然是社会性的文学热已退潮，作为专业的文学饱受质疑，而质疑的主要对象是文学史课程体系。质疑者普遍聚焦的问题还是用途，有质疑文学史只是一堆文学信息的罗列，并不能让学生对文学有较专业的认识，也有质疑文学史教学无法培养学生的写作能力。薛涌的《北大批判——中国高等教育有病》❶主要是在批评中国教育体制，不过因为他本科就读于北大中文系，对文学教育的批评非常尖锐，基本观点是中文专业

*　李彦东，男，北京联合大学应用文理学院新闻与传播系副教授，文学博士，主要研究方向为近代文学。

❶　薛涌．北大批判——中国高等教育有病［M］．南京：江苏文艺出版社，2009.

无法培养基本的读写能力。高玉的《文学史作为中国文学教育之检讨》[1]一文煞费苦心地想打通文学教育内部的壁垒，将课程设置同应用能力结合起来，但提出的方案多是坐而论道，而其目标也不过是好就业而已。还有将文学史的教育放在晚清以降的中国人学发展背景中进行梳理。戴燕的《文学史的权力》[2]从知识秩序、教育制度及意识形态的层面探析文学史在文学教育中的沉浮变迁。陈平原的《作为学科的文学史》[3]和《假如没有“文学史”》[4]两部著作从许多文学教育的个案入手，探究文学史教育的窘境，对很多学林掌故进行了新读解，对中国内地高校无法开出的“大学语文”的深层原因分析尤其深辟。

在切入文学史教学前，其实有两个前设问题需要厘清。其一是有专业的文学吗？此问题看起来不是问题，但如果放在具体的文学专业里，却会有些含糊。至少在现在的汉语言文学专业名下，通常是分成文学、语言学和文献学的方向，如果从知识系统看，文学与语言学及文献学的区别是很大的。文学方向虽然看上去包罗万千，涉及面广，但缺乏一套规范的术语或修辞策略。古代文学经常与历史珠胎暗结，美其名曰“文史不分”；现代文学难免与国家意识形态等问题密切缠绕；外国文学与文艺理论常常互为表里。这些看上去面面俱到之处也恰恰使其很难产生一个自圆其说的体系，同是文学史，研究和教学的理路大相径庭。好的文学史专著或论文多半有自家面目，即便所言甚小，但可能也会有重大的人生关切。好的文学史教材却受制于各种力量（包括时代、作家数量、历代评价等）的影响，即便都选当代最好的学者写，也往往难有理想的效果，其重要原因是缺乏自我表述的词汇。为了将就时代特点、流派共性等问题，不少教材在前后逻辑上都成问题。在科学话语框架里，它与语言学和文献学相比，会显得

[1] 高玉．文学史作为中国文学教育之检讨［J］．文学评论，2017（4）．

[2] 戴燕．文学史的权力［M］．北京：北京大学出版社，2002.

[3] 陈平原．作为学科的文学史［M］．北京：北京大学出版社，2011.

[4] 陈平原．假如没有“文学史”［M］．北京：生活·读书·新知三联书店，2011.

不那么专业。语言学家或文献学家的称谓一般不用解释，虽然内部依然有细致的区分。但文学史家却多少有些尴尬，究竟是研究历史中的文学，还是研究文学中的历史，有时又可能两者都不是。公众对文学的基本设定是诗歌、小说一类作品，这其中当然也包含打油诗、段子乃至网络上阅读的各种文字，如此庞杂的范围笼统在同一个大名词下。学院里研究的文学与公众阅读的文学经常不是一回事，这自然会使文学的专业性大受质疑。

其二是文学可以教吗？以前有句近乎格言警句的“中文系不培养作家”曾广为流传，引发的争议很大。作家固然是特定情境的产物，除了写作天赋之外，还有生长环境、资本运作、读者素质等种种原因。偶尔也有像沈从文教出汪曾祺这样传为美谈的事例，但其成功显然无法复制。当下一些大学开设的创意写作课程实际也属于在约定写作规范里的培养，更多是服务于文化工业。创造性的作家可能出自中文系，但不见得是培养出来的。很多人质疑中文系没有培养出作家，实际也是将文学专业想象成为文学作品的生产厂家。无论是批评者，还是赞同者，其内在的逻辑都是一样的，将文学世界简单化为文学家创造出来的世界，而忽略了消失在时间中数量庞大的读者，他们对想象的消费、对情感的认同可能是文学史中最不容易打捞的部分。在文学世界里，作者像造船者，读者或消费者如同载舟之水，越广袤的读者群会让文学之船航行更远。从这一角度看，高等教育培养出品味高雅的读者或文学消费者也自有其合理之处。培养不出作者，能培养好的读者已经很不错了。

对于不少“自信”的教育者来说，将培养好读者作为目标似乎“陈义甚低”，其实文学阅读不仅需要训练，能读懂已经很不容易。正如萨义德的一段引述所说：

文学对我的注意力发出了最强烈的要求，因为它比其他任何艺术或表达形式都更多地解释了，对于日常生活行为中每个人都在分享、每个人都在使用的东西，此外，对于在其自身及其词汇和语法之中，极其微妙然而也可以觉察一个管理社会、政治和经济的统治思想的东西，我们能够从中产生什么，能够对它们做些什么。……但是，文学（不像音乐、舞蹈、绘画或电影作品）有赖于现实材料来给它提供原则或重要的源泉，它必须完全以集体性的方式与整个社会及其历史分享这些现实材料。没有什么能够教给我们这么多东西，关于言词对我们产生了什么作用，以及反过来我们怎么才有可能尝试着对它们做一些事情，这些事情或许会更改它们藉以获得意义的东西的秩序。赋予文学的特性是，它邀请读者进入与言词之间的对话关系，而这种关系之强烈程度在别的任何地方都是不可能的。❶

不少杰作的字面意义就值得仔细深挖，中小学语文教育本来是为后来的语文学习作铺垫。但不幸的是，在应该讲字面义的时候，一些不必要的提炼和概括过早出现。当然以百度为代表的搜索引擎也在尽力将各种知识简化，对文学的伤害应该是多于贡献。而在所谓“主题思想”之外敷衍的意义更容易让很多中小学生厌弃语文，有关语文教育的批评此处不赘。但对大学阶段学习文学史应该是负面影响更多，尤其是一些著名作家在第二次出场的时候，大学教师总要讲点新鲜的吧，然而并不容易，但回到文本本身其实是从前作品选讲或者专题课所承担的任务，对于分寸的把握，如何深入等问题都在考验课程安排。再加上，教师个人的研究往往是专而精，面对广而泛的文学作品，如何能大致不失真又有一定研讨式的指引就是课程规划里最应措意之处。

如果以培养读者的目标，而不是以培养作者的目标去设计课程，则能去除很多不切实际的可能。尤其是当绝大部分教师并不以创作见长，让他们勉为其难地去分析写作技巧一类显得隔靴搔痒。当然让他们生生在文本中拔出一些宏大意义也容易扞格不入。回到细读的传统或许会是课程总体设计的一个出路，而意义和价值也可能自然而然地化入解读过程中。

---

❶ ［美］爱德华·W.萨义德.人文主义与民主批评［M］.朱生坚，译.上海：上海三联书店，2013：69.

一、作为实践的细读

阅读其实不只是学生的事，更是教师不断深入认识的一个过程。教师自己的学术研究往往都需要限定好范围，才能做到专精。不过在教学上，需要的却是广博，不少与自己研究关系不大的文学作品可能在很早前也读过，说出大意没问题，但要讲得生动却很困难。随着年龄阅历的增长，同一部书再次碰到时又是另一番感觉。尤其是在不想简单重复自己前一年所讲的内容时，就不能不寻找作品中能够转化成课堂表述的部分。在这方面，德国学者奥尔巴赫的名著《摹仿论》提供了最有益和杰出的参照。该书主要写成于“二战”期间的伊斯坦布尔，由于图书资料和学术资源的缺乏，该书在行文上很特别，“在所有的这些著作中，奥尔巴赫都保持着同样的随笔式的批评风格，每一章开头是从某一部具体作品以其原文引用的一大段引文，紧接着便是一段便于阅读的翻译，然后用一种从容不迫、沉思默想的语调，展开细致的文本阐释；它继而又发展成为一系列令人过目难忘的评论，涉及这段文字的修辞风格与社会—政治语境之间的关系。而奥尔巴赫的处理手段绝无多余的忙乱，也几乎没有学术性的参考书目”❶。

有关研究与教学，最习惯的思路当然是研究能促进教学。这一思路在文学教育里有略加辨析的必要，笔者当然认同研究性的解读是文学教学的一个前提，但此处的研究可能不是按学术论文、论著的方式来构建用于本科教学的文学史，也不是用现实主义、浪漫主义这些文学观念来将文学作品简单分类，甚至将文学研究的前沿观点用在教学中也得适度，不然效果适得其反。先说论文式的文学教学，往往是将一部作品分解成为几篇论文的组合，有点像社科项目的申报。此种讲解的好处在于脉络清晰，放在研究生阶段的专题课可能更合适，但放在本科阶段却有点拔苗助长之嫌。本

❶ ［美］爱德华·W. 萨义德 . 人文主义与民主批评［M］. 朱生坚，译 . 上海：上海三联书店，2013：100.

科阶段的学习特点还有培养兴趣的成分，试想如果在第一次听到从前神往的《红楼梦》等作品，而老师讲的却完全是充满学术行话的“红学”，很可能对这些作品丧失了兴趣。这甚至还会让一些中文专业本科生对古典名著充满不好的印象，在选择研究方向时毅然放弃。在这方面，外国文学史会“稍占便宜”，毕竟很多外国文学名著虽然赫赫有名，但由于语言传播等原因，当老师在讲解这些作品时很容易贴近文本，甚至以一个讲故事的方式重新讲述一遍，在生动性和吸引力上更强一点。或许会问，同样在网络搜索的当下，为何外国文学作品的讲述会更容易朝故事方向发展，而中国文学作品则容易朝论文方向发展。这除了语言的差异，文化、心理和意识等差异外，也有教师本身的自我定位和期待问题。虽然中外文学史的教师都会将自己定位为文学研究者，但在面对本科生时，外国文学史老师会更清楚学生本身的程度，也更容易采用适合他们年龄特点的方式讲解。但如果衡量到本科生的学习方式与年龄特点，故事化、散文式的叙述口吻更适合他们，而论文式的解释虽然能满足教师自我虚构的陶醉，但是容易导致理解上的脱节。近些年，经常有讲好故事这样的提法，其实讲好“文学作品”的故事也是应该正视的问题。可以有学术的思考和布局，但在本科教学里，应更多考虑学生的学习和年龄特点，寻找一种散文式的表述与建构。

再说像封建社会、浪漫主义或现实主义这一类套词和观念，这些观念有特定的范围和语境，但不少文学史教材喜欢将其作为作家的定性分析，也几乎成为一种过于简单的分类法。我经常看见一些学生在写论文的时候不假思索地使用这些概念，缺乏基本的反省意识，而如果思考他们接受这些说法的来源，除了网络检索上的陈陈相因，无疑也会有教师在讲述时沿着教材的思路走时顺口说出的，因为老师在做学生时可能也就听老师这样讲。这其实也是导致文学史不够专业的一个原因，因为像这一类的词汇，有没有经过学习都可以拿来用，学了跟没学并没有太大的区别。至于文学研究的一些前沿观点，自然有必要引入到教学视野，但应该适当。在教学与研究的相互关系处理上，肯定是以教学为中心，思考如何借用现有的研究成果，转化成散文化、有一定故事性的讲述。

在课堂上能将文学作品讲得有趣味应该是文学史教学应该做到的，在此前提下，还有必要引导学生进行细读。如果要学生对细读进行训练，单靠留参考书目的方式只会有极少数同学回应。笔者曾尝试过两种细读实践的方法：

第一种是个人专属作业的布置。就是每位同学在一门课程中有一个独特的作业，他 / 她所读的文本与其他同学并不相同。这主要是为了避免同学间相互抄袭，平时作业自然也会仔细看，但如果为抄袭又返回重做，效果也不见得太好。在教学设计里，总是有必要按实际情形调整。当然，如此布置阅读书目也会有难读和相对容易读的差别，也碰到过一些同学为平时成绩专门就这些细节较劲的事。但总体来说，还是有一些效果。即便是通过各种检索，“编辑”出一篇文章，也总比在一个大而无当的题目下写出大同小异的文章强。当然在这个作业完成过程中，因为布置的时间先后，会有督促和交流的过程，在一定程度上确实能培养同学通过阅读发现问题的能力。有认真的同学在我留的作业里，查阅相关典籍，弄出上百页的 A4 纸交给我，虽然当时不无怨气，但想来这样的阅读训练应该会有提升学生阅读能力的作用。当然这种方法后来停用了，主要是在题目的设计上不能老靠“灵感”，还要考虑不同班级之间的阅读程度、学生情况等问题。当然还有平时成绩通过 3+X 来展现的原因，可能是学科和专业的原因，按现在学生利用时间的效率和阅读的速度，一门文学史类的课能在平时好好完成一个作业就已经很不错了。重过程、重痕迹和重数量是最近一些年教学规定里不太好的一个倾向，作业布置越多，完成任务心态越严重，只会挫伤教师和学生的积极性。

第二种是通过微信公众号将学生的读写能力结合起来，当时主要利用导师制的方便。笔者曾经在 2016 年 10 月 10 日至 12 月 5 日在“古典周一见”的公众号下连续刊发了 8 篇文章，分别由 8 位我熟悉的同学完成。根据每个同学的特点，我给他们拟定一个题目，写成可以阅读并能够在小群体里推广的文章。当时为了这8篇文章，几乎每个周末都是在微信中与同学进行长篇大论的沟通，从选题到立意，再到措辞乃至标点符号都进行了仔细的探讨。这8篇文章主要是由2013级和2014级同学完成，分别是《情怀时代读本草》《猫鬼是什么鬼》《外史话儒林》《南北通州通南北》《悠悠玉门关》《吏部文章 情深几许》《绿蚁新醅酒 笑看白头翁》和《遐想霍小玉》。根据同学们的阅读状况，内容涉及了唐传奇、《本草纲目》《儒林外史》以及韩愈、白居易等诗人的作品，都是找一个小角度，写一篇清新可读的小文章，先放在朋友圈里赏玩，如能深挖，可以朝其他方式的写作拓进。其中有两篇文章写成了本科毕业论文，虽然此种训练目的不一定是朝论述性文章去，但从最终成果看，编公众号对于细读实践来说有明显的益处。

二、细读与价值发现

能愉快地阅读本身就是最美好的价值。"读者在循字句推进时，一边透过一个极复杂纠缠的方法，以所学得的意义、社会成规、先前的阅读、个人经验与私人品味来说出其意义。"❶文学史作为坐标存在的意义很大程度上取决于文学阅读的价值发现，而这种价值又透过大学教育、文学出版、文化媒介及人际圈子等各种网络不断沉淀。文学史提供的文学杰作存在着不同的变换组合，这些杰作地位的升降和进入退出并不完全取决于作品本身。特里·伊格尔顿曾分析过杰作的大致标准，"思想深刻、忠实于生活、形式统一、复杂的道德情境、文字新颖、富于想象力的场景等都曾在这个或那个时期被作为伟大文学作品的标志"❷。这些成分是杰作的基本条件，但有了这些条件，也不一定被选择作为经典代代流传。

经常有中文专业的学生抱怨自己被"灌输"的各种文学知识，甚至还

❶ ［加］阿尔维托·曼古埃尔．阅读史［M］．吴昌杰，译．北京：商务印书馆，2004：45.

❷ ［英］特里·伊格尔顿．文学阅读指南［M］．范浩，译．郑州：河南大学出版社，2015：197.

会习惯性地对一些赫赫有名的文学作品进行调侃、嘲讽乃至诋毁，但这也证明了文学史的熏陶已使他们不会对“经典”盲目崇拜，批评或嘲讽的逻辑和武器却常常是来源于文学课堂的耳濡目染。与之相比，自学（自学考试）、成人（老年、社区）教育或文学竞赛节目等形式里往往不去质疑经典作品的合法性，日常生活中可能出现“装文艺”群体被戳破的症结主要是在于熏陶不够。如果将文学作品仅仅当成知识或者考试的话，其中最缺乏的就是对知识的反省以及某种潜在习得的私人品味。比如在中国诗词大会这样的节目里，也会借重一些专业人士来解读竞赛中的诗词，但出于舞台效果的考虑，专家解读不过是增添文人八卦，并不会对公众品味有太多实质的提升。很多在本科课堂熏陶过的学生对经典作品的不以为然其实也是在“见多识广”的前提下。

当接受文学教育的学生在进入社会后，参与文学出版和文化媒介的相关工作后，他们的文学趣味会直接影响文化市场。文化市场又会影响到新一代人的视野与格局，文学教育的作用也因此进入了再生产的范围。很多读者都会为寻求不到适合自己的文化产品而苦恼，并非认真的作者太少，而是过滤机制的复杂性使得很多人或许没有机会读到同时代的好作品。说到过滤机制，最可怕的可能不是政治和资本的因素，其实文化因素在里面的影响也很重要。而使得很多好作品被筛掉的原因可能既不是意识形态的原因，也并非缺乏市场，而是美学因素。

在我们的时代，人际圈子的文学作品传播值得正视。尤其是微信公众号可能是当下文学价值思考中不能回避的场域。微信阅读主要是靠朋友圈，这本应是微信交流的副产品，但由于有圈子的设定，其真实性从一开始就被高估。很多阅读量10万+的文章最引人注目的地方其实是文学性，从人物、叙事和语言等文学元素看，不少被口诛笔伐的公众号文章写得很长而且并不算太坏。文学教师如果还在抱怨学生不读文学其实有失公正，他们接受的文学教育可能不是来自地位显赫的文学史作品，而是贴近生活，方便阅读的各类读物。这些读物会给他们造成一种“活在当下”的现实感，但像“一个寒门博士之死”“名校学生体验快递生活”这一类“饱含沉痛”的记述有可能不过是一个商业噱头，就像20世纪初赫斯特在报纸里制造“黄色新闻”一样。读者批评这些作品的原因是怀着看新闻的心态却看到了文学，但那些一直活在我们心里的经典文学，我们又常常将其当作已经过去的历史看。如此错位的阅读期待自然会使读者处在一个抱怨的状态中，错过很多可以沉潜把玩的杰作后，却在刷屏中耗尽了最后一丝丝的阅读热情。

马克思的全球化思想对广告学专业教学的启发

刘 丽*

摘 要 广告行业是全球化程度较高的行业，广告学专业教学经常使用来自全球各地的广告传播案例。在分析这些案例时，不能只就表面的成功或失败进行分析，还要关注全球化的内在矛盾和发展趋势。马克思虽然没有直接提出“全球化”的概念，但是他关于世界市场、世界历史的思想有助于我们理解全球化的本质、来源、未来，对广告学专业的教学有很大的启发。首先，广告学专业教学应该警惕广告全球化过程带来的文化趋同现象，培养学生对跨文化广告的批判能力；其次，教学中要提升学生的跨文化广告传播能力，以提高全球化时代中国广告的国际影响力；最后，教学还要平衡广告的市场价值与社会价值，引导学生多关注我国公益广告事业的发展，关注社会主义核心价值观的对外传播。

关键词 马克思 全球化 广告学专业

广告行业是全球化程度较高的行业，在广告学专业教学中，也经常会涉及全球各地的广告传播案例。其中一些广告是服务于跨国公司而为海外

* 刘丽，女，北京联合大学应用文理学院新闻与传播系讲师，博士在读，主要研究方向为广告传播。

市场专门制作、投放的品牌广告，也有一些广告是由于本身的创意非常独特而跟随一些广告比赛或者跨文化传播活动而实现了全球传播的案例。这些案例反映了世界各地不同国家的商业文化特征和社会价值观，是其所属文化的典型代表。

在广告学专业教学中，教师经常会使用这些跨国传播的广告案例作为教学素材，分析广告的创意策略、表现风格等。但是，这些广告并不仅仅推销了商品，在传播的过程中还影响到社会的文化，广告中所倡导的价值观、意识形态如果不加批判地接受，会导致一些问题，如助长消费主义、文化同质化等。因此，广告学专业教学有必要融入对当前世界全球化格局的更深层次的分析，以引导学生更全面地理解广告的跨国传播现象。

马克思虽然没有直接提出“全球化”的概念，但是他关于世界市场、世界历史的思想有助于我们理解全球化的本质、来源、未来。马克思的全球化思想对我们理解广告全球化中的问题很有启发，在教学过程中要考虑资本主义在全球化过程中的作用和影响，对资本主义贪婪扩张的本性保持警惕。同时，全球化过程的很多负面作用值得关注，全球化导致的消费主义滋长、民族文化衰弱等现象也是教育工作者在进行专业教学时应该给予考虑，并融入课程思政的问题。

一、广告学专业教学的特点

广告学是一个实践性与应用性较强的学科，与其他文科类专业相比，广告学专业的教学有以下特点。

1. 为广告行业培养人才

广告学专业是为广告行业培养人才的一个学科专业。广告学专业教学定位应以广告产业实践为导向，以应用型人才培养为目标，面向产业实践是广告学专业教学的刚性需求。[1]在市场经济环境下，各类企事业单位都需要有一定的专业人才来负责自身的产品推广和形象宣传工作，而媒体环境的快速发展变化又对广告传播工作的专业性提出了更高的要求。

广告教育界曾经对国内广告公司的管理人员做过调研，广告公司对毕业生的要求是：上手快，后劲足。[2]所谓“上手快”，指的是学生基本技能过硬，毕业后能直接参与到一线的业务工作；“后劲足”，是指学生具有良好的学习能力和创新能力，能够不断精进，作品质量能不断提升和改进。广告公司认为从业人员应该具备的技能中，排在前面的包括客户管理、软件绘图、广告文案、广告策划和市场营销。[3]行业对人才的这种需求决定了广告学专业教育人才培养目标的基本特征：在掌握广告基础理论知识的基础上，要拥有比较宽泛的综合学科知识，同时拥有策划创意、设计制作、文案写作、市场调研、数据统计分析等技能，具有良好的沟通能力、协调能力和媒体应用能力的专门人才。广告学专业的课程设置、实践项目设计等也都服务于这一人才培养的目标。

2. 课程内容随环境变化调整

广告行业的发展受到经济水平、媒体环境、广告主需求变化的影响，同时，社会文化潮流、大众的生活方式改变等也会影响行业的发展模式。在广告学专业教学方面，没有永远正确的广告创意公式，而必须要根据外部环境的变化，吸收行业最新的变化，在与经典理论结合的基础上，开发新的、符合当下传播环境的教学内容。目前，互联网技术的发展以及全球化的传播趋势是对广告学专业教育影响较大的外部因素。

随着互联网的快速发展，数字技术对传统广告行业产生了巨大的冲击，导致广告行业对广告学专业人才需求发生了新的变化。其一是由于新

---

[1] 李德团，杨先顺．广告学专业教学的三大问题与突破路径［J］．中国新闻传播研究，2017（1）．

[2] 何静．地方本科高校广告学专业实践教学模块研究［J］．新闻研究导刊，2014（5）．

[3] 刘志宏，严斌．广告学专业设置与社会人才需求对接的途径［J］．美术大观，2012（5）．

媒体的快速发展导致广告主将更多广告预算投向新媒体广告，因此行业需要更多具备专业的数字营销能力的广告人才，毕业生选择进入新媒体广告公司的人数日益增多，传统广告公司业务出现了萎缩、经营额下降的情况。同时新媒体营销与传统的大众媒体在传播特性上有很多区别，一些适用于传统媒体的广告创意技巧、策划思路已经不再适用，大数据分析、精准营销成为深受企业喜爱的广告营销模式，数据库营销、社区营销病毒营销、互动体验等新的广告形式和营销手段不断出现。新的业务技能，如数据挖掘技术、新媒体内容运营等成为新的毕业生必备的专业技能。其二是全球化趋势的影响，广告已经走出本土，成为世界性的产业。英国社会学家、全球化研究专家安东尼·吉登斯在《现代性的后果》一书中对全球化进行了定义："全球化指的是世界范围内社会关系的强化，它联系了遥远的地方，使得本地发生的事情受到遥远地方出现的事情的影响，反之亦然。"[1]广告的全球化首先来自跨国公司的业务需求，当企业需要把产品销售到海外市场时，需要有广告能把产品的相关信息输送到当地。当广告走出国门的时候，就会遭遇到来自语言、社会文化、社会制度等各个方面的约束和冲突，需要考虑母国和目的地国之间的文化差异，考虑如何才能获得目的地市场的认可。同时，来自异域的优秀广告兼具商业价值和欣赏价值，在特定的情境下也能成为独特的文化产品，供人观看欣赏，成为广告作品母国的文化大使，传播当地的文化。因此，全球化时代的广告，不仅具有商业价值，文化价值也日益凸显出来。

二、马克思的全球化思想

全球化是对当前世界现实的一种描述，美国的能源战略会影响到中国

[1] [英] 安东尼·吉登斯. 现代性的后果 [M]. 田禾，译. 黄平，校. 南京：译林出版社，2011: 56–57.

市场上的猪肉价格[1]，禽流感、疯牛病与《哈利·波特》一样能在世界范围流行，跨国公司、跨国组织日益增多……根据吉登斯的定义，全球化是一种世界范围内社会关系的强化，全球化的影响遍布人类社会的方方面面，经济、政治、文化等领域都出现了全球范围的联系增加的情况。马克思虽然没有直接提出“全球化”的概念，但是他对于世界历史、世界市场的理论阐述蕴含着全球化思想，并且是对全球化问题更加深刻和富有前瞻性的理解。

1. 全球化的动因

马克思提出的世界市场的概念，与全球化的思想有着内在的一致性。

“资产阶级由于开拓了世界市场，使一切国家的生产和消费都成为世界性的了。不管反动派怎样惋惜，资产阶级还是挖掉了工业脚下的民族基础。古老的民族工业被消灭了，而且每天都还在被消灭。它们被新的工业排挤掉了，新的工业的建立已经成为一切文明民族的生命攸关的问题；这些工业所加工的，已经不是本地的原料，而是来自极其遥远的地区的原料；它们的产品不仅供本国消费，而且同时供世界各地消费。”[2]

世界市场的典型特征是工业加工的原料和产品的消费都不再局限于本地，贸易壁垒被打破，地方性的、民族的自给自足的状态被各个民族之间密切联系的状态所取代，世界经济成为不可分割的一个整体。马克思同时也揭示了世界市场形成的原因，即资产阶级对利润的追求是世界市场形成的动因。为了扩大商品的销路，资产阶级到处开发、建立联系，奔走于世界各地，资本无限增值和扩张的本性决定了资产阶级要不断地开拓新市场、扩大产品销路。在这一过程中，自然而然推动了世界各个国家、民族之间的交往，打破原有的界限。因此，经济全球化的背后是资本的全

---

[1] 美国大力发展代替石油的生物能源，以玉米为原料的燃料乙醇需求量增大，导致国际市场玉米价格升高；而玉米是生猪饲养业最主要的饲料之一，国际市场玉米价格升高导致了国内生猪饲养成本上升，猪肉价格上涨。

[2] 中共中央马克思恩格斯列宁斯大林著作编译局．马克思恩格斯选集（第 1 卷）[M]．北京：人民出版社，1972：255.

球化。

时空压缩是全球化的典型特征，资本的扩张趋势希望将全球作为它的市场，同时希望将商品从一个市场转移到另一个市场所花费的时间能降到最低。因此，资本不断发展的过程也是通过不断提高速度减少时间来使空间的距离变得不再遥远，实现“地球村”的联通状态。而这样一种时空高度压缩的状态实际上就源自资本要求不断增值和扩张的本性。

2. 全球化的方向

马克思运用历史唯物主义的观点，分析了资本主义大工业时代的社会发展，并且预测了社会发展的趋势，认为人类社会发展的历史过程中有一条世界性的洪流，即由狭窄的民族历史向广阔的世界历史转变。这个转变的过程是人类不断打破地域限制、克服各种局限而获得完全解放的过程。马克思认为世界历史的形成是资本主义社会发展的必然产物，世界市场的形成推动了世界历史的形成。

“旧的、靠本国产品来满足的需要，被新的、要靠极其遥远的国家和地带的产品来满足的需要所代替了。过去那种地方的和民族的自给自足和闭关自守状态，被各民族的各方面的互相往来和各方面的互相依赖所代替了。物质的生产是如此，精神的生产也是如此。各民族的精神产品成了公共财产。民族的片面性和局限性日益成为不可能，于是由许多种民族的和地方的文学形成了一种世界的文学。”[1] 世界历史是和资本主义社会发展相伴的一个社会历史过程，是从生产力发展规律中自然引发的，世界历史的进一步发展也会按照生产力发展的规律进行。

马克思认为，世界历史的形成虽然是资本主义的创造，但是，世界历史的进一步发展却不属于资本主义。世界历史的发展是个人和无产阶级获得解放的条件，在世界历史形成的初期，它虽然使狭隘、封闭的个人和民族获得了一定程度的解放，但是并没有使个人获得真正的解放。世界市场

[1] 中共中央马克思恩格斯列宁斯大林著作编译局．马克思恩格斯选集（第1卷）[M]．北京：人民出版社，1972：255.

使人的生产和劳动产生了异化，人的活动和发展受到了“世界市场力量的支配”[1]。因此，世界历史还会进一步深化发展，深化的途径就是把世界历史与人类的解放结合起来，把世界历史与无产阶级的历史使命结合起来。因此，世界历史是实现共产主义的必经之路，能够提供高度发达的物质基础和条件，世界历史的发展方向必定会超越资本主义的世界历史阶段，超越现在的全球化，最终达到无产阶级的世界历史阶段。

三、来自马克思全球化思想的启发

马克思的全球化思想对我们理解广告全球化中的问题很有启发，一方面，在教学过程中要考虑资本主义在全球化过程中的作用和影响，对资本主义贪婪扩张的本性保持警惕；另一方面，全球化过程的很多负面作用值得关注，全球化导致的消费主义滋长、民族文化衰弱、文化低俗化等现象也是教育工作者在进行专业教学时应该给予考虑，并融入课程思政的问题。

1. 警惕广告全球化中的文化同化

广告的全球化过程伴随着文化同化的过程，这种文化同化表现为跨国广告往往具有统一的传播策略，在多种媒体上以统一的口号、价值观等进行诉求。同时，来自资本主义国家的产品在总体上也呈现出一种鼓励消费的趋势，不断追求更新的、更时尚的、更多的产品和服务才是值得选择的生活方式。

文化同化是跨国广告传播集团实施全球化策略的结果。“二战”以后，欧美国家的跨国企业加速了在全球的市场扩张，对外经济贸易活动频繁，这些跨国企业缺乏对东道国的市场环境和消费者需求的了解，需要专业广告代理公司的服务。一些大型广告公司根据这一需求及时拓展全球业务，

---

[1] 何颖．马克思的世界历史理论［J］．马克思主义研究，2003（2）．

发展成跨国广告集团，并利用自身资金、专业方面的优势，开展联合与并购，快速拓展服务的行业、地域和业务范围。一些大型广告集团本身是上市公司，公司的经营业绩直接影响投资者的信心，而开拓全球市场、并购其他公司能够获得投资者的信心，因此跨国业务也成为大型广告公司经营管理者考虑的重要问题。大型的广告传播集团在运作跨国广告传播项目时往往会采取"全球化策略"，即以全球市场为目标，广告策略、表现方式、品牌个性形象等都采用统一化战略，通过品牌形象国际化元素的融入，获得公众的认同与支持。全球化策略的优势在于：首先，实施统一的传播沟通活动，使得广告、促销、包装以及品牌的其他方面的设计宣传成本大大降低，形成了规模经济效益。其次，全球品牌向消费者传递这样一种信息：产品在全球范围拥有庞大的顾客群，可以形成一种群体感染效果，有助于树立统一的品牌形象。

广告全球化策略经过媒体的大量投放，会将西方的生活方式和价值观放大为一种拟态环境，对大众形成一种心理暗示，即西方的生活方式和价值观才是主流的，而本土的文化传统和价值观已经不再重要了。这对于维护本土社会的凝聚力、稳定性都是有害的。因此，在广告学专业教学时要对跨国的广告，特别是来自西方资本主义国家的广告作品持批判的眼光，要从民族文化的角度来分析外国广告对本国文化造成的影响和冲击，鼓励学生创作能够弘扬本民族、本国文化的广告作品。

2. 提升广告跨文化传播的能力

广告全球化的过程伴随着广告的跨文化传播，其中有成功也有失败。广告学专业学生应主动融入这一过程，并借助这一过程提升自己和中国广告业的跨文化传播能力。

从全球化积极的一面来看，广告的跨国传播特别是一些成功的案例，是值得学习的。马克思认为资产阶级世界历史的形成是无产阶级进一步得到解放的基础，从这个方面来看，当前由资本主义驱动的全球化是有着积极意义的，跨国的经济贸易活动增加，带动了社会就业、消费升级、文化融合，对民众的生活品质提升也有所帮助。在这个过程中，成功的广告能够帮助企业顺利拓展海外市场，同时传播其母国的特色文化，不仅具有经济价值，同时也有社会文化价值。

国际化大品牌在跨国广告传播方面有很多成熟的技巧，比如一些广告语的翻译问题，跨国广告会考虑到品牌母国和传播的目标国之间的文化差异，进行更精准的翻译，使信息的传递更充分，或者由目标国的明星、模特来替换原广告片中的人物，以拉近与目标市场消费者的距离，这就是国际品牌跨国传播时所使用的“本土化策略”。目前从广告业的实践来看，大部分的国际品牌仍然采用的是全球化策略和本土化策略相结合的方式来确保广告的跨文化传播。

中国品牌要更快地发展，要主动融入全球化过程，吸收外来文化的精华，同时在有条件的情况下开发海外市场，以发挥更大的影响力。广告学专业教学应该关注跨国广告中的优秀作品，寻找成功超越文化限制的广告作品的共同特征，总结规律，并引导学生在广告创作中有意识地融入中国的价值观和文化符号，以扩大中国文化的国际竞争力。

3. 寻找市场价值与社会价值的平衡点

根据马克思的世界历史观，当前的市场经济活动具有积极的意义，可以推动生产力的充分发展，为实现共产主义社会奠定基础。服务于市场经济的广告同样也具有积极的作用。广告具有双重属性，既具有市场价值，也具有社会文化价值。从经济方面看，广告能够刺激和引导消费、培育消费市场，是推动各类产业发展的重要工具。从社会文化方面看，广告传播了流行的价值观念、生活方式，是媒体内容的重要组成部分。一则广告播放出来以后，看到它的人们即便不购买它所宣传的商品，也有可能被广告内容所影响。广告对人的影响是潜移默化的，每天透过各类媒体传递给消费者的广告更像是一种催眠术，在不知不觉之间进入消费者的头脑。长此以往必然会对消费者的态度、情感、价值观产生深层次的影响。

广告的这种双重属性如果不能平衡发展，也会带来社会问题。一些商业广告为了达到刺激消费的目的，常常会更频繁地使用一些刺激性的信息，或者为了迎合大众兴趣使用一些低俗的设计元素。而媒体为了确保经济效益，也常常会牺牲整体的节目质量，让位给广告播放，或者一些娱乐性节目的播放，导致媒体总体的内容趋向于低俗化。低俗化的内容虽然并未达到违法的程度，但是有“违反社会道德规范及危害社会公德”[1]的负面影响，不符合社会主义精神文明建设的要求。但是商业广告是服务于企业的市场营销活动的，广告创意人并不能完全掌控商业广告的创意和设计，很多时候还要为广告主的利益考虑。因此，如果想平衡广告的市场价值和社会价值，就要发挥公益广告的积极作用。

2016年由国家工商行政管理总局局务会议审议通过，经国家互联网信息办公室、工业和信息化部、住房城乡建设部、交通运输部、国家新闻出版广电总局同意，发布的《公益广告促进和管理暂行办法》，对公益广告的界定是：“本办法所称公益广告，是指传播社会主义核心价值观，倡导良好道德风尚，促进公民文明素质和社会文明程度提高，维护国家和社会公共利益的非营利性广告。政务信息、服务信息等各类公共信息以及专题宣传片等不属于本办法所称的公益广告。”中国的公益广告限定了广告的内容，要传播社会主义核心价值观，倡导良好道德风尚。可见，我国的公益广告与资本主义国家“公共服务广告”有着本质的不同，我国公益广告的存在就是服务于社会主义核心价值观的传播手段，在广告学专业教学中要引导学生充分理解公益广告的作用和创作规律，有意识地使用公益广告的手段（包括企业赞助的公益广告）开展传播活动，推动社会主义核心价值观的传播。

[1] 罗萍．“低俗”与“非低俗”的启示——关于电视传媒低俗化讨论的思考［J］．中国广播电视学刊，2010（6）．

智媒时代的新闻史教学改革*

张春华**

摘　要　智媒时代带来了传媒业生态翻天覆地的变化，新的业界对新闻传播人才的能力要求更高、更广泛。本文从新闻史课程在智媒时代面临的挑战出发，论述新闻史教学的改革目标，并结合以产出为导向的教学（OBE）理念和培养创新思维的方式，探讨新闻史教育改革的可行措施。认为，智媒时代新闻史教学的目标分为两层，包括锻炼学生综合性、创新性思维和深度解读能力，培养新闻伦理道德和媒介素养。针对这两层目标，本文提出可以通过指导学生挖掘分析史料，进而进行新媒体实践，组织专题研讨等方式，进行教学改革。

关键词　新闻史教学改革　智媒时代　以产出为导向的教学（OBE）理念　创新思维

一、智媒时代的新闻史教学：越发尴尬的处境

2016年被称为“智媒”元年，随着大数据、云计算、人工智能、VR、

---

*　本文系北京联合大学应用文理学院2020年院级教育教学改革项目“基于‘云班课’的新闻史课程移动教学研究”的成果。

**　张春华，女，北京联合大学应用文理学院讲师，文学硕士，主要研究方向为国际传播、话语分析。

AR 技术等在传媒领域的应用，传媒业生态发生了翻天覆地的变化。随着互联网企业大举进军传媒领域，传媒业的边界不再清晰，传统媒体不得不进行痛苦的转型以求得生存。在万物皆媒、人人有麦克风的时代，传媒从业者不得不面对更加激烈的竞争，以更高质量的产品（很大程度上来说同时也是更高科技含量的产品）获得关注。然而目前的新闻传播教育培养的人才与业界的需求之间还存在较大差距。

作为对业界急需的技术技能人才的回应，新闻传播院校对开设新技术课程表现出极大的热情。由于学生的学时是有限的，由此造成了课程之间的竞争加剧，本已经边缘化的新闻史课程处境越发尴尬，甚至已经到了"生死"边缘。李晓静和朱清华对 24 位一线传媒从业者的访谈发现，受访者在 7 个硕士课程模块中，把新闻史模块的重要度排在最末位，而且，相对于前 5 个模块的平均 >25 分的评价，新闻史模块仅得 3 分。[1]

新闻史不仅不受业界的重视，也很难得到教师和学生的欢迎。正如凯瑞（James W. Carey）在《新闻史的问题》中指出的，教师把讲授新闻史当作"苦难"，学生把课堂当作"催眠的场所"，[2] 中国的大学中也存在类似的问题。那么新闻史是否会被大学教育抛弃呢？大学的回答是否定的。密苏里新闻学院要求所有硕士和博士生都要从新闻伦理、新闻哲学、传媒法和美国新闻史中选修一门[3]，他们把新闻史作为对学生新闻伦理教育的一环。在中国大学的新闻传播培养方案中，新闻史仍然是"标配"，其重要性也是共识。比如冯帆认为削减史论课会动摇新闻教育的根基，"无论媒介形态如何演变发展，新闻史教学中所渗透和传达的人文精神和思辨意识都是新闻人才最有价值的核心竞争力以及防止新闻失范的最有效方法之一"[4]。

[1] 李晓静，朱清华．智媒时代新闻传播学硕士培养：业界的视角［J］．现代传播（中国传媒大学学报），2018（8）．

[2] 方晨，李金泳，蔡博方．忽略的维度：詹姆斯·凯瑞的新闻历史观及其批判［J］．国际新闻界，2016（2）．

[3] 李建新．密苏里新闻伦理教育的内涵及借鉴［J］．新闻大学，2012（5）．

[4] 冯帆．融媒时代的新闻史教学：固本与培元［J］．青年记者，2017（36）．

然而检索中国知网，关于新闻史教学的论文不过寥寥几篇，显然并非研究热点。因此现实仍然如陈娜在2008年所说，“新闻史在整个新闻教学领域受尊不受重的现实便成为长久以来困扰新闻史教研者的一道难题”❶。解决这道难题的途径，唯有教学改革，让新闻史教学真正完成它被赋予的任务。

二、智媒时代新闻史教育的目标

新闻教育的目标可以分为两层：为国家培养宣传战线工作者；为社会培养具备合格媒介素养的传播者。

吴信训认为：“中国的新闻教育首要的是，培养出具有高度社会责任感，能自觉坚持客观、公正、真实、准确的原则，通过自己的新闻报道，推动祖国建设和谐社会，推动人类社会文明进步的优秀记者。”❷在2018年全国宣传思想工作会议上，习近平总书记指出，要“不断增强脚力、眼力、脑力、笔力，努力打造一支政治过硬、本领高强、求实创新、能打胜仗的宣传思想工作队伍”❸。对于新闻史教育来说，在第一个层面上的目标主要在于培养学生的眼力、脑力和高度的社会责任感。事实上这不仅是我国政府对于新闻传播人才的需要，也是智媒时代对于传媒人的要求。机器生产新闻时代的到来意味着记者从简单劳动中解放出来，可以进行更多有深度、有人情味报道，解读信息背后的含义，运用全局视角进行创造性的、综合性的分析，这也是人工智能无法取代的人的能力。而新闻史课程可以让学生在进行史料分析、探讨规律的过程中，加深对技术、媒介与人的关系的理解，体会媒介与权力、媒介与社会、媒介与人之间错综复杂的

---

❶ 陈娜．新闻史教研的三重门——谈中国新闻史教研的发展路径［J］．国际新闻界，2008（4）．

❷ 吴信训．世界新闻传播教育百年流变［J］．新闻与传播研究，2009（6）．

❸ 习近平出席全国宣传思想工作会议并发表讲话［EB/OL］．（2018-08-23）［2020-03-25］．http：//www.xinhuanet.com/2018-08/23/c_129938245.htm.

关系，从中获得综合性、创新性思维和深度解读能力的锻炼。

另外，智媒时代的突出问题，体现在被算法掩盖的新闻伦理道德失范问题、传播者媒介素养欠缺导致的网络暴力问题、大数据造成的侵犯隐私问题，以及因机器人新闻生产所带来的“深度假新闻”等伦理问题等，这使得新闻伦理教育和媒介素养教育越发重要。新闻史课程一直是新闻核心价值观的培养和新闻伦理教育、媒介素养和职业认同感培养所倚重的课程之一。在智媒时代，新闻史教育不应局限于新闻学专业，而是应该在培养公众媒介素养、传播伦理教育方面发挥更大的作用。

三、智媒时代新闻史教学改革的途径

教师对于新闻史教学改革的观点，归结起来可分为以下三方面。一是史观、史论的创新。李煜认为应该采用人类学视角，将中国新闻史和外国新闻史还原成一门新闻史，探讨新闻在社会变迁中的演变。[1]冯帆认为应鼓励多样的史观。[2]陈娜提出，新闻史教学应该“做到研究对象在过去，而着眼点在当今”[3]。二是教学模式的创新。江卫东建议，“回归新闻逻辑、重构教学内容、注重古今结合和知识更新”[4]。冯帆认为新闻史教学可以改变授课模式，进行教与学的位置互换。[5]三是教学手段的创新。主要包括应用新媒体技术搭建师生交流平台[6]；对学生课外的学习进行有效指导；进行“全时空教学”[7]；将课堂与实践紧密结合，强调课上课下实训常态化[8]。

[1] 李煜．数据新闻时代新闻教育还需要新闻史吗——以新闻史教学实践为中心的探究［J］．现代传播，2016（11）．

[2] 冯帆．融媒时代的新闻史教学：固本与培元［J］．青年记者，2017（36）．

[3] 陈娜．新闻史教研的三重门——谈中国新闻史教研的发展路径［J］．国际新闻界，2008（4）．

[4] 江卫东．新闻史教学在当下面临的问题与对策［J］．新闻知识，2017（11）．

[5] 冯帆．融媒时代的新闻史教学：固本与培元［J］．青年记者，2017（36）．

[6] 李南．新闻传播史“浸润式”教学模式的探索与实践［J］．新闻知识，2015（5）．

[7] 李煜．数据新闻时代新闻教育还需要新闻史吗——以新闻史教学实践为中心的探究［J］．现代传播，2016（11）．

[8] 李南．新闻传播史“浸润式”教学模式的探索与实践［J］．新闻知识，2015（5）．

本文在吸收借鉴以上观点的基础上，结合智媒时代对新闻传播人才的要求，从两个方面论述新闻史课程的教学目标和手段。

1. 以产出为导向的教学（OBE）理念为指导，用实践项目设计贯穿教学过程

OBE（Outcomes-based Education）理念含义为“以产出为导向的教学”，也被称作“以成果为基础的教育”的理念，通过对学生学习成果的分析研究，反向指导教学体系、课程的具体设计。这里的学习成果，可以包括学生“知道什么”、“在知道的基础上会做什么”以及“在证实成果中学生的自信和动机”。[1]新闻学教育高度重视实践，作为新闻教育“三驾马车”之一的新闻史课程应该与新闻理论、业务密切结合，使新闻史课程不仅为学生的能力发展奠定基础，而且让实践设计融入并贯穿整个新闻史的教学过程；以学生作品产出为教学成果目标，以个性化教学理念指导教学设计，配合以过程性评价手段。

实践项目设计主题可以围绕“让历史活起来，让当下进入历史”来进行，让学生通过挖掘历史资料，采用微观视角，对历史进行再现、阐释，并观照现实。教师需要对学生的成果产出过程进行详细的设计，一般可分为：发现选题—资料准备—思想发掘、规律总结—作品呈现设计—作品加工、修改—作品展示—作品评价、经验总结等七个阶段。

在学生发现选题之前，教师需要通过推荐文献、作品，组织小组讨论等方式，另外结合课程的专题研讨，对学生的思路进行引导，与学生讨论如何搜寻资料，讨论作品的主题。例如，学生最初对水门事件中《华盛顿邮报》的记者感兴趣，教师可以建议学生沿着水门事件涉及的人物进行更长时间跨度的挖掘，比如通过研究“伍德斯坦”组合的工作动力发现《华盛顿邮报》的组织文化，从而发现整个新闻界的价值观，通过研究总统尼克松为何如此作为，看到他之前竞选总统失败的影响，进一步厘清美国总

---

[1] 姜波 .OBE：以结果为基础的教育［J］. 外国教育研究，2003，30（3）：35-37.

统与传媒界“剪不断、理还乱”的关系；还可以横向展开，搜寻其他国家类似的案例，比如韩国总统朴槿惠因丑闻辞职等，进行横向对比。让学生从微观事件进入宏观视野，再回到对微观事件的分析，从而拓展分析的深度和广度。

在学生搜集到资料后，教师组织小组讨论资料是否充分，引导学生对资料进行深度发掘，让学生发现资料反映的新闻价值观、历史规律等，鼓励学生从不同的视角分析资料，提出不同见解。

在作品呈现设计、加工和修改的过程中，督促学生重视互联网传播规律，指导学生将新技术运用到作品中，在团队协作的基础上，追求质量上精益求精。师生要高度重视作品展示，拓展作品展示的平台，包括新媒体平台，也包括各类比赛、大学生创新实践项目等，让学生的作品获得更多展示的机会，增强成就感，也为后续的作品评价和经验总结奠定基础。

实践的评价设计，要体现出个性化、过程性评价为主的思想，让学生对自己的能力发展进行评价，对实践的过程中自己和同伴的表现进行评价，对自己和同学的实践作品进行评价，在评价的过程中进行反思。评价的结果不是分数，而是文章或体验报告，最后还可以组织小组的分享会，让同学们交流经验和感受。

在实践的过程中，教师的角色更多是作为导航员、合作探讨者、咨询顾问、情感激励者，而学生可以选择自己感兴趣的选题，主动搜寻资料并与同学合作，思考选题的意义、作品的价值，设计呈现方式、信息组织方式，并学习新媒体技术技巧，在完成作品的过程中体会到新闻业的核心价值观、新闻传播的规律、历史发展的规律，锻炼数据搜索能力、数据整合能力、对人类历史的洞察力、文本创作的创新力。

2. 以创新思维、批判性思维和价值观培养为目标的教学：从史料中提炼问题，在研讨中碰撞思维，在思考中凝练价值观

实践项目和作品生产是贯穿于新闻史教学过程的始终的，然而毕竟学生的作品产出不可能很多，而少量的作品生产会限制学生的历史知识

面，因此有必要在教学设计中增加另一条主线：史料分析。史料既可以是报刊上的内容、广播电视节目、电影、纪录片，也可以是新闻法规、历史故事、人物传记等。课堂形式可采用专题研讨的模式，辅以其他类型的活动，如进入历史场景、历史辩论等。史料收集可以由学生分工合作，教师主要负责设计研讨问题，引导研讨方向，拓展学生思维，鼓励学生头脑风暴，甚至“异想天开”。

为了让课程的主线清晰，可以以人类新闻传播的发展历程为系列研讨的主线，分别讨论不同的传播阶段中“传媒与人”“传媒与社会”“传媒与权力”“传媒与技术”“传媒业的潮流”“新闻界的传统”“杰出的新闻人”“重大新闻事件”等专题。研讨的重点可由教师拟定清单，学生根据清单自主选择，教师和学生共同商定研讨的专题。

专题研讨的史料是教学的关键因素，因此应受到教师高度重视。史料的初始收集可以由学生完成，但教师应该提前对学生提交的史料进行审核、筛选，力图史料权威、具体、生动、多角度，既可以利用现行的新闻史教材，又应充分发挥互联网的优势补充更多元的史料。只有在丰富多元的史料中，学生才能发现问题进而讨论，在讨论的过程中才能激发出多元观点和视角，培养创新思维和批判思维。只有在生动鲜活的史料中，学生才能产生情感的共鸣，加强对行业的感性认识，培养出职业认同感。

史料还可以让学生回到历史情境中，选择自己的立场，编辑自己的报刊，设计自己的节目。立场对立的双方可以在课堂上展开辩论，让作为社会公器的新闻理念与作为商业的理念在辩论中交锋，让学生“置身于”案例中体验，“跳出”案例思考，从对手那里获得更全面的思维角度和批判的思维方式。通过一系列的专题研讨，让学生自己思考新闻业的行业价值观、历史发展的规律。

专题研讨不仅要在历史阶段上形成清晰的系统，也要在体系上进行科学的设计。在课程末期组织的研讨力图让学生从前期的研讨总结经验，提炼新的视角，从全局、历史的全过程中看待具体的问题，比如可以让学生

梳理谣言的历史，审视当前互联网谣言的问题；梳理以新闻为导火索的社会动荡案例，体会新闻业的职业操守的重要性，为提高当前的大众媒介素养献计献策。

专题研讨从史料出发，但不能止于史料，必须结合当下。研讨的问题要让学生理解历史并非“已死亡”的过去。只要人存在，人类的历史就既是人类的过去，也是人类的现在和未来。比如研讨新闻自由与新闻控制，要展示不同国家、不同历史时期的新闻行业政策（例如美国 1934 年的《通讯法案》与 1996 年的新电信法对比），让学生与当时的政治、经济、民族、文化背景相结合讨论为什么会出台这样的政策，分析这些政策的影响，评价现行的政策并对其发展做出预测。

结　语

新闻史课程处境的尴尬，根源不是新闻史本身，而是传统的教学方式以讲授为主、教学内容以史实为主、课程评价以记忆为主。虽然后喻时代已经到来，历史仍然可以为未来提供宝贵的经验，但这些经验的获得，需要学生亲自去进入历史，综合多方面材料，在讨论和辩论中思考。这一过程能够锻炼和培养学生深入挖掘信息的探索精神、创新精神、批判精神和职业道德，这也是智媒时代以及未来所需要的人才的根本素质。

“三全育人”的理论探索与反思

“三全育人”活动中的两种误区析论*

李彦冰**

摘　要　“三全育人”是落实“立德树人”理念的重要举措。在实施“三全育人”活动中对其真实意涵的理解偏差有可能导致这一举措无法达到预期效果。当前对“三全育人”的理解易于陷入两个误区。一是将“三全育人”窄化为单纯的思想政治工作。这是将“三全育人”做孤立、割裂的理解，使教师把“三全育人”活动当作教学科研之外的工作来对待，认为这项工作与自身的核心业务关系不大，将“三全育人”活动与教学科研工作对立起来，背离了将思想政治工作与教学科研工作有机融合的理念。二是将“三全育人”做部门本位主义的理解。这种理解忽视了“三全育人”强调的各育人主体间的综合性、协同性和统筹性，是犯了小团体主义的错误。

关键词　“三全育人”　思想政治工作　部门本位主义　协同性

习近平总书记在不同场合谈到教育时，反复强调“立德树人”的重要

*　本文系2018年北京联合大学教育教学研究与改革委托项目“‘中国新闻事业史’课程思政建设研究与实践”（项目号JJ2018Z020）的阶段性成果，同为北京市教委、北京市教工委双百调研项目“西山红色文化资源及其传播状况调研”的阶段性成果。本文曾发表于《文化与传播》2019年第2期，发表时有删节。

**　李彦冰，男，北京联合大学应用文理学院新闻与传播系系主任，副教授，硕士生导师，传播学博士，主要研究方向为政治传播。

性，并深入论述了实现这一教育根本任务的战略、策略和方法。习总书记在2018年全国教育大会上的讲话中，提出“要把立德树人融入思想道德教育、文化知识教育、社会实践教育各环节，贯穿基础教育、职业教育、高等教育各领域，学科体系、教学体系、教材体系、管理体系要围绕这个目标来设计，教师要围绕这个目标来教，学生要围绕这个目标来学。凡是不利于实现这个目标的做法都要坚决改过来”[1]。教育部于2018年5月18日下发《教育部办公厅关于开展“三全育人”综合改革试点工作的通知》，并同时下发《“三全育人”综合改革试点工作建设要求和管理办法（试行）》，在此办法中分省市、普通高等学校、普通高等学校院系三个层级，分别制定了建设标准，这些标准将“三全育人”工作分解为十大育人体系，即课程育人、科研育人、实践育人、文化育人、网络育人、心理育人、管理育人、服务育人、资助育人、组织育人。这一管理办法将“三全育人”工作量化、具体化、可操作化。即便如此，在“三全育人”活动实施中仍然存在诸多误区，需要做深入辨析。

一、将“三全育人”窄化为单纯的思想政治工作

自2016年底中央召开全国高校思想政治工作会议以后，全国各大高校积极响应并落实会议精神，先后提出了“课程思政”“专业思政”“学科思政”等不同概念，“三全育人”是比上述概念涵盖更大范围、覆盖更大面积的概念。尽管这些概念在内核上是一以贯之的，都是立德树人理念的变体，但因“课程思政”等概念带有“思政”字眼，很多高校在落实这一理念时将“课程思政”“专业思政”“学科思政”等做窄化处理，认为是在专业课程、专业建设和学科建设上落实思想政治工作，在“三全育人”活动实施后，思维惯性使这一错误的观念被带入其中。

---

[1] 习近平. 坚持中国特色社会主义教育发展道路 培养德智体美劳全面发展的社会主义建设者和接班人［N］. 人民日报，2018-09-11.

综观当前关于“三全育人”的相关研究文献，不难发现，多数研究都是从高校思想政治课程、思想政治工作、德育等角度来阐释开展这一活动的合理性，研究构建其长效机制等，如有研究者提出研究生“三全”教育新格局应该是“对研究生进行思想政治教育过程中，发挥‘两课’的主渠道作用，专业课教学和学术活动的渗透作用，研究生群众团体的‘三自’教育作用，以及积极开展社会实践活动为研究生成才营造良好氛围”[1]。撰写这些论文的作者多数“思想政治教育”的研究背景较为深厚，实际上，将“三全育人”活动单纯理解为“思想政治教育”，这是典型的窄化这一活动的内涵，在执行层面必然会缩减它的效果。

“课程思政”“专业思政”“学科思政”等概念是高校落实立德树人理念的具体化，是分别从课程、专业和学科落实立德树人理念的一种探索。“三全育人”概念相较于以上概念，在育人上所涉及的面要更宽、育人主体的范围更大，即便如此，贯穿其中的育人的核心和理念均没有变化，是一以贯之的。一言以蔽之，课程思政、专业思政、学科思政和“三全育人”的核心和主线就是立德树人。只不过课程思政、专业思政和学科思政是在课程、专业和学科的范围内育人，其育人的载体分别是课程、专业和学科，育人工作的执行者分别是课程负责人、专业负责人和学科负责人。“三全育人”就理念而言，跟上述所言的三个“思政”没有任何区别，贯通这一工作的仍然是立德树人的理念，只不过立德树人理念所贯通的范围扩大了，涉及了课程、专业、学科、管理、服务、网络、文化、实践、心理、资助、组织等各个方面，全员、全过程、全方位的真实含义是在涉及上述十大体系里的所有人、所有过程、所有空间均要体现育人的理念，即“全员”的真实含义是在学校里的所有部门、所有教职员工均有育人的责任，“全过程”的真实含义是立德树人的理念要贯穿教育教学、学生成才的全部过程，“全方位”的真实含义是育人要体现在学生成才的德智体美

[1] 韩慧莉．构建研究生思想政治教育“三全育人”新格局［J］．中国青年研究，2012（7）．

劳等方方面面。

但是在实际的执行中，有些高校不是从“三全育人”的真实内涵出发推进此项工作，而是把“三全育人”单纯窄化为片面加强思想政治工作。这一活动跟加强思想政治教育工作是两码事，跟加强思想政治课的有效性和针对性也是两码事。2019 年 3 月 18 日，习总书记主持召开学校思想政治理论课教师座谈会并发表重要讲话，指出：“我们办中国特色社会主义教育，就是要理直气壮开好思政课，用新时代中国特色社会主义思想铸魂育人。”❶很显然，这次座谈会就是针对思想政治课而召开的。应该承认，“三全育人”概念提出的背景正是基于当前育人只注重课程育人、专业育人等知识育人，而忽略了对学生思想政治素质的培养这一事实。但“三全育人”的概念提出的目的不能单纯理解为“是为了加强思想政治工作”。这样的理解，是将“三全育人”活动理解为在教师育人工作之外额外增加的一项任务。实际上，“三全育人”工作本应内含于所有学校育人主体的日常工作中，它本应与教学、科研、服务、管理、组织等工作结合于一体。

这种认识的误区实际上是将“三全育人”活动做孤立、割裂的理解，恰恰与“三全育人”提出的目的背道而驰。针对我们的大学要培养什么样的人这一问题，习近平总书记曾在多个场合做出明确表示：“大学是立德树人、培养人才的地方，是青年人学习知识、增长才干、放飞梦想的地方。借此机会，我想就学校培养什么样的人、怎样培养人，同各位同学和老师交流一下看法。我先给一个明确答案，就是我们的教育要培养德智体美全面发展的社会主义建设者和接班人。”❷如何来达到这一目的呢？习近平总书记在谈到“高水平人才培养体系”时明确提出：“人才培养体系涉及学科体系、教学体系、教材体系、管理体系等，而贯通其中的是思想政

❶ 新华社评论员．抓好立德树人的根本任务——论学习贯彻习近平总书记在学校思政课教师座谈会重要讲话精神［EB/OL］．(2019-03-19)［2020-04-18］．http：//www.xinhuanet.com/2019-03/19/c_1124250597.htm.

❷ 习近平．在北京大学师生座谈会上的讲话［N］．人民日报，2018-05-03.

治工作体系。”[1]因此，从上述讲话我们就不难理解这其中的逻辑了：高等教育的最终目的是要培养德智体美全面发展的社会建设者和接班人，这一目标的达成需要“高水平的人才培养体系”，由多种人才培养体系组成的高水平的人才体系则需要“思想政治工作体系”来统领和统率。在这里，“思想政治工作体系”就是立德树人的化身和具体化。由此可见，思想政治工作不单单是大学里辅导员、党务工作者所从事的工作；也不是除上述两类人员之外的其他教育工作者（尤其是专业教师）在担负教学科研的主业之外，所额外增加的一项工作。如果从以上两种错误的认识出发来实施“三全育人”活动，就没有从“贯通”的意义上理解思想政治工作的统率性和全局性。

将“三全育人”做窄化的处理，容易产生如下两种后果。其一，教师把“三全育人”活动当作教学科研之外的工作来对待，认为这项工作与自身的核心业务关系不大，将“三全育人”活动与教学科研工作对立起来，这样一来“三全育人”就变成了教师们的负担。其二，背离“三全育人”工作立德树人的初衷，“三全育人”所强调的育人工作与专业知识、能力等提高的有机融合、无缝衔接无法体现，这一理念在具体化为工作时，易于成为高校思政工作部门的工作，育人的效果很难实现。

如何正确把握“三全育人”过程中的政治性和方向性的问题？正确的理解应该包括不可偏废的两个方面。一方面，在育人的过程中强调育人的方向性和目的性是“三全育人”活动的应有之义。实际上“三全育人”活动中的思想性、政治性、方向性、目的性，是针对育人的所有部门、所有人员、所有过程的，在这里是人人、事事、时时的360度无死角地贯彻“培养什么样的人、为谁培养人”这一教育的根本任务，而不是交由某一部门去落实。另一方面，在育人的过程中强调育人的方向性和目的性，并不意味着政治方向的统率性完全填充“三全育人”，使其窄化为思想政治

[1] 习近平．在北京大学师生座谈会上的讲话［N］．人民日报，2018-05-03.

教育，丢掉专业培养、学科涵养、文化熏陶、网络培育、组织教育、心理和资助的暖心、管理服务的辅助等育人的功能。

二、将“三全育人”做部门本位主义的理解

教育部下发的《“三全育人”综合改革试点工作建设要求和管理办法（试行）》中将“三全育人”的体系做了具体的细分，细分出了十大育人体系。这十大育人体系在执行过程中很容易按照体系内容和性质对应到不同的部门来完成，尽管不同岗位的人对这十大育人体系的任务解读不同，但其所对应的任务主体和部门则是相对固定的。有研究者按照任务和主体的对应关系，明确了十大育人体系的主体职责，认为“教书育人、管理育人和服务育人都有较为明确的责任”，其他育人体系的责任部门也应该明确，认为“科研育人的主体是从事科研活动的广大教师，间接主体有高校科研管理人员”，“实践育人目前在高校主要的责任主体是党团组织，对大学生而言主要是团组织”，“文化育人目前直接的责任主体是主管校园网络、广播站、校报的党委宣传部和信息管理中心”。[1] 以此类推，将心理育人的责任主体认定为“心理健康中心”，资助育人的责任主体认定为辅导员，组织育人的责任主体认定为党团、社团和班级组织。这样的思路是典型的按照任务分解的思路来对应性地开展“三全育人”活动，如果按照这样的思路推动“三全育人”工作，则很有可能陷入“将‘三全育人’做部门主义本位主义解读”的错误认知中，仍然是背离了“三全育人”提出的本意。

“三全育人”的核心要义是要求参与育人的各个部门要做好配合，强调各育人部门的综合统筹和推动，蕴含其中的综合性、协同性和统筹性是显而易见的。教育部在推出“三全育人”方案的通知中明确提出，“三全

[1] 朱平．高校“三全育人”体系协同与长效机制的建构——以全员育人为中心的考察［J］．思想理论教育，2019（2）．

育人”要坚持问题导向，即“聚焦短板弱项，坚持把破解高校思想政治工作不平衡不充分问题作为目标指向，从宏观、中观、微观各个层面，着力构建一体化育人体系，打通‘三全育人’最后一公里，真正引导各地各高校把各项工作的重点和目标落在育人效果上，使高校思想政治工作更好地适应和满足学生成长诉求、时代发展要求、社会进步需求”[1]。由此不难发现，“三全育人”所要解决的突出问题是，高校思政工作中不平衡不充分的问题，而“一体化”构建和运作是解决这一问题的必然要求。这一要求的理论源头应该来自习近平总书记在2016年底召开的全国高校思想政治工作会议上的讲话。在这篇讲话中，习近平总书记不仅强调“要坚持把立德树人作为中心环节，把思想政治工作贯穿教育教学全过程，实现全程育人、全方位育人，努力开创我国高等教育事业发展新局面”，还指出，“要用好课堂教学这个主渠道，思想政治理论课要坚持在改进中加强，提升思想政治教育亲和力和针对性，满足学生成长发展需求和期待，其他各门课都要守好一段渠、种好责任田，使各类课程与思想政治理论课同向同行，形成协同效应”。[2]通过对这篇讲话内容的分析不难发现，“全程育人、全方位育人”已经被明确提了出来，同时既突出了“守好一段渠、种好责任田”的部门责任，又强调了课程教学中的协同问题。同样的道理，“三全育人”所涉及的十大育人体系之间，既要守好自己本部门的主要任务，同时也要照顾不同部门之间在育人上的协同作用。

“将‘三全育人’做部门主义本位主义的理解”在育人过程中容易表现为支离破碎地解读教育部下发的《“三全育人”综合改革试点工作建设要求和管理办法（试行）》文件，按照对应性有选择地把跟自己有关的任务完成，“各扫门前雪”。比如教务部门只负责课程育人的任务、科研部门

[1] 教育部办公厅关于开展“三全育人”综合改革试点工作的通知［EB/OL］.（2018-05-25）［2020-03-20］.http：//www.moe.gov.cn/srcsite/A12/moe_1407/s253/201805/t20180528_337433.html.

[2] 习近平.把思想政治工作贯穿教育教学全过程 开创我国高等教育事业发展新局面［N］.人民日报，2016-12-09.

只负责科研育人的任务、学生管理部门只负责资助育人、心理辅导中心只负责心理育人等。如果按照上述思路来理解和执行这一文件，这一工作实际上会恰恰背离出台这一文件的初衷，陷入各个部门只负责自己部门的育人任务的圈圈中。表面看，这样的工作方式是完成了“守好一段渠，种好责任田”的任务，但实际上育人工作的“部门协同，统筹贯通”任务仍然是被忽略的，育人工作的“最后一公里”的问题仍然没有解决。

将“三全育人”做部门主义的理解这一行为，从思想根源上来说是犯了“小团体主义”的错误。在革命战争年代，毛泽东曾旗帜鲜明地反对过这种思想，他曾在《关于纠正党内的错误思想》一文中将这种思想归结为“小团体主义”。这一观点是1929年毛泽东针对红军第四军共产党内存在的各种错误思想而提出的。尽管它是在革命战争年代被提出的，当年其针对的对象也只是军队内的共产党，但是在今天对指导“三全育人”工作仍然具有现实意义。

如何避免“三全育人”工作中“部门主义本位主义”的错误？实际上，部门主义和本位主义的要害在于部门利益和部门任务，其根子在于如何理解育人工作中的付出与可能的收益问题。如果将“三全育人”当作一项可以进行分割的与育人或教育相关的任务，相应地就会出现完成部门任务即可认定为完成了“三全育人”工作的认识，从教育收益的角度看，这会导致育人工作中的短期功利行为；相反，如果将“三全育人”当作实现“为中华民族复兴培养合格的建设者和接班人”这一教育根本任务的抓手，在执行过程中就会强调育人过程中各参与方的协调配合、统筹运作等，唯有如此，才能培养出符合中国这一独特政治体系的建设者和接班人。很显然，这是从百年树人的角度出发理解这一问题，其着眼点是高等教育的长远收益和学生的成人成才。道理很简单，立意的高下与最后的效果在理论上是正比的关系。

如何正确解决这一问题？可以考虑从如下两个角度来入手。第一，高校管理部门要清晰认知育人活动的价值属性。“培养人是良心活，是泽被后人的长远工程”这一常识性的认识必须与高校的行政管理部门做到有机衔接，使其能够转化为日常行政工作的动力。第二，“三全育人”的工作做了任务性的分割后，各个部门首先要完成本部门所主要承担的育人任务，更要在育人的整体框架中，着力破除狭隘部门利益，实现各部门工作之间的衔接、信息的共享、资源的共同挖掘等，聚焦在“立德树人”的根本目标下，同向同行，形成育人合力。

总 结

“三全育人”活动的有序开展，首先需要对这一育人活动的真实内涵有正确的认识，而对它做“单纯思政政治工作”的理解和“部门本位主义”的理解是在实践中极易犯的两种错误。在实践中将思想政治工作体系贯通于教学、科研、社会服务等工作中，做到人才培养政治方向的坚定性和专业素养、技能的有机融合，将十大育人体系贯通起来，着重解决育人主体间的协同性和协调性，才能真正化解育人工作的“最后一公里”的问题，才能培养出堪当民族复兴大任的合格的社会主义的建设者和接班人。

专业思政“三全育人”的方法和体会

陈冠兰*

摘　要　专业思政应探索多种方法和途径，实现“三全育人”。一是专业培养方案应体现 OBE 理念和三全育人的结合；二是专业思政需要专业负责人的设计思维；三是专业思政需要专业教师的全员参与和真诚热忱；四是专业思政要课前、课后、进校、离校全过程育人；五是专业思政要学习、生活、校内、校外全方位育人。

关键词　专业思政　“三全育人”　全员　全过程　全方位

2016 年 12 月，习近平总书记在全国高校思想政治工作会议上，指出“要坚持把立德树人作为中心环节，把思想政治工作贯穿教育教学全过程，实现全程育人、全方位育人”[1]。2017 年 2 月，中共中央、国务院印发了《关于加强和改进新形势下高校思想政治工作的意见》。[2]该意见强调指出，高校肩负着人才培养、科学研究、社会服务、文化传承创新、国际

---

*　陈冠兰，女，北京联合大学应用文理学院新闻与传播系网络与新媒体专业负责人，副教授，新闻学博士，主要研究方向为网络与新媒体、整合营销传播、国际传播。

[1] 习近平 . 把思想政治工作贯穿教育教学全过程 开创我国高等教育事业发展新局面［N］. 人民日报，2016-12-09.

[2] 关于加强和改进新形势下高校思想政治工作的意见［EB/OL］.（2017-02-27）［2020-04-25］. http：//edu.people.com.cn/GB/n1/2017/0227/c1006-29111179.html.

交流合作的重要使命，加强和改进高校思想政治工作，事关办什么样的大学、怎样办大学的根本问题，事关党对高校的领导，事关中国特色社会主义事业后继有人，是一项重大的政治任务和战略工程。党的十九大以来，聚焦实现全员、全过程、全方位育人，教育部启动"三全育人"综合改革试点，指导建设了多家高校网络思想政治教育中心、思想政治工作创新发展中心、思想政治工作队伍培训研修中心等，大力推动理论创新和实践探索，"三全育人"呈现生机勃勃的崭新局面。

北京联合大学充分学习领会习近平总书记系列重要讲话精神和国务院文件精神，推进一系列思政教育工作，取得了扎实的成效。课程思政是高校思政工作的基础，在此基础上，应同时展开专业思政建设工作，发挥"三全育人"作用，进一步将思政工作推向高潮。专业思政应如何实现"三全育人"？本文认为，专业的培养方案应体现 OBE 理念和"三全育人"的结合，专业负责人应具有设计思维，从多方面对该项工作进行统筹和设计，整合专业全部教师、全部课程、全部环节的力量和有利因素，建立起一个有互动、有效果的思政环境和氛围，切实将思政工作落实到位。试从以下几方面展开论述。

一、专业培养方案应体现 OBE 理念与"三全育人"的结合

成果导向教育是指基于学习产出的教育模式（Outcomes-based Education，OBE），被认为是追求卓越教育的正确方向。北京联合大学于 2019 年启动了基于 OBE 理念的本科专业培养方案修订工作，各专业的培养方案中体现了 OBE 理念与"三全育人"的结合。例如，我校网络与新媒体专业 2019 版培养方案的培养目标和毕业要求中，在首条及后续多条中明确了思想政治教育的能力目标："本专业培养具有坚定的政治立场和方向，德、智、体、美全面发展，掌握一定的网络与新媒体技术，具备网络与新媒体策划应用、内容产品设计制作、媒体运营与管理等多领域知识

结构，知行合一，专业基础知识扎实、实践能力强，具有较强的社会责任感、创新创业精神和可持续发展能力的高素质应用型人才。”毕业要求第一条是：“坚持马克思主义新闻观；了解和遵守党和国家新闻传播的方针、政策和相关法规。具备扎实的新闻与传播学基础知识，特别是网络与新媒体专业的基础知识；掌握媒体策划运营、新媒体营销传播、调查与分析、内容产品特别是音视频编辑制作等几项核心业务能力。”第三条要求：“具备科学思维方法和创新思维，有一定的创业精神，能够综合运用所学科学理论和技术手段分析并解决相关问题；在解决问题时能够综合考虑社会、健康、安全、法律、文化及环境等因素。”第十一条要求：“具有一定的组织管理能力、团队合作能力和执行力；作为团队成员或领导者，能够在多学科交叉环境下进行网络和新媒体相关项目的管理和组织运营；具有社会责任感，能够处理好个人利益、单位利益与公共利益的关系，在专业实践、毕业实习中理解并遵守职业道德和规范，具备职业素养，履行责任，践行社会主义核心价值观。”立足于这些素质和能力要求，专业增开了“马克思主义新闻思想”课程，并在各门课程的大纲中具体融入思政教育，融入实践教育，从专业技能和思想政治等多方面入手，培养全面发展的人才。可以说，各专业的培养方案，既体现了 OBE 理念，更为“三全育人”提供了一个整体思路和蓝本，两者是相辅相成的。

二、专业思政需要专业负责人的整体设计思维

专业负责人在专业思政“三全育人”中应起到一个统筹和带头作用。落实“三全育人”，在实际中需要专业负责人做好宏观设计，从专业培养方案、教学大纲、考核方式、学生实习实践、教师的思政培训等各个方面都进行设计，才能将专业思政落实到位，实现“三全育人”。首先，专业负责人应提高自身的思想政治修养，及时学习党和政府颁发的各项文件，学习领会学校的各项工作精神，并及时传达给所有专业教师。专业教研室

应定期组织教师进行思想政治教育培训和研讨，建立起一支热爱教学、品行高尚、用心传道的教师队伍，明确认识到专业思政和教书育人的关系，认识到课堂思政对专业人才培养的关键作用，从而在整合专业教学的过程中融入思政教育。人才培养方案和专业教学大纲的修订是实施专业思政的重要基础。在修订专业培养方案时，我们结合专业的特点，提炼独特的德育元素。例如，网络与新媒体专业，可从技术道德观、网络素养、媒介伦理法规等方面展开，将其融入相关课程设置和大纲内容中。在各类教研、教改课题申报中，专业负责人引导教师主动申报有关专业思政、课程思政的课题。在组织教师进行案例库和教材的编写时，引导教师选用能够体现社会主义核心价值观的优秀案例。专业的对外交流合作，也应时刻保持“三全育人”意识。例如，参加有影响的、积极先进的学术交流和业界研讨会；特别是在产学研结合这一部分，选取价值观相符、企业形象好、社会评价较高的企业进行合作，探索培育和建立校外实践教学基地。凡此种种，可见专业负责人在引领专业“三全育人”方面担当的重大责任。

三、专业思政需要专业教师的全员参与和真诚热忱

经过前期对习近平总书记系列重要讲话精神的认真学习和体会，并在课程思政中落实到位，教师们的整体思政水平已经得到了很大提升，对“三全育人”有了一定的经验和体会。但是，目前还存在一些问题。一是少数教师特别是理工技术类课程教师的认识还需要提升。比如，个别教师认为，自己承担的是技术类课程的教学，这些课程本身是基于自然认知的普遍性，没有明显的人文社会科学的立场导向，因此不仅在教学中重视技术的掌握和运用，考核时也重在检查学生对相应的知识点、技术手段、操作方法、作业流程等的掌握程度，如果考核合格，证明学生基本掌握了必要的技术和操作技能，达到了教学目的，没有必要融入思政。对这类认识，应重点引导教师认识到理工技术类课程也需要融入思政教育，如果单纯强

调技术和工具的熟练掌握，不重视思想政治教育，容易培养出一些“只专不红”的“片面人才”。二是一些教师认为，思政教育是辅导员、班主任的事情，自己不担任辅导员、班主任，只管教学科研，没有必要承担学生的思想政治教育工作。对这类教师，也应重点引导其认识到，育人是一个多方面的过程，所有接触到学生的教师、工作人员都有责任参与，教师更应发挥自己在专业上的权威性和对学生的影响力，种好自己这份“责任田”。三是思政的办法不多，效果不明显。应定时召集专业教师的研讨会，互相交流和探索相关的思政教育方法和经验，取长补短，将好的方法和经验拿出来分享，共同促进。包括专业课教师、基础课教师、实验室管理员、辅导员、班主任等在内，全员都应保持一定的联系，互相了解，及时发现育人中的问题，及时改进和跟进思政教育，达到“全员育人”的效果。

最终，专业思政的效果取决于教师的育人意识和育人能力，全体专业教师必须牢记育人职责，不仅要传授专业知识与能力，还要进行社会主义核心价值观的浸润和传播，将知识传授、能力培养、思想引领教育融入每一门课程的教学之中，融入与学生相处的每时每刻，真诚热情地做好这份事业。“三全育人”要求育人理念一致、育人目标协同、育人资源整合、育人过程融合、育人方式融通。“只有育人者在思想深处领会并自觉接受‘三全育人’理念的科学性、先进性和合理性，把握其方法论意义并着实将这一育人理念融入育人实践，才能将‘三全育人’综合改革真正落到实处。”[1]

四、专业思政要课前、课后、进校、离校全过程育人

课程思政是专业思政的重要部分，但这不是指教师只需要在课堂上进

[1] 王艳平 . 高校“三全育人”的特征及其实施路径［J］. 思想理论教育，2019（9）.

行思政教育，专业思政要实现全过程育人，包括课堂上，也包括课堂外，从学生进入校园报到，到学生毕业离校，甚至在离开校园后，如有必要，都属于开展育人工作的正确时间。这里特别要提到，教师在师生相处中要以身作则，自然导入思政教育。学高为师，身正为范，教师在日常的师生相处中，润物细无声，以身作则，自然就是对学生最好的思政教育。一方面，课堂上，实验室里，教师认真备课，热忱传授知识，学术作风严谨，是对学生的直接教育示范；另一方面，课堂外，教师的为人处事，也处处对学生起到无声的教育熏陶作用。很多优秀教师，平常非常关心学生，课后给学生很多交流辅导，循循善诱，与学生成为知心朋友，更能影响学生的价值观和人生理想。例如，上海交通大学土木工程学家刘西拉教授定期给学生们授课，讲述自己燃烧的青春岁月；微生物学家、中国科学院院士邓子新则向学子们讲述自己从贫困山区的农家孩子成长为蜚声海内外的分子生物学专家的经历；隐姓埋名 30 年的“中国核潜艇之父”、中国工程院院士黄旭华也是上海交通大学思政讲台上的常客，多次与学生交流我国科学家在国外势力严密技术封锁中，独立研发核潜艇的经过。[1]我校已实行多年的本科生导师制，也是教师与学生通过日常交流潜移默化进行言传身教的一个很好的方式。

这里特别要提到课堂后的师生互动和学生间的互动。青年学生虽然已经成年，但是在价值观等很多方面仍然不成熟，对专业领域和社会领域都还有很多不懂的事情。教师在课后答疑中，不仅要对学生在专业技术知识方面的疑问进行解答，还应对涉及国家政治、社会时事、个人生活和职业规划等方面的问题进行积极的正面引导，传达正确的社会主义核心价值观。例如，我校网络与新媒体专业，很多课程都建立了微信课程群，教师与学生课前课后在群里交流探讨有关专业问题。当课程修完后，选课学生通过微信建立的课程“研讨群”会变成“课友群”，教师引导学生在群里

[1] 樊丽萍，姜澎 . 必须破解思政课和专业课之间“两张皮”现象——两院院士、知名教授率先成为上海高校“课程思政”教育教学改革的探路者和闯关者［N］. 文汇报，2018-01-17.

自觉维护网络环境，提高网络素养，学生无形中也接受了思想政治教育。一些学生在毕业后，还经常与教师有来往互动，在工作中、生活中遇到了不顺利的事情，会向他们信赖的教师请教。这时候，教师不可以抱有“学生已经毕业，不需要我教育了”的思想，而是利用机会，及时引导学生积极向上，乐观开朗，用社会主义核心价值观来教育学生，这样的教师就是学生心目中的精神导师，是“全过程育人”的必要补充，也是建立良好师生情谊、树立教师良好形象的必要举措。

五、专业思政要学习、生活、校内、校外全方位育人

落实“全方位育人”，不仅要关心学生的学习，也要关心他们的生活，不仅在校内，在校外也要坚持融入思政育人。除了在课堂上坚持思政育人外，专业思政也重视在实践教学中育人。一些专业非常重视实习和实践，需要在实验室或外出到车间、企业生产场所、实际运行场所等地展开实习和实践教学。教师要善于结合专业课程特色，充分发掘实习和实践场所环境中的思政教育资源和元素，随时随地进行思政教育。例如，医学生在医院和卫生所进行临床实习时，教师可教育学生树立为人民服务、为社会主义医疗事业服务的观念；机械专业学生在车间、运行场所实习，教师可在讲解操作技巧时，同时教导学生劳动光荣、劳动创造财富、科技改变生产力、环保节约等观念；带领学生在企业进行毕业实习时，指导教师可教导学生树立团队观念、团结合作、诚信经营等观念；一些专业技术类实践课程，例如网络与新媒体专业的网页设计课程，可以给学生指定主题，提供合适的素材，如围绕国庆节、冬奥会等主题，让学生设计专题网页，同时融入思政教育。学生的毕业设计也是进行思政教育的一个很好途径，从选题到具体设计执行，都可以指导学生从如何利国为民的角度进行思考。在每年的暑期社会实践项目中，例如，2018 年我校网络与新媒体专业学生由教师带队组织“红色溯源”活动，拍摄微电影，既锻炼了专业技能，又

取得了很好的思政效果，值得推广。教师如果能利用好外出实习实践这个机会，融入思政教育，能够收到课堂上没有的效果，学生自然而然树立起科技兴国、为民造福、热爱社会主义现代化建设事业的观念，社会责任感和道德情操也能得到提升，这需要教师把握时机，善于观察，善于因势利导。

有人曾做一个比喻说，思政工作就像一把“盐”，溶解到专业教育的“汤”里，“汤”在变得更可口的同时，也能真正让学生获益，达到育人的功效。专业思政应当持续深思和探索“三全育人”，无愧于国家和时代赋予高校和教师的责任。

从育人视角看高校网络意识形态引导工作*

吴惠凡**

摘　要　网络意识形态是基于虚拟网络社会而产生的一种全新的意识形态，是网络化和信息化的产物，是人类文明发展的必然，同时也是现阶段各种社会意识形态在网络上的反映。在新时代加强高校网络意识形态引导工作对于坚持社会主义、维护国家安全、营造和谐的校园氛围、培养"有理想、有担当、有作为"的当代青年具有重要意义。当前我国高校网络意识形态领域面临着一系列机遇与挑战，我们应该在"育人"这一主导思想的指挥下，通过"学校—家庭—社会"三方的有机联动，合力保障高校网络意识形态引导工作顺利推进。

关键词　高校　网络意识形态　育人　思政

---

*　本文系北京市教育委员会科研计划项目"首都网络意识形态传播中意见领袖的作用机制研究"（项目批准号：SM201911417004）阶段性成果，并受北京市属高校青年拔尖人才培育计划项目"首都大学生网络接触与网络素养调查研究"（项目编号：CIT&TCD201904071）资助。

**　吴惠凡，女，北京联合大学应用文理学院新闻与传播系副教授，硕士生导师，北京联合大学网络素养教育研究中心副主任，主要研究方向为新闻实务、网络传播。

一、网络意识形态与高校思政工作

习近平总书记指出：“没有网络安全就没有国家安全。”❶这一论断深刻揭示了网络安全在国家安全中的战略地位，网络意识形态安全又是其中的重要一环。党的十八大以来，习近平总书记根据互联网成为意识形态斗争新阵地的客观现实，多次在各类会议、考察、集中学习中发表关于网络意识形态工作的重要讲话，提出了许多新理念、新思想、新方略，由此形成了符合当前治国理政实践的网络意识形态治理观。在“4·19”讲话中，习总书记指出：“网络空间是亿万民众共同的精神家园，我们要本着对社会负责、对人民负责的态度，依法加强网络空间治理，加强网络内容建设，做强网上正面宣传，培育积极健康、向上向善的网络文化，用社会主义核心价值观和人类优秀文明成果滋养人心、滋养社会，做到正能量充沛、主旋律高昂，为广大网民特别是青少年营造一个风清气正的网络空间。”❷这一表述对网络意识形态工作提出了明确要求。

通过梳理相关学术史，我们发现，网络意识形态是基于虚拟网络社会而产生的一种全新的意识形态，它是网民看待网络世界的思想体系，指导着网民的“行动”，并通过虚拟社会反作用于现实社会。❸具体而言，网络意识形态是在线上社会与线下社会、网民个体与现实个体高度融合互相渗透的背景下，网民借助数字化、符号化、信息化中介系统而进行的信息、知识、精神的共生共享活动中形成的有机体系，是网民在网络社会中具有符号意义的信仰和观念表达方式的综合，其核心是价值观念。❹网络意识

❶ 习近平．在中央网络安全和信息化领导小组第一次会议上的讲话［N］．人民日报，2014-02-28.

❷ 习近平．习近平谈治国理政（第二卷）［M］．北京：外文出版社，2017：336-337.

❸ 张宽裕，丁振国．论网络意识形态及其特征［J］．学校党建与思想教育，2008（2）.

❹ 黄冬霞，吴满意．近年来国内学界网络意识形态问题研究状况述评［J］．天府新论，2015（5）.

形态作为一种新的意识形态，是网络化和信息化的产物，是人类文明发展的必然，同时也是现阶段各种社会意识形态在网络上的反映。

当前，由于网络新媒体技术的社会影响力不断扩大，网络已经成为我国社会最活跃、最值得关注的一块意识形态工作领域，并呈现出相对特殊的运行规律，表现出主体性、创新性、复杂性、多元性、互动性等特点。❶在高等教育领域，互联网技术的发展，不仅带来了教学理念的深刻变革，为现代高等教育提供了更为便捷化、多元化的教育模式，同时也对高校意识形态工作提出了新的要求，给高校思政工作带来了新的挑战。

高校不仅是学生学习科学知识的场所，同时也是学生人生观、价值观形成的重要场所。随着信息技术的快速发展，以及新媒体传播平台和网络教育平台的不断推广普及，互联网已然成为高校大学生进行学习、生活、社交、娱乐、实践的重要场所，也成为高校网络意识形态传播的主要阵地。第 45 次《中国互联网络发展状况统计报告》指出，截至 2020 年 3 月，我国 10—19 岁互联网用户群体占比为 19.3%，20—29 岁互联网用户群体占比为 21.5%，二者占比超过我国互联网用户总量的 40%。在中国的网民群体中，学生群体规模最大。截至 2020 年 3 月，学生群体占比为 26.9%。❷其中，高校网民群体数量可观，这给高校网络意识形态教育和思政工作带来机遇的同时，也提出了巨大挑战。

从育人的角度看，高校如果不能牢牢把握网络意识形态阵地的引导权，学生就可能受到网上各种思想和思潮的影响，这对于他们树立正确的价值观念和道德观念都会产生负面影响，最终影响高校“立德树人”这一根本任务的实现。对此，高校要充分意识到加强网络意识形态建设的必要性，将其作为高校思政工作的重要一环，切实做好网络意识形态引导工

❶ 周福战，牟霖 . 新时期高校网络意识形态工作的形势和对策［J］. 大连理工大学学报（社会科学版），2017（4）.

❷ CNNIC. 第 45 次中国互联网络发展状况统计报告［R］. 中国互联网络信息中心，2020：25–26.

作，维护网络意识形态安全。可以说，在新时代加强高校意识形态工作，对于“营造和谐的校园氛围，培养‘有理想、有担当、有作为’的当代青年具有重要意义”[1]。

二、当前我国高校网络意识形态领域面临的机遇与挑战

当今在校大学生群体以“90后”和“00后”为主，这一群体是伴随着互联网长大的。作为“网络原住民”，他们一出生就面临着无所不在的网络世界，数字化生存是他们从小就开始的生存方式。他们对于互联网有着天然的接近性、沉浸式的接触体验和深度的依赖性。然而，大学生群体的认知和行为正处于发展阶段，价值观和行为方式尚未定型，自制力和辨别力较弱，面对网上新奇、刺激的信息极易受到煽动和诱惑，在使用媒介的时候面临注意力缺失、信息焦虑、数字压力、隐私安全、社交障碍、网络孤独症、网络成瘾、网络暴力、网络犯罪等诸多风险。其中，道德观念的淡化、价值观念的模糊甚至扭曲，是大学生在意识形态方面的突出问题。

从内部环境看，互联网塑造了全新的社会生活形态，各类新兴网络应用层出不穷，网络环境瞬息万变，网络内容把关缺失，网络安全隐患犹存，“集体无意识”“群体极化”“网络暴民”“网络戾气”“网络谣言”“网络歧视”“网络地域攻击”等频频出现，网络意识形态多元分化；从外部环境看，外媒大肆炒作中国话题，民族分裂势力境外活动频繁，网络意识形态斗争激烈，网络安全形势日趋严峻，国际网络制裁、网络渗透、网络颠覆加剧等，都对当前我国网络空间治理和网络意识形态工作带来了严峻挑战。

长期以来，西方敌对势力从未停止对中国的意识形态渗透战略，特别是抓住中国“战略机遇期”和“矛盾凸显期”叠加的特殊历史阶段，更加

[1] 夏永林，宋媛．培养理论视域下的高校网络意识形态安全研究［J］．新西部，2019（1）.

注重利用新媒体带来的传播便利加大对我国意识形态和思想文化的渗透力度。当代大学生作为受互联网影响较大的群体，其人生观、价值观、世界观正处于塑造成型的关键时期，因此成为西方分化的重点对象。[1]在网上，一些意见领袖受到境外势力的资助和指使，在意识形态领域开展渗透工作，严重威胁国家的网络安全。

面对当前暗潮涌动的网络意识形态斗争态势，高校的思政工作任务尤其艰巨。作为开展网络意识形态教育的主要阵地，高校应该通过全方位、多层次的思想政治教育，积极传递社会正能量，传播社会主义核心价值观和主流意识形态，培育积极健康、向上向善的校园网络文化，全面提升高校网络意识形态领域的风险防范意识，加强引导塑造工作，使社会主义主流意识形态向学生持续渗透。

对此，当前的网络环境使得高校网络意识形态引导工作的机遇与挑战并存。从机遇方面看，第一，互联网时代大学生的信息接收由被动转变为主动，在意识形态教育过程中的主体性显著增强，参与意识显著提升；第二，互联网特别是移动互联网打破了时间和空间的界限，改变了传统的、面对面的意识形态教育模式，使意识形态教育变得无时不有，无处不在；第三，互联网进一步丰富和拓展了意识形态教育的手段和形式，教师可以借助多媒体平台，将文字、图片、音频、视频等内容传递给学生，从而增强意识形态教育对学生的说服力和感染力。

从挑战方面看，第一，区别于传统媒体的“事前把关”，新媒体时代的内容发布呈现出“把关后移”的特点，学生能够接触到的信息变得更加多元化，同时也更加鱼龙混杂；第二，在当前的媒介环境下，信息传播速度显著加快，传播范围显著扩大，一些不良信息在短时间内得以迅速大范围传播，对学生的理想信念和行为方式产生负面影响，因此，高校意识形态工作的紧迫性明显提升，难度不断加大；第三，不同于过去的意识形态

[1] 邵东蕊．新媒体时代高校加强网络意识形态教育探析［J］．传播力研究，2018（31）．

教育，网络意识形态引导工作在理念、内容、方式上都需要进一步调整，以适应学生的信息接收模式，以学生喜闻乐见的方式对其进行思想政治教育，从而真正达到育人目的。

三、高校网络意识形态引导原则

鉴于当前不断变化的媒介环境和舆论环境，以及大学生特殊的心理特点和身心发展阶段，高校网络意识形态引导工作需要遵循以下几点原则，以更好地强化主流意识形态的网络传播效果，达到立德树人、培根铸魂的育人目标。

1. 量身定制原则

大学生处于特殊的身心发展阶段，好奇心较重，辨别力较弱，喜欢接触各类新奇的事物，容易受到各类思潮的影响。对此，我们应该直面网络对于高校意识形态教育带来的各类挑战，积极调整教育理念，针对网络意识形态冲击“对症下药”，全面贯彻党的教育方针，解决好“培养什么人、怎样培养人、为谁培养人”这个根本问题，为当代大学生量身定制适合他们的教育模式。

由于传统的高校思政教育多为面对面的理论灌输，这种教育形式很难适应新媒体时代的教育需求，无法满足大学生随时随地获取信息的个性化、自主化需求，因此，高校教师要积极接触网络新生事物，了解网络传播前沿动态，熟练运用各类网络工具，以学生喜闻乐见的形式开展网络意识形态教育。比如，结合微信群的小众化传播特点，在不同年级、不同专业的班级群里及时分享相关新闻资讯和学习内容，积极组织讨论，开展各种形式的互动。可以说，只要是能够达到立德树人这一根本目的的教育形式，都不妨积极加以尝试。

2. 潜移默化原则

新媒体环境改变了人们的信息接收习惯和人际交往方式，同时也对高校意识形态教育工作提出了新的要求。如今的大学生不再乐于接受单向式的理念灌输，而是喜欢参与式的交流互动；不再喜欢照本宣科式的填鸭教育，而是喜欢润物细无声式的情感教育。对此，高校要牢牢抓住网络信息化浪潮带来的机遇，遵循大学生的心理特点和认知规律，及时了解大学生群体的思想动态和关注热点，采取大学生易于接受的方式开展主流意识形态的宣传教育和舆论引导。

高校教师应该主动在课堂、课外利用各种媒介平台和媒介形态向学生传递主流思想，帮助学生潜移默化地树立正确的价值观；应该摒弃那种生硬的、居高临下的态度，而是通过生动的案例和鲜活的故事，向学生传递正确的价值取向。总之，价值观的引导需要潜移默化、春风化雨，需要将主流意识形态、社会主义核心价值观等贯穿于教育的各个环节，融意识形态教育于日常点滴之中。

3. 循序渐进原则

意识形态教育是一个漫长的系统工程，不可能一蹴而就，网络意识形态教育更是如此。在复杂的网络传播态势下，对大学生的意识形态引导工作应该本着循序渐进的原则，持之以恒地往前推进；要在传播理念、传播渠道、传播内容、传播方法等方面进行创新，对意识形态阵地建设进行科学规划，树立“贴近实际、贴近生活、贴近学生”的新媒体传播理念，构建“开放型、参与型、回应型”新媒体传播新机制。[1]

对于高校来讲，育人工作应该长期贯穿、渗透到日常的教育、教学当中，做到有步骤、有计划地推进，最终培育出政治合格、理论扎实、业务精湛的新时代人才。具体来看，要帮助学生增强明辨是非、去伪存真的能力，主动抵制不良思想和低俗之风的侵害；要教育引导学生正确认识世界和中国发展形势，从中国共产党探索中国特色社会主义的伟大历史实践中，认识和把握人类社会发展的规律，全面客观地认识当代中国，看待外

[1] 刘忠厚．信息网络时代社会主义意识形态建设新探［J］．理论学刊，2009（2）．

部世界；要坚持不懈地培育和弘扬社会主义核心价值观，引导学生做社会主义核心价值观的坚定信仰者、积极传播者、模范践行者；要培养学生的大局意识，帮助学生明确时代责任和历史使命，激励学生自觉把个人的理想追求融入国家和民族的事业当中，树立远大理想，勇做走在时代前列的奋进者、开拓者。

四、高校网络意识形态引导策略

面对当前高校网络意识形态工作面临的机遇和挑战，高校应该积极调整思路，以主动的姿态进行应对，强化主流意识形态的网络宣传，捍卫主流意识形态的核心地位，以育人为导向，全面推进高校网络意识形态宣传、教育、引导工作。具体来看，主要可以通过以下三个层面展开。

1. 宏观层面：坚持党的领导，营造风清气正的网络生态

2019 年 3 月 18 日，在学校思想政治理论课教师座谈会上，习近平总书记发表重要讲话，从党和国家事业发展全局出发，强调了党的领导对做好思想政治工作的重要性，提出了加强党对思政课建设领导的明确要求，为新时代全面贯彻党的教育方针、办好思想政治理论课作出了重要部署。正如习近平总书记所强调的，我们党立志于中华民族千秋伟业，必须培养一代又一代拥护中国共产党领导和我国社会主义制度、立志为中国特色社会主义事业奋斗终身的有用人才。在这个根本问题上，必须旗帜鲜明、毫不含糊。

加强党的领导是做好教育工作的根本保证。始终坚持马克思主义指导地位，把思想政治工作贯穿学校教育管理全过程，是我们党领导教育事业的一条重要经验。实践充分证明，只有牢牢掌握党对教育工作的领导权，才能确保学校思政课建设的正确政治方向，确保学校用科学理论培养人、用正确思想引导人，培养德智体美劳全面发展的社会主义建设者和接班人。对于网络意识形态引导而言，党的领导同样是这一工作得以顺利推进

的根本保证。

加强党的领导，就要明确责任，把各项工作落到实处、落到细处，在队伍建设、支持保障等方面采取有效措施，形成各学科、各专业协同配合的工作格局。意识形态引导不只是思政课教师的工作，同时也是不同学科教师应该协同完成的工作。无论文科、理科、工科等各个学科，都要充分认识到意识形态教育工作的重要性，同时还要意识到扎实的理论知识和专业技能只有在正确的价值引领下，才能充分发挥服务人民、服务社会的作用。可以说，立德树人关系党的事业后继有人，关系国家前途命运。不管什么时候，为党育人的初心不能忘，为国育才的立场不能改。

对此，各学科要形成意识形态教育的合力。特别是在移动互联网时代，高校的意识形态教育应形成“线上线下相结合、全校上下齐抓共管”的全员、全方位育人格局；要加强党对高校意识形态教育的宏观领导，增强党对网络意识形态把控的主动权和领导权；要成立专门的信息审核部门，并培育由师生共同组成的网络舆情监测队伍，加强对校园新媒体平台、网络文化产品以及信息内容的管理，及时发现、拦截并删除网络散布的不良信息，强化对网络信息源的监管，以确保校园网络空间的健康、清朗。[1]

总之，在党的领导下，通过各学科的相互配合，为意识形态教育工作营造一个良好的外部环境，净化网络空间，优化网络生态，使学生日常接触到健康向上的网络信息，规避不良信息的侵害，将为高校网络意识形态引导工作提供坚实的保障。

2. 中观层面：以育人为导向，增强学生对主流意识形态的认同感

高校作为人才培养、文化传播和科技创新的重要领地，也是意识形态斗争的前沿阵地。高校大学生处于价值观塑造与形成的关键阶段，因此也成为西方国家实施“分化”策略的重要对象。在互联网时代，一些别有用

[1] 邵东蕊 . 新媒体时代高校加强网络意识形态教育探析［J］. 传播力研究，2018（31）.

心的利益团体开始通过网络空间推销西方的价值观念和政治思想，意图改变我国青年一代的价值取向和政治认同，从而削弱党的执政基础。对此，高校在运用传统教育方式加强思想政治教育的基础上，需要加快占领网络宣传阵地，加快提升高校意识形态网络空间话语权，有效抵制西方势力对我国青年学生实施的分化、西化等渗透阴谋，引导青年学生自觉抵制西方“和平演变”的政治企图。[1]

高校应当牢牢把握主流意识形态网络空间话语权，不断拓展与延伸主流意识形态传播的空间与时间范围，有效增强主流意识形态的影响力和辐射力，切实增强党对广大青年学生的凝聚力和向心力，不断加强青年学生的马克思主义信仰教育，进一步巩固青年学生对社会主义主流意识形态的认同。对于受到各类腐朽思想侵蚀、思想状态消极、价值观混乱甚至扭曲的高校大学生，应该对其进行有针对性的教育、引导，找到其错误思想的根源，对症下药，帮助其建立正确的价值观，增强其对主流意识形态的认同感。

作为新闻学专业的学生，未来就业方向主要是在各类报刊、通讯社、广播电台、电视台、网站、图片社以及广告、公关、出版发行等部门从事新闻文字、声像、图片的采集，编辑工作和经营管理工作，以及在国家机关、文化团体、企事业单位和教育科研等部门从事文化传播、管理和教学科研等工作。由于其担当的是信息传播、文化宣传、意识形态引导的重要任务，因此也更易成为西方意识形态渗透的对象。对于这些学生，教师在意识形态教育方面的任务更加艰巨，同时也更加紧迫。

一方面，要加强学科建设，提升网络意识形态安全防范意识，在专业培养方案中贯穿思政理念，强化对学生意识形态的塑造和引导工作；另一方面，要完善课程体系，将思政理念渗透到每一门课程当中，加强对学生意识形态的监督、引导、培育工作，通过课堂上潜移默化、循序渐进的讲

---

[1] 钟乐海．新时代提升高校主流意识形态话语权的必要性与实践路径研究——以网络空间话语权为视角［J］．河南广播电视大学学报，2018（4）．

解和阐释，增强学生对主流意识形态的认同感。

如今，互联网已经成为外部势力进行文化、价值观和意识形态渗透的主要渠道。因此，高校教师要借助大学生经常使用的互联网平台，密切关注学生的思想动态，与学生进行平等对话和实时交流；通过“量身定制”式的信息推送，对学生进行意识形态引导；通过创设思想政治教育“微课堂”的形式，改变传统的“填鸭式”授课，实现师生之间的有机互动，最终达到传播主流意识形态，重塑学生价值观的潜在目的。

3. 微观层面：以课程为依托，促进知识传授和价值引领有机融合

在互联网时代，各类信息的传播速度不断加快，传播范围不断扩大。青年学生在各种文化、各种意识形态的冲击、碰撞中，往往容易受到蛊惑，迷失自我，甚至造成价值观混乱。习近平总书记在北京大学考察时曾经说过，青年的价值取向决定了未来整个社会的价值取向，而青年又处在价值观形成和确立的时期，抓好这一时期的价值观养成十分重要。因此，高校要在加强传统课堂思想政治教育的基础上，调整教育理念，创新教育模式，一方面充分运用现代科技手段，维护主流意识形态在网络空间的核心地位；另一方面以课程为依托，加强意识形态引导，实现知识传授和价值引领有机融合。

在育人的视角下，知识是载体，价值是目标。高校教师在课堂教学中要进行一定的目标调适，把过去那种单纯的知识传授，转变为知识、能力和素养的全面培育，实现知识导向与价值引领的融合。由于课堂教学本身就是一个“育人”的过程，而知识传授和价值引领是“育人”的基本实现形式，因此，在课堂教学中，既要注重在价值传播中凝聚知识底蕴，又要注重在知识传播中强调价值引领，突出显性教育和隐性教育之间的相互融通，实现从“思政课程”向“课程思政”的创造性转化。[1]

首先，应正确认识和处理知识导向与价值引领之间的关系，要明确知

---

[1] 高德毅，宗爱东．从思政课程到课程思政：从战略高度构建高校思想政治教育课程体系［J］．中国高等教育，2017（1）．

识导向不能没有价值作为支撑，价值导向引领着人才培养的方向；其次，应正确认识和处理专业技能训练与人的全面发展的关系，要注重对学生世界观、人生观以及价值观的塑造，为学生成长打下扎实的价值底色；最后，应正确认识和处理意识形态主导性和课程丰富多样性的关系，既要增强马克思主义在意识形态领域的主导地位，又要根据不同课程的特点有所侧重，使主导性与多样性紧密结合。[1]

以新闻实务的课程教学为例，要想实现课程思政的“育人”目标，就应该平衡知识传授、技能训练和价值塑造之间的关系，选择正确的价值维度，在教授学生关于新闻业务的理论知识和实践技能的同时，帮助学生树立马克思主义新闻观和社会主义核心价值观，培养学生正确看待社会问题和社会现象的能力，明确他们作为一名新闻工作者的历史使命感和社会责任感，提升他们的新闻敏感和政治敏感，培育正确的道德观念和法律意识。

比如，在新闻评论的课堂上，引导学生关注社会热点事件，关注党和国家的大政方针，深刻领会党中央治国理政的新理念、新思想、新战略，同时把社会主义核心价值观融入课程教学当中，帮助学生树立正确的世界观、人生观、价值观，既传授给学生扎实的业务能力，同时也培养学生作为一个新闻评论员的基本政治素养；在课程教学中不断加强国家意识、法治意识、社会责任意识教育，加强社会公德、职业道德、家庭美德、个人品德教育，引导学生坚定中国特色社会主义道路自信、理论自信、制度自信、文化自信，为社会输送政治合格、业务过硬，并且具有远大理想的新闻工作者。

总之，教师要善于因时、因势利导，从课程大纲、课程讲义、课程案例出发，切实推进课程思政与课堂教学相结合，促进知识传授和价值引领相融合，教会学生运用正确的价值导向，对社会热点事件和热点问题展开

[1] 邱伟光. 课程思政的价值意蕴与生成路径［J］. 思想理论教育，2017（7）.

报道和评论，最终成为一名政治合格的传播者。

价值观的引导需要潜移默化、春风化雨，要将马克思主义新闻观、社会主义核心价值观等贯穿于教学的各个环节，融课程思政于课堂教学之中。高校教师在课堂上要增强亲和力和感染力，要用真理的强大力量引导学生，既要传授技能，又要培育情怀，既要锻炼能力，又要提升素养，要通过知识传授和价值引领，使学生化知识为德行，化德行为信仰，真正成为一名具有良好道德观念、高尚思想情操、正确价值导向的社会主义建设者。

结　语

当前，互联网已经成高校大学生获取信息、互动交流的重要媒介，同时也是各种意识形态传播的重要阵地。在互联网上，多元文化相互碰撞，各类思想彼此交锋。作为青年人，大学生群体的思想是极具可塑性的，他们除了接受主流思想和社会主义核心价值观的教育外，还可能受到各类非主流思想和形形色色价值观的影响。这既给高校意识形态引导工作带来了机遇，同时也带来了一系列冲击和挑战。

对此，全社会都应该积极行动起来，净化网络风气，为包括大学生群体在内的青少年群体共同打造一个风清气正的互联网环境。高校应该重视网络的“双刃剑”作用，牢牢把握主流意识形态的引导权，要充分意识到思政工作是学校各项工作的生命线，是落实立德树人根本任务的关键环节。教师在课堂教学中不仅要注重学生知识和能力的培养，更要注重学生的思想和价值观的塑造，要积极发出中国声音，弘扬中国精神，弘扬主旋律，传播社会主义核心价值观，使教学过程成为引导学生增长知识、锤炼心志、修养品性的过程，最终实现“教书”和“育人”的统一。家长在平时要注意观察学生的思想动态，注重其良好思想品德的塑造，帮助其形成健康向上的心态、明辨是非的判断力和正确的价值观。

总之，我们应该在“育人”这一主导思想的指挥下，通过“学校—家庭—社会”三方的有机联动，加强当代大学生意识形态教育，防范网络上不良信息和思想对大学生的侵蚀和渗透，最终培养出一代又一代具有正确价值导向、拥护中国共产党领导和我国社会主义制度、立志为中国特色社会主义事业奋斗终身的有用人才。

“三全育人”课堂教学执行路径初探

王永峰 *

摘　要　本文旨在探讨高校课堂教学如何具体执行“三全育人”教育方针，并且提出了“三全育人”课堂教学环节贯彻的基础、重点以及难点所在。文章指出“三全育人”的重点，都落在教师综合素质的全面提升上。为了更好完成“三全育人”的目标，教师需要全面提升自身素质，紧密了解学生动态。

关键词　“三全育人”　教师综合素质　全程育人　挑战　平衡

习近平总书记在2016年全国高校思想政治工作会议上指出，“要坚持把立德树人作为中心环节，把思想政治工作贯穿教育教学全过程，实现全程育人、全方位育人，努力开创我国高等教育事业发展新局面”[1]。党的十九大以来，聚焦实现全员、全过程、全方位育人，教育部启动“三全育人”综合改革试点，指导建设32家省级高校网络思想政治教育中心，培育建设20个思想政治工作创新发展中心、40个思想政治工作队伍培训研修中心，大力推动理论创新和实践探索。在各地各高校的共同努力下，“三全育人”呈现出生机勃勃的崭新局面。本文拟探讨在课堂教学环节

---

*　王永峰，男，北京联合大学应用文理学院新闻与传播系教师，主要研究方向为国际传媒。

[1] 习近平．把思想政治工作贯穿教育教学全过程 开创我国高等教育事业发展新局面［N］．人民日报，2016-12-09.

“三全育人”的贯彻和重要性。

全程育人，是指学生一进校门到毕业，从每个学期开学到结束，从双休日到寒暑假，学校都精心安排思想政治教育，贯穿始终。鉴于学生多数时间，都是在上课中度过，因而课堂成为“三全育人”的重要阵地。此外，我们的教育目的是“培养德智体美劳全面发展的社会主义建设者和接班人，加快推进教育现代化、建设教育强国、办好人民满意的教育”[1]。我们的学生，作为社会主义建设者和接班人，需要在课堂上，培养正确的价值观，拓宽知识面，积极提高个人素质。这都离不开教师在课堂上每一分钟的精心引导。因此抓住课堂这个教育主战场，对培养学生素质的重要性是不言而喻的。

一、“三全育人”基础是了解学生特点，提高业务水平

传统中国教育，讲究的是教师的言传身教。在新的技术革命和教育理念推动下，我们的教学手段、教学方式，已经由原来的教师、粉笔、教材升级到了电脑、PPT、投影、网络、课外小组等。传统的教师“一家言”“满堂灌”的教学方式，多为翻转课堂、以学生为中心的课堂教学等新的教学方式所冲击。教学方式的升级换代，当然是必要的。而教学设备的升级换代，也是为提高教学质量保驾护航。但是，笔者颇为担忧的是，教学主体在技术流和概念流的大潮中逐渐模糊。人的因素不能为非人的因素所淹没。上课不是播放PPT，教师隐退在学生的视野里。“三全育人”理念中的全程育人，有益于教育工作者重新审视自己在教育过程中的定位。

教育的变革，首先是因为学生的状态发生变化。现在学生的成长环境和若干年前相比，可谓是天壤之别。我们的学生多数已经是千禧年一代。

[1] 培养德智体美劳全面发展的社会主义建设者和接班人［EB/OL］.（2019-09-13）［2020-03-25］. http：//www.xinhuanet.com//mrdx/2018-09/13/c_137464280.htm.

他们的需求和兴趣已经和前面很多代人完全不一样。然而教育在此刻，显示出其矛盾性。无论受众如何变化，教育总是要传承相同的东西——放之四海而皆准的价值观。教师，要做到教育方法推陈出新。

千禧一代又被称之为在网络大环境下成长起来的第一代原住民。他们对以手机为载体的网络依恋度，应该是无人能出其右。中国有古语曰：拳不离手，曲不离口。放到现在而言，则是手机不离手眼。反映到课堂上，就是学生只要有机会，就会看手机。中国各大院校为了治理千禧一代所谓的低头症，可谓是煞费苦心、各出奇招。作为课堂第一负责人的教师，也是苦不堪言，因为抬头率是一个颇为尴尬的话题。然而换位思考，这岂不是一个育人的绝佳机会？

改变课堂手机依赖症，切入点很多。首先当然应该是占领道德制高点。人和人的互动，基础应该是互相尊重。就在笔者上小学、初中时候，全班学生都会在上课之前站立，向教师弯腰敬礼，教师也会回礼。下课则依然是如此。这是中国人所崇尚的礼数、规矩，或者是现代语境中所谓的修养。古代贤人描述教师的职责：传道、授业、解惑。说明传承价值观一直以来都是教师职业神圣性的根本所在。每一代人都有自己时代的烙印，需要传承千年的传统价值观给予纠正和给养。改变当代大学生课堂上重度手机依赖症之时，正好也是传输老祖宗核心价值观的重要时刻。

比如，授课教师可以从互相尊重的角度切入。在课堂上，当教师讲话的时候，最基本的尊重是和教师要有一定的视线交流。视线交流是很多文化中都有的基本礼貌原则。英语世界中就很强调这一点，而日本文化中则更甚，不仅有视线交流，还有语言的回应 ，哪怕在不同意对方观点的情况下，也有语言的回应。倾听者所表达的态度，正是对说话者最为基本的尊重：我一直在听着呢。虽然未必是一定同意你的观点。课堂上，学生不看黑板，不看教师，不带书，不带笔记本等所谓陋习，其实都不是学生本身有恶意，而是教育的力量不够强大导致。说教，是教育最为常见的外在形态，也常为人所诟病。如果只有说教，是不对的。但是没有说教，也欠妥当。说教是第一步，下一步的跟进则更重要。人性的本能都是向善的，教师要灌输给学生重要的价值观——自我约束。手机依赖症其实是自我约束力不到位的表现。然人生但凡想要有所成就，总是要和惰性作斗争。上学时控制不住看手机的欲望，工作中大概率也控制不住开小差的念头。但是不要忘记，这个依然是属于说教的范畴。如何能把这样的价值观以千禧一代能接受的方式呈现，才是这个过程中最具挑战性的。这要求教书育人者要把育人内容和自己的授课内容巧妙结合，做到说教不令人反感。如何能达到这目的，则需要老师观念有所创新。

美国著名教育学家赛尔森（Seymour Bernard Sarason）的 *Teaching as a Performing Art* 一书中，有一个核心观点很值得关注：“教学是一门表演艺术。”[1] 千禧一代接收信息渠道，具有泛娱乐化的特征。笔者并非主张教书也要完全娱乐化，但是适当轻松，娱乐的气氛，的确能有效地调动学生学习积极性，增强学生学习动力。这已经是不可否认的事实。所以，教育工作者需要不断地自我提高、调整，针对教授对象的背景、期待值和心理特征等，做到一定程度上的因材施教，这是能否完成教书育人基本职能的核心。对于千禧一代的学生而言，手机和网络上的信息是以娱乐为主的，但是网络缺乏优质信息，教师需要把自己授课内容提纯为优质信息。而优质的定义当然也包含了呈现过程中的趣味性。所以，“三全育人”的大背景下，课堂教学第一线的教师，最亟待改变的是自身的教学方法，首先要让学生对课堂感兴趣，对教师产生兴趣，甚至是崇拜。教育者和被教育者之间的距离比较近了，育人的工作做起来就比较方便。

二、课堂“三全育人”核心是宣传正向价值观

正如前文所述，我们的学生已经是千禧一代，获取信息的主要渠道是

---

[1] Seymour Bernard Sarason. Teaching as a Performing Art［M］. New York: Teachers College Press, 1999：10.

网络。如此单一的信息获取源，必然会导致获取的信息不准确。而裹挟在网络信息中的道德观、价值取向等隐性内容，潜移默化就会对人产生长远的影响。作为课堂的第一负责人，老师需要有强烈的责任感，应在课堂上全方位地宣传正向价值观。

坚守宣传思想阵地，我们不去占领，敌人就会去占领争取。[1]教师需要高度认识千禧一代的特点，不仅要将核心价值观的宣传与输入和课堂有机融合，做到润物细无声；同时还应拓展学生的信息获取渠道。作为教师，细心钻研如何把专业课程内容和需要向学生灌输的正向价值观相结合是新的工作挑战。

以笔者教授的“美剧赏析”为例。该课程以众多美国热播电视剧作为基本授课内容，旨在全方位提高学生英语实际使用能力和兴趣，而这门课程也是一个非常典型的对价值观引导大有作为的课程。美国电视剧中有大量放之四海皆准的正能量道德观，但也有很多与我国意识形态不太相符的内容，这些都是在授课过程中可以和同学们讨论交流并对学生进行积极引导、宣传的内容。比如在笔者常使用的热播美剧《生活大爆炸》中，编剧把六个主人公中的四个人设置为了性格、爱好、背景完全不同的情侣，因此，剧情很多时候都围绕着感情话题展开。这个课程的基本专业目标是扩大同学英语单词量，提高同学对英语的学习兴趣。学习路径主要是通过台词分析。这就在“三全育人”和正向价值观引导方面，为授课教师提供了很多可以利用的空间。

例如，三位女主人公爱情观点有很多不同之处，不同的爱情观点则是编剧想要传达的价值观。课堂上，教师可以以爱情心灵鸡汤的包装，让同学们首先注意到这些观点的语言本身，然后再由此设计一定的课堂小游戏或者是练习，和同学展开讨论。比如有一个观点翻译成中文是：感情是“种瓜得瓜、种豆得豆”的一件事情，这是编剧想要传达的核心价值观，

---

[1] 柯大文.坚守宣传思想主阵地——学习习总书记在全国宣传思想工作会议上的重要讲话［N］.解放军报，2013-10-21.

对立面则是感情是一方无限索取，另外一方无私奉献。这个语言点可以发展为价值观教育，比如设计课堂问卷，看有多少人同意，或者反对这样的观点，以及还有什么别的观点可以分享。也可以对同学们的选择进行数据统计，然后发展为一个小的专题：你的爱情观是什么？甚至进而可以请同学们写出自己的爱情故事。在这一过程中，教学和“三全育人”可以完美糅合在一起。大学时期，是一个人价值观形成最为重要的阶段。在这个过程里，需要教育者强有力的介入，才能让学生的价值观不走偏，进而朝着健康的方向发展。“三全育人”理念给教师带来新的工作方向，这就必须摒弃只要教授好专业知识就算是完成工作的育人观念。毕竟，我国唐代著名文学大家韩愈在《师说》一开始，就已经提出了教师的三个职责：古之学者必有师。师者，所以传道授业解惑也。传道，也就是传授道理，被列为教师的第一职责。而这个观点，也在我国民间有着广泛的认可度。可以看出，在新的历史时期，以“三全育人”的提法重新定义教师的基本职责，其实是对我国古代先贤优秀思想的继承和发展，也是对中国传统文化的回归。

三、课堂“三全育人”的难点是教师传道授业的结合

“三全育人”要在课堂上落到实处，难点显然是教师应如何把握好专业技能教授和思想工作的平衡，上课时既要确保有专业知识的传授，又要以专业知识为落脚点，从而延伸到价值观领域，而这种兼顾，对多数教师而言都是很大的挑战。笔者以为，为更好完成课堂内容的平衡度，可能有一些共同的策略，可以供所有学科的教师参考。

每一门具体的学科，都是无数前人智慧结晶的总和。在这个过程中，总会有些才华横溢的天才人物，以绝佳的天赋，辅以持之有恒、铁杵磨成针的精神，做出了足以改变历史的科学发现。教师在教授具体知识时，在不同的时间节点上都会涉及各个领域内的天才，所有教师在此时间节点

上，都可以深入挖掘关于某著名人物的生平。找到他或者她生命中的趣闻轶事，将这个人物从历史的二维画面中拉出来，还原到三维空间，让他或者她成为一个有血有肉，有喜怒哀乐的平凡人。哪怕再伟大的科学巨匠，都有凡人的一面。教师就是要把平凡人的生活铺垫开来，展示给学生看。当然，这个发掘的重点，是要避免老调重弹，不能重复讲述学生早已经听了千百遍的故事。否则，这个过程就毫无趣味可言。国外的教育前沿实践中，一直试图打破的魔咒就是：用千古不变的教育模式，教授相对有一定变化知识给完全不同的学生群体。这其实说明，教育这个工程首先是对教师自身素质的完善。理想的教师，有学者的知识，能够传达前沿尖端信息成果；有谐星的幽默，能够有效提高受众的学习兴趣；有演讲家的感染力，可以带动学习者的情绪；同时又是一个思想缜密的侦探，能找到各种信息，全方位打造一个信息的世界。综上所述，想要在课堂教学中，保持传道授业的平衡，进而达到润物细无声的效果，笔者以为发掘各行业中领军人物不为人所知的趣味故事，以此为基石，和学生共情，学习杰出大家与众不同的品质，才是课堂育人的绝佳途径。

其次，我们需要有强烈的换位思考能力。前文已经有过赘述，我们教授的学生主体，已经有了很大的变化。要想传授知识，只需要一本书、一支笔和面对面的时间。但是，想要和学生进行思想价值观的交流，就远非如此简单了。

学生和教师之间是有鸿沟的。这意味着，多数教师和学生的关系，和父母面对青春期叛逆的孩子一样，有代沟。要想跨越这个绊倒无数人的代沟，需要教师有换位思考的意识和行动。这是一件说起来容易、做起来难的事情。教师需要了解所教授的学生，对自己有什么样期望，有什么样的向往，有什么样的困惑，有什么样的恐惧，等等。解决这个问题，笔者以为主要是方法上创新。如何能在教学环节中，与学生进行思想上的沟通和了解，是所有教师在“三全育人”时代面临的新挑战。比如，是否可以利用平时测验、考试的机会，在每一次试题答卷上，留出一部分空间，设计一部分问卷调查。这个调查，是以询问学生学习效果为主的。但是也可以顺带一些这样的问题：

你认为参加高数三的学习对你将来就业有何正向关联？

你认为大学英语六级通过率低的主要原因在于什么？

此外，教师需要有针对性地设置一些选择项，这些选择项里，就是教师和学生思想交流的桥梁。学生最后选择的选项，就是教师需要分析和解译的重点。教育者要有意愿、有能力去了解被教育者的思想状态，能进入到被教育者脑子里，才能更好、更有效地换位思考，同时才能把好被教育者的脉络，从而进行有针对性的育人过程。这个过程中，挑战在于用别出心裁的方法去准确了解受教育者的思想动态，这又对教师提出了更高的要求，需要教师有更多的投入。

综上所述，教师在“三全育人”实践中，要重新界定课堂教学的方法和步骤，要有更多的热情，投入更多的精力，做更多有创造性的工作。以创造力打先锋，才能做到课堂全程育人有新进步，从而完成“三全育人”最为重要的环节，为培养社会主义接班人再立新功。

后 记

《新闻传播专业思政的理论与实践》一书的编辑工作就要完成了，在此记录一下编辑本书的心路历程和感受。

人心齐，泰山移。这本论文集从开始发动教师投稿到最后进入编辑程序足足用了两年时间。这两年的时间里，老师们一边进行课程思政、专业思政的实践探索，一边进行理论思考，这些思考都结合自己所承担的课程来进行，因此呈现多元性等特征，这也正符合了北京联合大学鼓励多元探索的导向。在这一过程中，全系围绕这一话题进行了多次理论学习，党支部也组织了多次讨论，老师们的相互切磋，深化了对这一问题的认识。深刻到位的认识和丰富多元的实践为老师们做理论的总结提供了充足的条件。在这一过程中，虽然有系务会的倡议和催促，也有党支部作为核心领导力量的强力推进，但是老师们在这一过程中迸发出的探索热情更值得推崇。这一理论文集只是我系深入推进课程思政，探索专业思政的集中表现，体现的是全系教师的集体智慧。在这一集中表现之下，是老师们持续发力、不断创新的共同努力。每一位老师对待论文的态度都是认真的，在编辑提出修改意见之后，均能迅速地予以回应和答复，所以在很短的时间内就完成了初校工作。新冠肺炎疫情发生以来的 2019—2020 学年第二学期，北京联合大学应用文理学院开展了课程思政设计大赛，全学院的老师均以高度的热情投入到了这一工作中，我系教师也不例外。新闻与传播系连续进行了 5 场系内初赛，共选拔出 9 名教师参与学院半决赛。在选拔的过程中，老师们均跃跃欲试，更有老师毛遂自荐希望能加入半决赛中，这种参与的热情虽出乎我的预料，但是细细想来，也合乎情理。其合理之处在于，自 2017 年以来，新闻与传播系对待这一工作都持极端严肃认真的态度，在落实的层面更是以“扎根”逐步推进的措施予以保障。到今天，全系上下团结一致参与大赛，不正是前期实事求是推进此项工作的一个自然结果吗？上述 9 位参赛选手，被分入两组参加半决赛，经过激烈角逐，A 组第一名，B 组第一名、第二名均出自新闻与传播系，其他几位教师在全学院 42 名参赛选手中也成绩不俗。在最后的决赛中，新闻与传播系有 3 人参加决赛，分别取得了第一、第三和第八的成绩。在决赛的过程中，三位参赛选手也是互相打气、互相鼓励、团结协作，以最佳的面貌和精神状态呈现给全学院线上与线下的教师们。比赛结束后，所有参赛的选手和系里的部分老师还在做复盘的工作，都坦率地进行了总结和反思，以便为今后的提高积累经验。正是这种团结协作、力争上游的精神，使新闻与传播系呈现出努力与奋发的精神面貌，在北京联合大学的快速发展中，逐步发出了新闻与传播系的声音。总之一句话，在落实课程思政、探索专业思政的过程中，我深刻感受到了全系团结一致、上下一心的力量，深刻感受到了实事求是的力量，也深刻感受到了全系集体反思、力争上游所迸发出的集体智慧。

持续深入做一件事并有所创新殊为不易。自 2017 年学校推动开展课程思政工作以来，我系一直走在前列，也正因为三年来的扎实工作，学校和学院对我系的工作予以高度认可。序言中所提到的我系取得的与此项工作有关的荣誉就是最好的证明。表面上看，这些荣誉似乎也没什么，但全程经历这一工作的推动之后，你会发现每一项荣誉的获得都蕴含着汗水、艰辛和眼泪。一项工作，如果只是循环往复的机械劳作，可能人们不会感觉太难；如果需要人们不断推陈出新，甚至还要出彩，那一定会遇到困难和挑战。在新闻与传播系深入推进课程思政、探索专业思政就是这样一种具有挑战性的任务。刚开始推课程思政的时候，我系在创新机制、持续推进上下功夫，探索出了党政一体、党建与思政“双轮驱动”、专业实践突破、项目带动等一系列行之有效的方法和举措。2018 年学校尝试探索专业思政，新闻与传播系新闻学专业勇挑重担，承担起了试点的任务。学校教务处所立 5 项重点委托课题，均按时验收结项，还有一项被认定为优秀；连续两年分别有一位教师在全校的课程思政设计大赛中获奖；更在理论探索中走在前列，公开发表多篇专业思政论文；受邀到北京交通大学、上海财经大学等重点高校分享经验。正因为这些创造性的工作，新闻与传播系连续三年获得校级“课程思政先进党支部”称号。我想这是学校和学院对我系持续努力深耕课程思政这一工作的认可和赞许。正像一首歌里所唱的那样，“一生只做一事又何妨”，其实干任何工作、做任何事，只要方向正确，持续不断地做下去，必有收获，正所谓“念念不忘，必有回响”。

这本论文集马上就要付梓印刷了，这得益于很多人的帮助，在此想真诚地表达谢意。感谢应用文理学院院长张宝秀、副院长叶晓的指导与关怀，众领导提供的智力与政策支持是新闻与传播系奋发努力的动力之一；感谢新闻学专业负责人杜剑峰教授、网络与新媒体专业负责人陈冠兰副教授的全力推动和物质帮助，是这两位专业负责人的大力推动，才使得课程思政、专业思政的观念在新闻与传播系深入人心，转化为教师们的自觉行动，正是两位专业负责人的慷慨解囊，这本论文集才得以快速出版；感谢新闻与传播系每一位教师的辛苦付出，全系教师是这本论文集得以出版的最基础力量。最后，要感谢知识产权出版社严谨认真、一丝不苟、高效勤奋的王颖超编辑，她一如既往的热情、不厌其烦地与老师们沟通，是这本论文集能顺利出版的重要保障。

立德树人是需要每一位教师穷尽一生的努力去做又至死不悔的大事，我们所做的这点工作相较于“立德树人”这一教育的根本任务来说，距离还很远，也正因如此，我们需要加倍努力，为能培养出德智体美劳全面发展的社会主义的建设者和接班人而努力奋斗。

李彦冰

2020 年 8 月 29 日